개신교 목회자들의 의식과
교회의 세속화 적응

개신교 목회자들의 의식과 교회의 세속화 적응

조창연 지음

한국학술정보㈜

서 문

우리나라의 개신교는 세계적으로도 유례가 없을 정도로 급속히 성장하여 외국에서도 '성공모델'로 평가받는다. 이때 성공을 측정하는 중요한 지표가 개별 교회의 규모, 신도의 수, 헌금액 등인데, 과연 이런 것들이 기독교의 본질을 얼마나 잘 반영하는지에 대한 비판적 시각이 적지 않다.

교회가 지나치게 세속화되고, 자본주의의 논리를 내면화하여 교회 간 경쟁이 심화되고, 대형화를 추구하면서 많은 부작용이 나타나고 있는 것이다.

한국 개신교 교회의 두드러진 특징으로 나타난 개별교회와 목사의 역할을 지나치게 강조하는 개교회주의와 교회의 양적 성장을 추구하는 교회팽창주의가 역사적으로 어떻게 형성되었는가?

그리고 개교회주의와 교회팽창주의의 핵심행위 주체라고 할 수 있는 목회자들의 인식은 한국 개신교 교회의 특징을 재생산하는 데 어떤 역할을 하고 있는가? 이 두 가지가 이 책을 이끌어가는 중심 질문이다. 그리하여 한국 교회와 목회자들의 의식(consciousness)의 기원을 추적하기 위해 개신교 도입기의 신앙 논리를 고찰하고, 이후의 신앙 체계의 역사·문화적 발전 과정을 살펴보았다. 이러한 한국 교회와 목회자들의 세속주의적 경향은 제도화를 통해 역사적으로 형성된 것임을 알 수 있다. 더 나아가 현재 목회자들이 지니고 있는 다양한 이슈에 대한 의식을 조사하여, 그들의 의식지향이

나 사회적 배경들이 어떻게 개교회주의와 교회팽창주의에 영향을 끼치고 있는지를 분석하였다.

이 책은 한국 개신교의 중요한 특징이라고 할 수 있는 개교회주의와 교회팽창주의의 특징, 기원, 그리고 형성 기제를 다양한 사회학적 방법론들을 활용하여 경험적인 이론과 실제를 정립하였다.

1장에서는 이 책이 가지고 있는 문제의식, 전체적인 책의 개요, 구성, 그리고 연구 방법에 관해 논의하였다. 한국 교회의 개교회주의와 팽창주의를 체계적으로 이해하기 위해 이 책이 채택하고 있는 역사적 방법론과 양적 방법론의 통합적 활용과 유용성을 강조하고자 하였다.

2장은 한국 개신교의 기본사상을 먼저 검토한 뒤, 신앙 논리가 뿌리를 내리는 과정을 역사 문화적으로 살펴봄으로써 한국 개신교의 변화와 현재의 기원을 탐구하였다. 그리고 개신교의 신앙 이념과 교회체계를 확인하기 위하여 목회자들의 의식이 형성된 배경과 한국 개신교의 분화에 대해 분석하였다. 구체적으로 보수주의 이론과 이념, 중도주의 이론과 이념, 진보주의 이론과 이념의 분화와 차이점들을 살펴보았다.

이어서 3장에서는 한국 개신교회의 제도화 과정에서 한국 교회의 신앙과 신학이 어떻게 유입되어 이념적 분화가 이루어지게 되었고, 신앙적 특징을 갖게 되었는지를 분석하였다. 한국의 종교현황과 개신교의 분화 현상이 현재 상태에 어떤 변화를 가져왔고, 연합조직이 사회와의 관계에서 어떤 역할과 기능을 하고 있는지, 그리고 교단의 교육제도는 어떤 내용을 담고 있는지를 살펴보았다. 이렇게 역사문화적인 전개방법을 통하여 한국 개신교의 현재와 과거를 통시적으로 연계시키고자 하였다.

4장에서는 "경험적 분석을 하기 위한 연구 설계" 작업을 수행하였다. 먼저 이 연구의 종속변수인 개교회주의와 교회팽창주의의 개념에 대해 검토한 뒤, 개념 측정을 위한 문항들을 소개하였다. 이어서 질문지 조사와 관련된 기초적인 정보를 제공하였는데, 구체적으로는 표집, 조사도구, 설문지 항목 등에 대해 소개하였다. 끝으로 응답자들의 일반적 특징과 의식을 조사 자료를 바탕으로 제시하였다.

5장에서는 한국 교회의 특징인 개교회주의와 교회팽창주의가 목회자들의 의식과 어떤 관련이 있는지를 본격적으로 경험적 수준에서 분석하고 있다. 종속변인들과 관련된 몇 가지 가설들을 검증하고, 회귀분석과 경로분석을 통해 개교회주의와 교회팽창주의가 목회자들의 의식과 어떤 관련이 있는지를 밝히고 있다.

이 책은 저자가 28년간 교회를 섬기면서 한국 교회의 현실을 바라보고 교회와 사회의 관계에 중요한 역할이 의식과 관련이 있음을 깨닫고 한국 교회의 공신력 회복을 위한 발전적 대안을 위해 고려대학교에서 "개신교 목회자들의 의식과 교회의 세속화 적응에 관한 연구(Secularization of Korean Church and Social Consciousness of Protestant Pastors)"라는 제명으로 써서 출판한 박사학위논문을 증보한 것임을 밝혀 둔다. 이 책을 출판하기 위해 통계 숫자를 최신의 것으로 하려고 노력하였으나 저자의 능력과 시간의 제약으로 충분하지 못한 부분과 미비한 점이 많이 발견될 것이다. 독자 여러분의 지적과 기탄없는 비판을 바란다.

끝으로 부족한 글을 낼 수 있도록 여러 면으로 도와주시고 격려해 주신 분들께 감사드린다. 출판을 위하여 도와주신 여러분들에게 감사의 인사를 드린다.

2008년 2월
저자 조 창 연

차 례

제1장

서 론

제1절 문제제기

기독교는 격동의 한국 역사 속에서 근대화에 기여하며 빠르게 성장해 왔다. 선교 초기부터 교회는 전통적 계급 구조, 유교적 남녀 차별, 그리고 권위주의 문화에 균열을 내며 사회 변혁의 진원지가 되었다. 또한 선교사들에 의해 설립된 기독교 학교들은 근대적 교육 과정과 내용을 통해 계몽자로서의 역할을 한 것으로 평가된다. 해방 이후에도 기독교는 빠르게 성장하며 한국 사회 전반의 근대화에 기여한 것으로 평가받는다. 특히 우리나라의 개신교는 한국 경제발전 과정에서 세계적으로 유례가 없을 정도로 급속히 성장하여 교회 규모와 신도 수에서 '성공 모델'로 언급되기도 한다.

그러나 이러한 성공의 이면에는 적지 않은 그늘이 존재해 왔던 것도 사실이다. 일찍이 보수적 선교사들의 영향으로 국가와 민족문제보다는 교회 내부의 문제에 집착하는 복음주의가 지나치게 강조되는 경향이 관찰되었다. 또한 기독교의 본질과는 달리 교회가 자본주의 논리를 내면화함으로써, 교회들이 서로 경쟁하고 대형화를 추구하는 현상이 나타났다. 교회들 간의 과도한 경쟁은 결국 개별교회와 목사의 역할을 강조하는 개교회주의를, 그리고 교회의 대형화 추구는 팽창주의를 낳았다. 이러한 개교회주의와 교회팽창주의는 많은 목사들로 하여금 교세확장에만 관심을 갖도록 하여, 기독교의 본질을 소홀히 하는 결과로 이어지기도 하였다.

최근 의식 있는 목회자들은 교회 팽창과 목회 성공이 한국 개신교의 새로운 우상이 되었다는 자성의 목소리를 높이고 있으며, 사회적으로도 교회의 세속적 성장전략에 대한 비판적 평가가 적지 않다. 특히 교회의 상부조직인 총회의 분화에 따라 개별교회를 충분히 지원할 수 없고, 각 교회는 목회자를 중심으로 개별교회의 성장을 도모함으로써 배타적인 개교회주의가 자리잡은 것은 큰 문제로 지적되고 있다. 또한 한국 사회의 세속적 경제지상주의가 교회에 내면화됨으로써 외형적 성장만을 강조하고, 대형교회를 지향하는 팽창주의 현상이 나타난 것도 심각한 우려를 낳고 있다. 이러한 개교회주의와 교회팽창주의의 등장에 목회자들의 의식이 적지 않은 역할을 했다는 점이 관계자들의 지적이다.

교회주의와 성장주의가 강조되는 한국 교회의 현실에 대한 비판적 시각과 일상적 관찰에 비해, 이에 대한 체계적이고 경험적인 분석은 매우 부족한 형편이다. 일천한 한국의 종교사회학 분야에서 주로 연구가 되었던 분야는 이데올로기로서의 종교에 관한 연구들(오경환, 1979; 서광선, 1982; 한완상, 1982; 김용복, 1985, 1992; 이원규, 1987, 1991; 김성건, 1988, 1990; 김병서, 1994)이었다. 개신교에 대한 보다 심층적인 연구로는 개신교 조직체에 대한 분석을 시도한 노치준(1991)과 개신교 제도화 과정에 대해 연구한 박정신(1989), 김종서(1998), 강인철(1994) 등이 있다.

특히 주목할 만한 종교사회학적 연구로는 박정신(1989), 김성건(1988), 강인철(1995), 노치준(1986)의 연구를 들 수 있다. 이들은 각기 다른 접근 방식을 활용하고 있고 역사적으로도 다른 시기를 분석하고 있지만, 기독교가 우리 사회의 변동 과정에서 역사적 특수성을 획득하게 되었다는 점을 강조하고 있다는 점에서 유사한 방법론적 함의를 지닌다.

예컨대 박정신(1989)의 연구는 기독교가 특정한 일제시대라는 사회문화적 맥락에서 민족주의적 성격을 지니게 되는가를 보여준다. 김성건(1988)의 연구는 한국 개신교의 근본주의적 속성이 선교사적으로 미국의 근본주의의 영향임을 밝히고 있다. 그리고 강인철(1995)은 개신교가 미군정기 헤게모니 세력과 동조하고 한국 사회의 친미·반공주의에 동조하게 되었다는 점을 보여준다. 끝으로 노치준(1986)은 해방 이후 한국 교회의 분열 요인이 세속화의 수용과 거부였다고 지적하며, 교회의 성격과 행동 구조의 분화 과정을 분석하였다. 그는 특히 한국 교회의 분화 과정에서 개교회주의적 운영 원리의 제도화와 세속화 경향의 심화를 지적하였다는 점에서 이 책에 시사하는 바가 크다.

이상에서 언급된 연구들은 한국 기독교의 역사적 발전 과정과 그 과정에서 발견되는 한국 교회의 특성을 규명하였다는 점에서 큰 의의가 있다. 그럼에도 불구하고, 한국 교회의 성격을 보다 체계적인 이론 틀과 엄밀한 분석적 도구를 활용하여 규명하는 데는 이르지 못하고 있다. 많은 연구자들과 교회 구성원들이 한국 교회의 현실에 대해 문제의식을 공유하면서도 문제점에 대한 경험적 분석은 부족한 형편인 것이다. 이 연구는 이러한 경험적 분석의 공백을 메우고, 한국 교회의 심각한 세속주의를 엄밀하게 분석하여, 장기적으로 한국 교회가 기독교의 본질에 서서 미래의 비전을 구성하는 데 기여하고자 한다.

따라서 이 연구의 목적은 현재 한국 교회에서 발견되는 지나친 개교회주의와 성장주의의 원인이 어디에 있는지를 역사적으로, 그리고 경험적으로 규명하는 데 있다. 이러한 목적을 달성하기 위해 크게 두 가지 작업을 수행하게 될 것이다. 첫째는 우리나라 개신교의 도입 과정과 제도화 과정에 대한 분석이다. 한국 교회의 현실의 바탕이 된 역사적 과정을 분석적으로 재검토함으로써, 현재 개신교가 맞닥뜨리고 있는 문제점들의 역사적 기원을 추적하고자 하는 것이다. 둘째는 목사들의 의식과 교회 관련 자료들을 통해 개교회주의와 성장주의의 정확한 현실을 분석하고, 더 나아가 각각의 문제점은 어떤 변인들에 의해 설명될 수 있는가를 규명하는 작업이다.

제2절 연구 내용과 구성

세계선교 역사에 유례가 없는 폭발적인 성장을 경험한 한국 교회는 지나치게 양적 성장에만 관심을 가져왔다고 할 수 있다. 그 과정에서 교회는 사람을 어떻게 키울 것인가에 관심을 갖기보다는 어떻게 더 많은 사람을 모을 것인가에 집중하여 왔다. 그리하여 교회의 본연의 사명을 다하지 못하고, 세속주의에 빠져 가는 모습을 보이고 있다.

이러한 한국 교회의 현실을 제대로 이해하기 위해서는 통시적인 접근(diachronic approach)과 공시적 접근(synchronic approach) 모두를 필요로 한다고 할 수 있다. 이러한 입체적 조명을 통해 한국 교회의 세속주의의 본질과 기제를 정확히 이해할 수 있는 것이다.

통시성을 강조하는 것은 한국 교회의 현실이 과거와의 연결 혹은 역사 속에서 이해되어야 한다는 방법론적 입장 때문이다. 한국 교회에서 발견되는 개교회주의와 교회팽창주의라는 현상은 지난 100년의 개신교 역사, 특히 해방 이후의 정치·사회적 변화와 떼어 놓고는 생각할 수 없다. 또 지난 수십 년간 진행된 개신교 이념의 진화, 개신교 교파의 내적 갈등과 분화, 그리고 교단의 교육제도화 과정 등의 복합적 결과로서 현재 한국 교회의 특성들이 형성된 것이다. 따라서 한국 개신교의 변화 과정에 대한 역사사회학적 분석이 2장과 3장에서 주로 이루어질 것이다.

이어서 현재 한국 교회의 현황에 대한 공시적 분석이 이루어질 것인데, 이는 교회 목회자들의 의식, 목회자들의 사회경제적 상황, 그리고 교회들의 물적 기반에 대한 조사 자료를 바탕으로 진행된다(4, 5장). 한국 교회에서 목회자들이 차지하고 있는 중요한 역할을 고려할 때, 개교회주의와 교회팽창주의의 현실을 분석하기 위해서는 목회자들의 속성을 충분히 이해하는 것이 필수적이다. 따라서 조사를 통해 수집된 목회자들의 사회경제적 특성, 능력, 그리고 가치관 등을 우선 다양한 각도에서 검토할 것이다. 더 나아가 보다 정치한 분석 모델을 구성하여 교회의 팽창주의와 개교회주의를 설명할 수 있는 변수들을 찾아내고자 한다. 여기에서 중요하게 취급된 변수는 목회자의 능력, 교회의 규모, 정치사상, 사회의식 등으로 이러한 변수들이 어떻게 상호작용하며 개교회주의나 팽창주의와 관련되고 있는지를 엄밀하게 분석하고자 하는 것이다. 더불어 조사 결과를 질적 자료를 통해 보완하기 위해 11명의 목사들을 대상으로 심층면접을 실시하였다.

이러한 이중적 접근을 통해 한국의 현대사 진행 과정에서 어떻게 개교회주의와 팽창주의가 지배적 현상으로 등장하였는지를 밝히고, 개신교 목사들의 사회문화적 속성과 의식의 차이가 개교회주의, 팽창주의와 어떤 연관 관계를 가지고 있는지를 이해할 수 있을 것이다. 이러한 작업은 자주 언급되지만 경험적으로 충분히 연구되지 못한 한국 교회의 현실과 문제점들에 대한 깊이 있는 이해를 가능하게 할 것으로 기대된다.

이러한 연구 내용을 바탕으로 이 책은 총 6장으로 구성되어 있다.

장별로 간단히 정리하면, 우선 1장에서는 이 책이 가지고 있는 문제의식, 전체적인 책의 개요, 구성, 그리고 연구 방법에 관해 논의하였다. 한국 교회의 개교회주의와 팽창주의를 체계적으로 이해하기 위해 이 책이 채택하고 있는 역사적 방법론과 양적 방법론의 통합적 활용과 유용성을 강조하고자 하였다.

2장에서는 개신교의 역사적 발전 과정과 특성에 대해 정리하고, 개신교회의 신앙체계와 제도화에 관한 이론 논의들을 검토하였다. 즉 개신교 신앙논리가 어떻게 우리나라에 도입되었으며 그 사회적 함의가 무엇인지를 분석한 뒤, 종교사회학의 주요 이론 틀인 종교시장론과 세속화이론에 대해 논의하고 있다. 이러한 작업을 통해 한국 개신교 성향을 이해하는 중요한 개념 틀인 교단의 성향(보수,

중도, 진보)이 가진 의미를 부각시켰다.

한국 교회의 근대적 발전 과정에 대한 역사적 분석은 3장에서 이루어졌다. 3장에서는 한국 교회의 현실을 이해하는 데 핵심적 요소인 신앙체계, 교파, 연합조직, 그리고 목회자 교육제도 등을 분석하고 있다. 개교회주의와 팽창주의가 한국 교회의 분화와 발전 과정 속에서 구조적으로 형성되었다는 점에 주목하여 분석이 이루어졌다. 구체적으로는 개신교회의 이념적 분화 과정, 교파의 현황, 연합조직의 성격과 그 변화, 교단별 교육 프로그램의 내용과 특성을 분석하였다. 특히 개신교의 두 기둥이라고 할 수 있는 한국기독교총연합회(CCK)와 한국기독교교회협의회(KNCC)의 주요사업과 활동을 통해서 한국 교회의 현황을 입체적으로 그려내고자 하였다.

4장, 5장은 목사들에 대한 질문지 조사 자료를 중심으로 경험적 분석한 결과를 제시하고 있다. 4장에서는 먼저 이 연구의 종속변수인 개교회주의와 교회팽창주의의 개념에 대해 검토한 뒤, 이들의 형성 메커니즘에 대해 논의하였다. 한국 개신교의 특성이자 문제점인 개교회주의와 교회팽창주의가 어떻게 등장하게 되었는지를 개괄적으로 검토한 것이다. 이어서 세속화 경험적 분석을 위한 연구 설계로서 질문지 조사와 관련된 기초적인 정보를 제공하였는데, 구체적으로는 표집, 조사도구, 설문지 항목 등에 대해 소개한 뒤, 응답자들의 일반적 특징과 의식을 조사 자료를 바탕으로 제시하였다.

5장은 개교회주의와 교회팽창주의에 대한 인과적 분석을 통하여 경험적 분석하였다. 따라서 종속변수로 활용되는 개교회주의와 교회팽창주의를 설명하는 데 활용될 독립변수와 매개변수들을 설정하였다. 주요 독립변인으로는 목회능력, 교단의 정치적 성격, 교회의 규모, 그리고 매개변수로는 정치의식, 통일의식, 사회의식, 지역의식, 교회성격 등이 사용되었다.

앞에서 구성된 변수들을 활용하여 개교회주의와 교회팽창주의를 설명하는 다중회귀분석을 실시하였고, 끝으로 가용한 변수들을 모두 활용하여 개교회주의와 교회팽창주의에 대한 경로분석을 시도하였다. 이러한 경험적 분석을 통해 한국 교회가 지닌 두드러진 특징인 개교회주의와 교회팽창주의가 어떤 변수들에 의해 설명될 수 있는지를 밝히고자 한 것이다.

끝으로 6장에서는 역사적 분석, 조사결과, 그리고 심층면접자료 등을 종합하여, 개교회주의와 교회팽창주의로 상징되는 한국 교회의 세속주의의 문제점을 지적하고, 향후의 과제에 대해 서술하였다.

제3절 연구 방법과 자료

이 책은 앞에서 밝힌 바와 같이 역사적 방법론, 양적 방법, 그리고 질적 연구 방법을 활용하여 한국 교회의 현실을 입체적으로 규명하고자 하였다. 개교회주의와 교회팽창주의라고 하는 한국 개신교의 현실은 한국 사회변동과 교회 조직의 변화의 관계 속에서 이해될 수 있다. 또한 조사 연구의 대상인 목회자들은 이러한 사회 및 교회 변동의 산물이자 한국 교회의 향방을 결정짓는 중요한 주체라는 점에서 복합적 방법론의 활용은 정당화될 수 있을 것이다.

우선 역사적 접근을 통해 현대 한국 교회의 변화 과정을 추적하고, 인과적 관계를 밝히기 위해 노력하였다. 교회의 세속주의 현상인 개교회주의와 교회팽창주의가 어떻게 형성되는지를 한국 개신교 신앙 논리가 만들어지기 시작하는 시기까지 거슬러 올라가 살펴보고자 하였다. 또 해방 이후에 한국 개신교의 변화와 분화 과정을 사회변동의 맥락에서 조망하고, 개신교를 내적 변화 및 국가와 사회의 관계의 틀 속에서 분석하고자 하였다. 한국 교회의 신앙과 신학이 어떤 특징을 지니고 한국 사회의 지배 이데올로기와 관련을 맺으며 발전해 왔는가에 주목하였다. 더불어 개신교의 연합조직이 사회와의 관계 속에서 어떤 역할을 담당하였으며, 교단의 교육제도는 개신교의 성격에 어떤 영향을 주었는지를 분석하였다. 이러한 역사적 분석을 위해서는 주로 교회사 관련 문헌, 종교사회학적 연구들, 그리고 교회 현황 관련 요람 등을 자료로 활용함으로써, 한국 개신교의 현재와 과거를 연결시켜 보고자 하였다.

한국 개신교의 개교회주의와 교회팽창주의의 '현재'와 그 형성 기제를 규명하기 위해 질문지 조사를 실시하여 양적 분석을 시도하였다. 사용된 자료는 2004년 9월 287명의 목사를 대상으로 실시한 질문지를 통해 수집된 것으로, 응답자들은 대한예수교 장로회(통합), 한국기독교장로회(기장), 대한예수교장로회(합동), 대한예수교장로회(대신) 소속 목사들이다. 질문지는 목사들의 사회·인구학적 특성, 목회자들의 정치, 사회, 복지, 통일 등에 관한 의식, 교회의 역할에 관한 의견 등의 항목으로 구성되었다. 그리고 별도의 추적 조사를 실시하여 해당 목사들이 속한 교회의 대지, 건평, 신도 수 등의 자료를 수집하여 분석에 활용하였다. 이렇게 수집된 자료들은 1차적으로 목사들의 일반 의식을 알아보는 데 활용되었고, 궁극적으로는 개교회주의와 팽창주의를 설명하는 인과적 모델을 구성하는 데 이용되었다.

끝으로 이 연구에서는 보조적으로 질적인 연구 방법을 활용하였다. 질적인 연구 방법은 양적인 접근에 비해 유연하고 심층적인 연구에 용이하지만 주관성의 개입 위험이 높고, 일반화의 가능성은 떨어진다. 그러나 이 연구에서는 양적 분석을 통해 얻어진 잠정적 결과들을 목사들 자신의 입을 통해 확인하는 보조적인 수준에서 이루어졌으므로 큰 문제는 없을 것으로 판단한다. 총 11명의 목사들에 대한 심층면접이 이루어졌는데, 면접 내용은 정보제공자의 허락 하에 녹음하여 다시 이를 전사본으로 만들어 분석에 사용하였다.

제2장

개신교 신앙과 세속화

　신앙논리가 도입된 배경을 살펴보기 위해 칼빈주의 이론과 교회의 기본사상을 연구하겠다. 세속화의 수용여부를 결정짓는 개신교회의 종교시장론, 개신교회의 특성을 살펴보기 위해 세속화이론을 논하고, 개신교의 신앙이념과 교회 체계를 확인함으로써 목회자들의 의식이 형성된 배경을 연구함으로 한국 개신교의 정확한 흐름을 파악하기 위해 신앙이념과 교회체계를 연구하여 보수주의 이론과 보수주의의 네 경향을 살펴보면 미국적 보수주의인 퓨리터니즘, 즉 칼빈주의와 영미계통의 선교사들의 신학과 미국의 복음주의의 영향을 받은 한국의 보수주의, '근본주의'라는 보수주의 신앙이념을 살펴보겠다. 중도주의 이론과 지나치게 자유롭지도 않고 보수적이지 않는 중도주의 신앙이념, 진보주의 이론과 진보주의 세 가지 경향인 자유주의, 고전적 진보주의, 현대적 진보주의에 대해 살펴보겠으며, 기독교 개인주의와 세속적 사회주의를 배격하는 진보주의 신앙이념을 살펴보겠다. 전술한 바와 같이 얘기한 차원과 범주별에 논의 내용을 도표화하면 표2-1-1을 제시할 수 있다.

〈표2-1-1〉 개신교 신앙과 세속화

개신교 신앙과 칼빈주의						
개신교와 세속화론	세속화이론		종교시장론			
개신교의 신앙이념	신앙이념과 교회체계	보수주의	보수주의의 네 경향	미국적 보수주의	한국의 보수주의	보수주의 신앙이념
		중도주의	중도주의 신앙이념			
		진보주의	진보주의 세 가지 경향	진보주의 신앙이념		

제1절 개신교 신앙과 칼빈주의

한국 개신교는 신관과 신의 인간에 대한 관계를 특별히 취급하는 포괄적인 신학체계를 가진 칼빈주의의 논리를 수용하여 예정과 섭리론에 입각한 교회의 기본사상으로 하는 근본주의적인 보수주의가 형성하게 된 교회사의 배경을 가지고 현실에서 불교, 천주교, 유교 등 여러 종교들과 경쟁하는 상황에 직면해 있는 종교 시장론과 접목되어 있다.

1. 개신교 신앙과 기본사상

개신교는 구교와 다르게 목회자들의 역할이 중요하다. 가톨릭에서 위임하는 것과 다르게 신교의 개혁사상은 인간 스스로가 신성을 찾아가는 것을 도와주겠다는 것이다. 그러므로 목회자들은 일반 신앙인과 밀착한 생활을 하게 되었다. 또한 시민들은 다락방, 지하 동굴 등 어느 곳이나 자기 신성과 영혼구원을 위해 추구하는 일이 허용되어야 한다. 이것이 기본적인 세속화이다. 그러한 시민생활은 종교 일상화 생활의 일부가 내재화되게끔 도와줌으로써 한국 국민과 친숙하게 되이 유일신앙을 가지게 되었다. 국민들은 허무주의에 입각힌 불교사상보다는 실생활에 입각한 개신교가 접목되고 물질구조와 사회구조의 변화 양상에 대해 수용하는 것이 득이 된다는 것을 알게 되었다.

교회의 기본사상으로서 칼빈주의는 주로 신관과 신의 인간에 대한 관계를 특별히 취급한 포괄적인 신학체계를 말한다(이근삼, 1976: 840). 이는 역사적으로 루터파, 재세례파, 소기노파의 교리와 구별하여 개혁주의 신조에 동의한 신교의 교파를 지칭하는 말로 사용되어 왔다(Henry P. Vantil, 이근삼 역, 1979: 57). 칼빈의 정치적 저항권의 이념은 그가 죽은 후(1564), 프랑스 칼빈주의자들은 특히 바르토롤메의 대학살(1572. 8. 24) 이후 저항권을 보다 첨예화하게 이론적으로 전개해 나갔다. 종교적 불관용과 정치적 절대주의에 도전을 했던 이러한 정치적 저술들은 대학살 이후 세인의 주목을 받기 시작했고, 프랑스의 칼빈주의자들 특히 베자, 호르만, 므네이의 의회민주주의는 칼빈주의의 2세대에 속하는 알투지우스(Johannes Althu－sius)를 통해 국민주권(Volksinitiative)과 정치적 저항권에 확고한 기초를 놓게 된다. 특별히 사회계약론은 저항권 이론과의 연관성에서 프랑스 칼빈주의자들에 의해 주장되어 왔다. 이들의 주장의 요지는 다음과 같다.

하나님이 세계의 주인이며, 왕들은 하나님의 의지에 따라 통치해야 한다. 만일 이들이 그 의무를 수행하지 못한다면, 이들의 신하들은 하나님께 복종해야 한다. 시의원들은 국민들로 하여금 저항할 수 있도록 고무해야 한다. 만일 왕과 영주들이 이들의 사회적 약속을 수행하지 않을 경우, 국민 저항권은 자명한 귀결들로 나타난다. 이런 경우에 왕의 퇴위나 살해는 허용될 수 있다. 여기서 우리는 이중적 계약사상을 만난다. 즉 국민과 왕이 서로 하나님과 맺은 계약과 또 다른 하나는 하나님과 국민들 간의 계약이다. 만일 왕이 국민들 앞에서 맺은 자신의 계약(지배계약)을 이행하지 않을 경우, 하나님과 국민들 사이의 계약이 유효하게 된다. 이것은 칼빈과 그 후계자들에 의해 전개된 정치사회이론이다(정승훈, 2000: 178－179).

칼빈주의는 서구의 합리화 과정과 프랑스 혁명의 전개에서 그 역사적 방향을 가지고 있다. 종교개혁의 합리성을 지지하는 이념형적 보루로 파악할 것인지, 아니면 합리성을 넘어서서 해체와 해방을 향한 인간의 경험적 측면과 신비적 측면을 진지하게 고려하는 사유로 파악될 수 있는지는 논란이 된다. 그런가 하면 자본주의의 합리적 측면을 대변하고 교리적 엄격성을 대변해 오던 칼빈신학에 대한 영성신학적 접근들 역시 종교개혁의 전통을 이성과 계시를 넘어서서 근대성과 탈근대성의 틈을 형성하는 신학으로 자리매김하고 있다.

그리고 칼빈주의 기본사상은 예정론을 말하고 있다. 예정이라는 단어의 뜻은 대개가 미리 계획을 확정해 놓았다는 의미를 가지고 있다(로마서, 11:5). 이는 하나님께서 영원하신 작정 섭리 안에서 인간 각 개인에 대한 모든 경륜을 미리 결정해 놓으셨다는 의미이다 (사도행전 4:28). 칼빈은 말하기를 "우리가 예정을 하나님의 영원한 결정이라고 하며, 그것으로 말미암아 각 사람에게 일어나기를 원하시는 일을 스스로 결정하시는 것을 말한다."(J. Calvin, 김문제 역, 1984: 661)고 하였다.

칼빈은 예정과 섭리의 교리를 다음과 같이 분류했다.

첫째, 우주가 창조된 것은 창조주께 영광을 돌리기 위한 것이며, 하나님의 목적에 의해서만 만물은 존재 가치와 의미를 지닌다는 것이다. 이것은 하나님의 절대주권에 관한 교리이다. 둘째, 전능하신 하나님의 뜻은 인간이 알 수 없는 깊은 섭리를 포함하고 있으므로 인간은 하나님의 거룩하신 뜻과 깊은 섭리의 단편밖에는 이해할 수 없다는 것이다. 셋째, 인간은 하나님의 예정(predestination)에 의하여 그 생애가 결정되어 진다는 것이다.

이러한 칼빈의 교리는 고대 희랍의 스토아적 운명론과는 전혀 다른 것이다. 운명론은 인간의 운명을 전적으로 신에게 돌려 버리고 인간은 다만 신이 결정지어 준 운명에 순종하든지, 그 운명을 사랑하는 것이 인간 본연의 자세라는 것이다.

칼빈의 『기독교강요』(Institutes of Christian Religion) 제3권에 보면, "물질 사용의 원칙을 논함에 있어서 먼저 현재의 생을 나그네로 규정하고 물질은 이 나그네의 천성행(天城行) 여행의 필요를 채워 주는 정도로 충족한 것이고, 괴디한 물질은 오히려 방해가 되는 깃으로 알아야 하며, 그리고 물질은 창조주의 선물이므로 오직 그의 영광을 위하여 사용해야 한다."라고 했는데, 베버는 이것이 곧 자본주의의 이념이 되어야 한다고 했다.

칼빈주의는 하나님의 주권성 내지 초월성을 지나치게 강조함으로써 모든 인간의 삶을 하나님의 영광을 위해 존재하는 것으로 본다. 개인은 홀로 하나님 앞에 서 있고, 그는 하나님의 영광을 위해 선택되었거나 유기된 자이다. 자신의 예정을 심리적으로 확신하기 위해, 칼빈교도들은 구원의 확신을 세속적인 소명(직업)을 통해 입증한다. 베버는 1647년 웨스터민스터 신앙고백을 인용하면서 예정교리가 하나님이 누군가는 구원으로, 누군가는 유기상태로 버려 둔 교리로 확인한다. 이러한 예정은 인간의 능력이나 의지와는 무관하며 오직 하나님의 영광과 전능하신 능력에만 의존한다. 심지어 하나님 자신도 이러한 예정을 어쩔 수가 없다. 그리스도는 오직 예정된 자만을 위해 죽었기 때문이다(제한속죄). 이러한 이중예정에서 심리적인 위로를 발견하려면 끊임없는 노동을 통해 하나님의 영광을 위해 살아야 한다. 하나님의 영광을 위한 강도 높은 노동을 통해 신자들은 자신들의 예정에 대한 구원의 확신을 갖는다. 바로 이 신학적 사상이 개혁신앙에 특별한 금욕적 경향을 제공해 주는 합리성이며, 이 합리성이 가톨릭과의 갈등으로 작용한다.

칼빈의 예정론은 이후 칼빈주의와 청교도의 발전에서 실천의 삼단논법(practical syllogism)으로 바뀌며, 노동은 하나님의 은총을 받는 전제조건이 된다. 결국 '하나님의 영광을 위한 교리'는 끊임없는 벌이 추구를 위한 경제적 합리성을 공고히 해 주는 종교적 기초가 된다.

종교의 이념적 형식과 실천노동 사이의 친화력을 바탕으로 종교와 사회경제적 발전은 상호연관 속에 서 있게 된다. 이러한 실태로 베버는 칼빈주의와 자본주의 정신의 연관성을 그의 종교 사회학적 분석의 주제로 다루고 있다.

16~17세기 서구에서 진행된 자본주의 발전 과정에서 개신교의

윤리, 특히 칼빈주의의 노동윤리는 이러한 새로운 세계관을 투사한 비전으로 이해될 수 있다. '예정으로 불러짐'은 그리스도와의 신비한 연합을 통해 주어지는 은총의 영성신학이며, '노동의 물신숭배'로 치닫지 않는다. 오히려 예정은 신자들로 하여금 파문과 유기 속에 있는 사람들을 향하여 연대하도록 하며, 이들 속에서 신비하게 역사하는 성령의 숨겨진 사역을 보게 한다. 예정의 영성은 기독교인의 사회적 책임성과 '이성과 합리성의 타자'(미셸 푸코)로 밀려나간 소외계층과 연대하도록 한다.

칼빈주의는 주로 하나님과 인간에 대한 관계를 특별히 취급하고 있으며, 기본사상은 인간의 운명을 전적으로 신에게 돌려 버리고 인간은 다만 신이 결정지어 준 운명에 순종하든지, 그 운명을 사랑하는 운명론과 달리 미리 계획을 확정해 놓았다는 의미를 가지는 예정론을 말하고 있다. 이러한 칼빈의 예정론은 이후 칼빈주의와 청교도의 발전에서 실천의 삼단논법으로 바뀌게 되었으며, 노동은 하나님의 은총을 받는 전제조건이 되어 하나님의 영광을 위하여 끊임없는 벌이 추구를 위한 경제적 합리성을 공고히 해 주는 종교적 기초가 되었다.

제2절 개신교와 세속화론

1. 세속화이론[1]

종교와 사회변동 관계를 설명하는 데 주로 활용되는 이론모델이

---

1) 세속화이론(The Secularization Theory): 세속화이론은 급변하는 사회 안에서의 종교의 기능, 위치, 존재 양태의 변화 과정 및 결과를 분석하는 이론으로서 현대사회의 변화에 따른 종교의 쇠퇴 혹은 변화(혹은 변형)를 설명하고 있다.

다. 이 이론은 19세기와 20세기에 걸쳐 유럽과 북미 사회에서 일어난 종교적 변화를 해석하는 데 사용되기도 한다. 20세기에 들어서서 세속화란 용어가 사회학 영역에서 사용되기 시작하면서 그 의미는 더욱 다양하고 복잡하게 되었다. 그럼에도 불구하고 대체로 세속화란 사회 안에서 종교가 지니는 위상의 변동을 의미했으며 더 구체적으로는 종교의 점진적 약화와 후퇴를 의미하는 말로 사용되었다고 하겠다(박영신, 1985: 15, 이원규, 1987: 9, 오경환, 1990: 390, 강인철, 1994: 23).

세속화 연구는 종교와 사회의 관계를 현대적인 맥락에서 재조명해 보려는 사회학적 시도이며, 현대사회에서의 종교의 위치와 기능을 이해하는 데에 있어서 핵심적인 개념이기 때문이다. 많은 사회학자들은 그 개념적 도구를 사용하여 현대사회의 변동 상황이 어떻게 종교에 영향을 미쳐 왔는가를 탐구하면서 종교의 변화 과정을 설명해 왔다. 세속화이론은 '사회의 비종교화' 내지 '종교영역의 분화' 등과 같은 점에서 사회변동이 종교의 정치·사회적 기능 변화에 어떠한 영향을 미치는가 하는 문제에 대한 좋은 기반을 제공해 준다.

'세속화'라는 단어는 서양에서 1648년 웨스트팔리아 평화조약에서 처음으로 사용하기 시작했으며, 그 당시에 이 말은 이전에 교회의 관할에 있던 지역이 평신도 위정자의 관할권에 속하는 지역으로 이전되는 것을 묘사하기 위하여 사용되었다. 즉 교권으로부터 어떤 책임을 정치적 주권자에게 넘겨주는 것을 '세속화'라고 부르게 된 것이다(김성건, 1991: 14).

일반적으로 세속화이론에서는 종교의 세속화 현상을 여러 이론 모형으로 설명하고 있다. 대표적인 것으로는 종교적 상징, 교리, 제도가 그 지위와 영향력을 상실함에 따라 종교의 교세가 약화되고 있다는 '쇠퇴이론',2) 종교집단이나 종교적인 사회가 초자연적인 것

---

2) 쇠퇴이론(Decline Theory): 세속화이론의 대표적인 모델 중 하나로서 세속

으로부터 '이 세계'로 관심을 전환함에 따라 세상과 동조하게 되었다는 '동조이론', 사회제도들이 종교와 분화되어 독립적으로 변화하는 자율적 실재가 되었다는 '이탈이론', 종교적 신앙과 제도가 사적인 것으로 변형되었다는 '변형이론',3) 인간과 자연이 합리적으로 인과적인 설명이나 통제의 대상이 됨으로 세계가 점차 그 거룩한 성격을 상실하게 되었다는 '비성화(非聖化)이론' 등이 있다(Larry Shiner, 1967: 6).

결국 세속화이론들은 독립변수로 기능하는 현대사회의 변화에 따른 종교적 쇠퇴 혹은 변화를 강조하고 있는 것이다. 이러한 점에서 다양한 세속화이론들은 크게 다음의 두 가지 형태, 즉 종교의 쇠퇴와 교회의 기능 및 역할의 변화로 구별될 수 있다.

뒤르켐은 사회적 환경의 변화에 따라 전통 종교의 의미와 가치는 점차 줄어들 수밖에 없다고 보았으며, 따라서 사회학자의 임무는 이를 대체할 기능적 대안물을 찾아내는 것이라고 보았다.

한편 베버는 현대사회의 특징을 '합리화'(rationalization), '지성주의화'(intellectualization), 혹은 '세계의 탈주술화'(disenchantment) 등의 함축적인 용어로 정의하면서 이러한 현대성의 증대로 인하여 종교의 사회적 정당화 및 합리화 기능은 점차 약화될 것이라고 전망하

화를 초자연에 관한 신앙과 그것에 관계된 종교적 사고, 수행이 불신되고, 더 나아가 종교적 상징, 교리, 제도가 그 지위와 영향력을 상실하는 과정으로 규정하고 있는 이론이다. 이때 전자가 개인적 수준에서의 변화라면, 후자는 사회적 수준에서의 변화라고 할 수 있다.

3) 변형이론(Transposition Theory): 변형이론이란 종교의 세속화를 종교의 기능 영역과 내용이 변화되고 사회에서의 종교의 위치가 달라지는 현상으로 설명하는 이론이다. 이 이론의 대표적인 학자인 피터 버거(Peter L. Berger)에 따르면, 현대적 의미에서의 종교적 세속화는 과학적 합리주의의 성장에 수반되는 사회의 산업화, 도시화, 다원주의의 결과로서 사회와 문화의 어떤 영역이 종교적인 제도와 상징체계의 지배로부터 벗어나는 과정이라고 설명된다.

였다. 그에 따르면, '합리화'란 사회생활의 어떤 영역들이 기능적 합리성(functional rationality)의 기준에 따라 조직되는 과정을 의미하는 것으로서, 현대 서구 사회는 합리화된 경제와 그에 수반된 합리적 정신을 기초로 하여 기능적으로 조직되어 있다고 보았다. 이렇듯 합리주의적이고 지성주의화, 탈주술화된 현대 문화는 종교에 큰 영향을 미치게 되어, 종교를 비합리적인 영역으로 강등시키며, 뒤르켐이 강조한 사회통합의 기능을 상실한 체 개인적인 의미만으로 제한시킨다. 즉 현대사회에서 종교는 단순히 사적 개인의 감정적이고 표현적인 행동으로 나타나는 '종교의 사사화(私事化, privatization)'를 강화하게 된다는 것이다(김선욱 외 역, 2003).

이러한 뒤르켐과 베버의 논지는 비록 그들이 세속화라는 단어를 사용하고 있지는 않지만 현대적 의미의 세속화이론을 세우는 데 초석이 되었으며, 이는 이후 현대 종교 사회학자들에게 지대한 영향을 미쳤다.

뒤르켐은 사회적 환경의 변화에 따라 전통 종교의 의미와 가치는 점차 줄어들 수밖에 없다고 보았으며, 따라서 사회학자의 임무는 이를 대체할 기능적 대안물을 찾아내는 것이라고 보았다.

잉거(J. Miltan Yinger)는 "전통적인 종교적 상징과 형태가 힘과 호소력을 잃는 것이 세속화"라고 하였다(1957: 119). 그리고 멜(R. Mehl)은 "세속화는 종교의 대중화, 종교의 권위를 다른 형태의 권위로 대체하며 종교를 인간 실존의 사적 영역으로 추방시키는 것이라"고 하였다(Roger Mehl 1966: 70). 가장 일반적인 의미에서 세속화이론이 주장하는 것은 근대화가 진행되면서 종교의 사회적 중요성이 감소된다는 것이다.

로이 윌리스(Roy Wallis)와 스티브 브루스(Steve Bruce)에 의하면 근대화 과정 가운데 세속화이론과 특별히 관계있는 현상은 사회적 분화(social differentiation), 사회화(societalization), 그리고 합리화

(rationalization) 세 가지이며, 사회적 분화란 예전에는 하나의 지배적인 기관(institution)이 종합적으로 수행하던 여러 가지 사회적인 기능들을 세분화되고 전문화된 여러 기관들이 나누어서 담당할 수 있게 되는 현상을 말하고 있다.

세속화와 관련된 근대화의 두 번째 요소는 브라이언 윌슨(Bryan Wilson)이 "사회화"라고 명명한 현상이다. 사회화란 근대화로 인해 분화되고 파편화된 여러 가지 사회구성 요소들이 "공동체적으로"(communally)가 아니라 "사회적으로"(societally) 뭉치고 조직되는 과정이다. 즉 국민국가, 기업, 관료 등 근대화 과정에서 새롭게 등장한 비인격적이고 거대한 기관들이 과거의 친밀한 소규모 공동체들을 대신하게 되었다는 것이다.

그리고 피터 버거(Peter L. Berger)는 세속화를 세 가지 차원에서 구별하고 있다. 첫째, 사회 구조적 차원, 둘째, 문화적 차원, 셋째, 개인의 의식적 세속화가 그것이다. 먼저 사회구조적 세속화는 교회의 통제와 영향이 이루어지고 있던 영역에서 교회가 퇴거하는 데서, 즉 국가와 교회가 분리되고 교회령을 몰수하고 교회의 권위로부터 교육이 해방되는 데서 이루어지는 것이다. 문화와 상징체계의 세속화는 사회 구조적 세속화 이상을 의미한다.

세속화란 예전의 종교적 전통에 영향력을 받던 정치, 사회, 문화, 경제 등의 모든 인간 활동 범위가 그로부터 떨어져서 더 이상 종교적 영향을 받지 않는 것을 말하며, 이는 인간의 합리화, 이성과 과학의 발달 등과 관계가 있는 것이다. 위와 같이 세속화이론은 사회의 비종교화 내지 종교 영역의 분화 등의 현상을 지적하는 데 그치지 않고 근대화 등 거시적인 구조 변동과 종교를 연관시켜 파악하는 데 그 장점이 있는 것이다.

2. 종교시장론

종교를 시장으로 표현한다는 것이 신성한 단체를 모독한다고 말할 수 있지만 경영학 용어를 빌려 종교 현실을 쉽게 이해하기 위한 것이다. 버거(Peter L. Berger)와 루크만(Luckmann)은 다원주의는 종교시장을 형성시키는 경향이 있고, 근대사회의 개인들은 종교에 대해 소비자의 지위를 갖게 되는 것을 강조하였다(Berger, 1969; Berger & Luckmann, 1969). 그리하여 교회는 더 이상 독점적일 수 없고, 성직자는 종교적 상품의 제조자와 판매자로 변한다는 것이다 (강인철, 1994: 309). 그리하여 끊임없이 구매자(신도)를 만족시켜야 한다는 것이다. 근대사회란 개인주의를 그 핵심요소로 하고 있다. 중세사회가 인간을 집단적으로 이해하는 데 비해서, 근대사회는 인간을 개인적으로 이해한다. 중세사회는 개인이 사회를 위해서 존재했지만, 근대사회는 사회가 개인을 위해서 존재해야 한다. 이런 개인주의가 영미 기독교의 역사에 가장 구체적으로 등장한 것은 1689년의 관용령(Toleration Act)이다. 이 관용령의 내용은 가톨릭을 제외하고, 개인은 개신교의 어떤 교파든지 개인의 결단에 의해서 종교를 선택할 수 있다는 것이다. 근대사회로 옮겨지면서 종교가 사회의 중심요소에서 물러나게 되었고, 따라서 종교의 선택을 개인에게 양보해 줄 수 있게 된 것이다. 그 후로부터 종교문제가 아니라 정치체제나 경제제도가 사회를 묶는 가장 기본적인 것으로 인식되었고, 여기에서 어긋나는 것은 용납할 수 없게 되었다.

이런 새로운 사회구조 속에서 교회는 근본적인 문제에 부딪히게 되었다. 그것은 독과점시대가 끝났다는 것이다. 즉 종교의 자유가 시작되었고, 신앙의 다원화가 인정되었던 것이다. 종교사회학자 피터 버거(Peter Berger)는 여러 종교의 신앙이 함께 경쟁해야 하는 상황을 자본주의적인 시장용어로서 다음과 같이 설명한다.

"모든 다원주의적 상황의 주요한 특징은, 그것들의 세부적인 역사적 배경이 어떠하든지 간에 탈 독점적인 종교적 기업들이 고객집단의 충성을 이제는 당연한 것으로 생각할 수 없다는 점이다. 이제 충성은 자원(自願)적인 것이 되었다. 결과적으로 이전에는 권위 있게 부과되었던 종교적 전통을 이제는 시장에 내어 놓아야 한다. 다시 말해서, 그것은 더 이상 '구매'하도록 강요받지 않는 고객들에게 '판매'되어야 한다는 것이다. 그리하여 다원주의적 상황은 무엇보다 시장 상황이라고 말할 수 있다. 이런 상황에서 종교제도가 매매기관이 되며, 종교적 전통은 소비자의 상품이 된다. 이런 상황에서는 어쨌든 많은 종교 활동이 시장경제의 논리에 의해서 지배당하게 된다." 이처럼 독과점시대가 끝난 상황에서 신앙은 더 이상 강요되어질 수 없으며, 이제는 설득되어야 하는 것이다(안점식, 2004: 144–147).

시장 상황에서 성직자의 지위 및 성직자와 평신도의 관계는 크게 달라진다. 종교 영역의 시장 상황은 종교지배 집단인 성직자 계층에게 긴장을 부과하며, 이들의 지위 역시 불안정해진다(강인철, 1994: 310). 종교 지도자들이 종교 내용을 결정하는 데 있어서 이전에는 없었던 세속적인 요소, 곧 소비자 선호를 고려하지 않을 수 없게 되었다. 달리 말해서 이러한 상황에서는 어떤 종교적 전통도 불변의 진리로 고수하기가 점점 어렵게 되어 가며, 결국 종교적인 내용도 유행을 따라 변동시키지 않으면 안 된다는 것이다.

결국 철저히 세속화된 세계에 살고 있는 소비자의 기호는 세속적일 수밖에 없어 이에 걸맞은 종교의 내용 또한 세속화된 자신들의 의식과 조화를 이룰 수 있는 종교적 제품을 그렇지 못한 것보다 더 좋아하게 된다는 것이다(이원규, 1992: 166).

버거에 따르면 앞에서 논의한 바와 같이 세속화는 보편적인 추세이다. 그러므로 종교의 내용이 세속화되는 방향으로 변화하는 것 또한 필연적이라고 할 수 있는 것이다. 심한 경우 세속화의 이와 같은 보편적 경향은 종교적 전통으로부터 거의 모든 초자연적인 요소를 신중하게 배제시키도록 할 것이며, 세속적으로 변형된 종교제도만이 계속 존속할 수 있도록 정당화시킬 것이다. 그렇지 않을 경우 종교의 초자연적 요소의 중요성을 격하시키든지, 아니면 초자연적인 요소를 뒤로 후퇴시켜 표면에 내세우지 않으면서 종교적 제도가 세속화된 의식의 기준에서도 가치 있다는 이름하에서 판매될 것이라고 말한다.

지금까지의 세속화이론을 요약하면, 근대사회로 들어오면서 종교가 사회의 중심요소에서 물러나게 되었으며, 종교의 선택을 개인이 할 수 있게 되자 이제는 정치체제나 경제제도가 사회를 묶는 가장 기본적인 것으로 인식되었고, 종교 지도자들이 종교 내용을 결정하는 데 있어서는 어떤 종교적 전통도 불변의 진리로 고수하기가 점점 어렵게 되어 세속적인 요소, 곧 소비자 선호를 고려하지 않을 수 없게 되었다는 것이다.

제3절 개신교의 신앙이념

개신교의 신앙이념으로 나타난 현상을 살펴보면 보수주의, 중도주의, 진보주의로 구분할 수 있다. 이들 이념의 역사적 기원과 경향, 그리고 실제적으로 지향하고 있는 점은 무엇인가를 검토할 것이다.

1. 보수주의

보수라는 말은 오래된 무엇인가를 소중히 여겨 그대로 지키고 유지한다는 뜻이다. 『웹스터 새 단어사전』은 보수주의를 "내용이나 방법론에 있어서 변화를 반대하는 경향"이라고 하였다. 보수주의란 일반적으로 변화와 혁신을 지향하기보다는 전통과 현재 상태(status quo)의 보존을 지향하는 입장을 말한다. 이러한 개념은 매우 다양한 의미로 사용되고 있는바 크게 이데올로기적 의미와 사회 심리적 의미의 두 가지로 구분된다. 사회 심리적 의미라 함은 인간의 특정한 심리적 태도 또는 성향을 나타내는 것이다. '실험'보다 '경험'을 중요시하며 '변화'보다 '안정'을 확보하려는 태도, 심리상태를 말한다. 이데올로기적 의미는 진보주의가 확산되어 나가면서 인간의 보수적 성향이 개인적 이익이나 계급적 이익과 결부되어 진보주의에 능동적으로 대항하는 특정 정치사상을 의미한다(유준세, 1993: 313).

서구의 보수주의는 18세기 중반 이후 구질서가 와해되는 시기에 계몽주의와 프랑스 혁명에 대항하여 전통 질서를 방어하려는 노력 속에서 발생했다(홍세화, 2003: 43). 역사적으로 진보주의의 획기적인 사건이었던 1789년의 프랑스 혁명에 대한 반성과 비판을 계기로 보수주의(Conservatism)에 대한 거대한 담론을 인류의 지성사에 제공하였다.

울프(A. B. Wolfe)는 보수주의적 심리현상의 근원이 인간의 안전 욕구를 저해하는 공포감(Fear)에서 출발한다고 지적하고 있다. 이것은 정확히 말해서 홉스(Thomas Hobbes)의 보수주의, 즉 물리적 공포심에 기저를 둔 것으로서 그의 정치이론의 철학적 정당성을 이루고 있다(이봉희, 1996: 21 - 25).

보수주의는 현재 상태의 보존을 지향하는 시점에 따라 그 특성을 달리한다. 윌리엄 하버는 보수주의의 특성을 다음과 같이 정리하고 있다.

첫째, 우주에는 일종의 도덕적 질서가 있다는 신념을 주장하고 있으며 이것은 신(神)중심적인 휴머니즘으로 여결된다. 둘째, 인간 이성의 한계를 강조하는 보수주의는 유토피아를 만들려는 인간 능력에 회의를 갖는다. 따라서 보수주의는 인간사회의 거대한 재구성으로 혁명을 반대한다. 셋째, 사회 안정을 위해서는 건전한 관습과 전통이 있어야 한다고 주장하며 질서의 개념을 강조한다. 넷째, 정치적으로는 엘리트주의를 강조하며 민주주의에 대한 통제가 필요하다는 입장을 갖는다. 다섯째, 지방분권화를 선호하며 중앙집권화의 위험성을 경고하고 있다(김용민, 1999: 16 - 19).

1) 보수주의의 네 경향

(1) 근본주의(Neo - Fundamentalism)

본래 근본주의는 현대주의 신학에 대항하기 위하여 1910 - 1912년에 일어난 하나의 저항운동이었다. 근본주의는 현대문명의 하나의 대항체계로서 현대사회에 지대한 영향을 미치고 있다. 이것은 행동에 큰 영향을 미치는 요인으로 보고 있다(이원규, 2000: 241 - 250). 임희숙은 "생활세계의 변화에 대응하는 특수한 사고방식과 행동방식으로 나타나고, 매우 독특한 멘탈리티와 결합되어 있다(임희숙, 2000: 221)."고 보고 있다. 종교사회학자 리제브롯은 근본주의를 정의하기를 "잠재적 보편성을 갖는 종교적, 정치적 당대 현상"(M. Riescbrodt, 1990: 4) 으로 규정하고 있다. 미국에서는 1930년 메킨타이어(Karl Mclntyre)가 중심이 되어 신근본주의가 일어나서 반문화적, 반지성적 태도, 분파적 완전론, 세대주의 종말론을 특징으로 하고 있다. 신근본주의자들은 다른 이름을 사용하기 시작하였는데 아시아에서는 보수주의(Conservatism) 유럽에서는 복음주의(Evangelicalism)란 명칭을 사용했으나 실은 신근본주의로서의 오해를 막기 위한 근본주의의 새 이름에 불과한 것이다.

한국 사회에서는 종교적 근본주의 그 자체와 잘 부합되는 종교적 유산들―구세주의 대망사상, 영적 신비적 샤머니즘, 유교의 이원론적 공간 상징과 그로 인한 이분법적 사고―이 풍부하게 존재하였고, 그 바탕 위에 미국의 선교사들은 한국의 개신교에 종교적 근본주의를 쉽게 이식하였다(김성건, 1988: 123).

(2) 세대주의(Dispensationalism)

본래 세대주의는 19세기 영국과 화란에서 일어난 성경해석운동이다. 창시자는 다비이며 조직화된 것은 존 넬슨(John Nelson, 1800-1882)의 The Plymouth Brethren조직 이후부터이다. 스코필드는 8세대로 나누었으나 대부분은 무죄의 시대, 양심의 시대, 인간행정의 세대, 약속의 세대, 율법의 세대, 은혜의 세대, 천년왕국의 세대(7세대)로 나누어 설명하는 것이 보통이다.

(3) 신복음주의(Neo-Evangelicalism)

신복음주의란 1940년대 이후 복음주의 사이에서 일어났던 하나의 운동으로서 신학이라기보다는 하나의 분위기(mood)로 보는 것이 옳다. 이들의 특징은 자유주의와 신학적 대화를 모색함으로써 자신의 입장을 포기하고 있고 자유주의와 협동을 서슴지 않고 있다는 점이다. 성경론으로 현대 과학과의 관계를 강조한 나머지 성경의 무오류성을 포기하고 있다.

(4) 신비주의(Mysticism)

신비주의는 인간의 경험에 근거를 두고 있고, 정에 근거하며 사상적 기원은 플라톤 철학에 기원을 두고 있다. 크게 두 가지의 경향으로 하나는 영지주의(Gnosticism)경향이다. 이원론적 혼합주의가 그 특징으로서 이런 사상은 보수주의 교회와 신흥종교에서 볼 수 있다. 또 하나는 몬타니즘(Montanism)으로서 그 특징은 성령운동이다.

2) 미국적 보수주의

미국의 역사를 일관해 온 하나의 이념은 퓨리터니즘(Puritanism)이다. 이 이념은 17세기 영국의 정치사회상과 연관된 상태에서 미국으로 유입되었다. 특히 퓨리터니즘의 여러 교파 중에 미국에 대한 영향력이 가장 강했던 칼빈주의는 식민지에 유입되어 초기 뉴잉글랜드의 정치 이념과 나아가서는 미국의 정체성 형성에 기여하였다. 미국의 "시민종교"(Civil Religion)로 기능하면서 미국 정치 엘리트들의 정치 관념에 영향을 끼쳐 온 칼빈주의적 세계관, 사회관이 첨가되어 독특한 형태의 이념을 형성했다(Ruth Bloch, 1988: p. xiii).

칼빈 교리의 또 다른 측면인 천년왕국사상은 인간의 역사는 하나님의 뜻에 의해 정해진 모습대로 전개될 것이며 궁극적으로 지상에서 하나님의 뜻대로 완전하게 이루어진 시대가 도래할 것이라는 이념으로 초기 미국에서 큰 영향을 끼쳤다(Ruth Bloch, 1988: 236). 또한 이 의식은 미국 역사에 발현되는 선민의식의 기반이 된다.

미국의 이념적 토대로서 퓨리터니즘, 즉 칼빈주의는 자유주의나 공화주의보다도 어떤 의미에서는 더 지속적이고 직접적으로 미국적 보수주의의 내용을 구성하게 된다. 보수주의가 두 가지 형태가 있는데 한 형태는 개인주의적 보수주의(individualist conservatism)로서, 그것은 개인(個人)의 자유를 강조한다는 점에서 고전 경제학의 이론과 아주 비슷하였다. 또 다른 형태는 유기적 보수주의(organic conservatism)로서, 그것은 봉건주의 체제를 경험한 유럽적인 전통에 뿌리를 가지고 있었다.

그와 같은 보수주의의 물결은 1952년에 아이젠하워가 대통령에

당선됨으로써 절정에 이르렀고, 그 결과로 1950년대는 현대 보수주의의 시대라고 불리게 되었다. 전후의 보수주의자들은 우선 보수주의의 인도주의적인 측면을 부각시키려고 하였다. 그것은 "보수주의의 핵심과 중심부, 즉 그것의 감정적인 열정은 개인 영혼의 존엄성에 대한 인도주의적인 존중이다."라고 하는 피터 비레크(Peter Vireck)의 말 속에서 잘 나타나고 있다. 또한 그들은 보수주의는 근본적으로 자유의 문제에 관심을 가지는 이데올로기임을 강조하려고 하였다(Peter Vireck, 1964: 6). 또한 보수주의의 두드러진 원리는 균형의 비율(proportion)과 측정(measurement), 자기 억제를 통한 자기표현, 개혁을 통한 보존, 인도주의와 고전적인 균형 감각, 변하는 것 밑에 있는 영원한 것을 그리워하는 마음, 끊기지 않는 역사적 지속성에 대한 집착이다(Peter Vireck, 1964: 14).

미국의 보수주의는 사회적 소수에 대한 불관용 주의로서 백인우월주의를 들을 수 있으며 인종 질서, 성적 혹은 종교적 소수집단에 대한 탄압 그리고 빈민, 저소득계층에 대한 차별 등이 구체적인 예이다. 인종이나 소수집단 문제와 관련하여 남부가 전통적으로 차별문화를 형성해 왔다. 남부 백인사회에서는 흑인들의 정치·사회적 권리를 박탈하는 정책을 유지하였다. 흑인규제법(Black Codes), 인종분리정책(Jim Crow Laws) 등은 1960~70년대 민권운동으로 시정되었지만 사람들의 편견은 사라지지 않았다. 그리하여 흑인의 지위향상은 아직도 중요한 과제로 남아 있다(박진빈, 2003: 46).

3) 한국의 보수주의

우리나라의 역사에 있어서 보수주의는 개화기에 영미계통의 선교사들의 신학과 미국의 복음주의의 영향이었다. 한국 개신교의 주류를 이루고 있는 장로교와 감리교를 전해 준 영미계통의 선교사들은 보수주의자들이었다. 19세기 영미계통의 식민지시대가 열리면서 시작된 개신교의 해외선교활동은 주로 이런 정통주의적이며 경건주의적인 선교사들, 말하자면 보수적인 선교사들에 의해서 수행되었다. 이러한 정통주의와 경건주의적 신학에 훈련을 받았던 선교사들에 의해서 선교된 한국 교회는 보수적일 수밖에 없었다. 일본 제국주의의 침략이 본격화되는 정신적 공황 상태에서 겪게 된 1907년 대부흥운동은 한국 개신교회를 탈 역사적, 내세 지향적 종교로 변화시켰다(류대영, 2004: 54). 그리고 북한의 공산혁명과 남침이 한국의 보수주의를 더욱 강화시키는 기제로 작용하여 우리 국민을 하루아침에 보수주의적 국민으로 만들었다. 또한 개신교의 반공주의는 1920년대에 국내로 유입된 사회주의와 충돌하면서 대부분의 한국 개신교인들은 마르크스주의에 대하여 시종일관 적대적이었으며, 자연스럽게 가질 수밖에 없는 무신론 및 유물론에 대한 반감, 그리고 마르크스주의를 체제 위협적인 요소로 보고 철저하게 탄압하고 반공을 교육했던 일본의 정책이 결합되어 나타난 현상이었다.

대부분의 개신교 이북지도자들은 사회주의와 기독교를 조화시킬수 없었고, 미국과 자본주의가 지배하는 남쪽으로의 "대탈출"을 하게 되었다. 남쪽에서는 좌우익 사이에 이념적 갈등이 심각할 때 절대 다수의 기독교인들은 이념과 정서적으로 가까운 미군정과 이승만이 주도한 남한 단독정부 수립을 지지하였다(손규태, 1995: 130). 월남한 서북 지역 인사들이 중추적인 역할을 담당했던 이승만 정부는 철저한 반공주의를 견지했다. 반공주의를 종말론 신학과 연결시킨 일부 교회 지도자들은 전쟁 전부터 "북진통일"을 주장하여 반공·멸공의 선봉에 섰으며, 전쟁 중에는 휴전을 끝까지 반대했다(김흥수, 1992: 287). 그리하여 기독교인들은 신학적 진보와 보수를 불문하고 모두 철저한 반공주의자가 된 셈이었다.

김성건은 한국 개신교의 중요한 속성인 근본주의를 미국의 종교적 근본주의로 보고 있으며(김성건, 1988: 157), 한국의 자유민주주의적 보수 세력을 지원하고 있는 최대 다수를 형성하는 집단으로 개신교 보수주의 교단들을 들 수 있을 것이다. 그리고 건전한 보수주의를 견지하기 위해 김영호는 "한국의 보수주의가 거듭나기 위해서는 개발독재시대의 유산인 정경유착, 천민자본주의, 부정부패의 고리를 끊고 투명한 경영을 통해 노블레스 오블리주(사회 고위층에게 요구되는 도덕적 의무)를 실천해야 한다."는 주장을 하고 있다(김영호, 중앙일보 2005년 5월 17일자).

4) 보수주의 신앙이념

한국 개신교회는 선교 초기부터 많은 선교지원을 받은 '미국교회'의 영향을 받게 되었다. 한국에는 다양한 국적의 선교사들에 의해 다양한 교파들이 전파되었지만, 이들은 모두 영미계 출신들이었고, 압도적 다수는 미국인들이었으며, 미국인 선교사들의 대부분은 장로교와 감리교 소속이었다. 미국인 선교사들이 한국 선교에 정열을 쏟은 것은 '근본주의'라는 극도로 보수주의적인 신앙이었다. 특히 장로교 선교사들에 의해 주도되었던 네비우스 선교정책으로 인해 한국 교회는 선교사들의 보수적 경건주의적 신학 및 인간의 개인적 죄성을 강조하는 신앙적 영향력(개인구원, 영적구원)을 그대로 전수받게 되었을 뿐만 아니라 그것과 대치되는 모든 신앙적 태도들을 이단으로 정죄하는 배타성 또한 배우게 되었다.

이 점에서 1907년 평양에서 일어났던 한민족의 대부흥운동은 분명 한국 교회에서 결코 이전엔 경험할 수 없었던 종교(은혜) 체험의 중요성을 가르친 사건이기는 하지만, 그러나 여전히 민족구원보다는 개인구원, 즉 종교의 비정치화를 오늘날의 시점에 이르기까지 기독교의 본질로 이해하도록 만들었던 사건으로 평가될 수 있을 것이다.

이렇듯 개인의 죄책 강조 및 그를 통해 교회와 신앙의 순수성을 유지시키고자 했던 선교사들과 그들에 의해 야기된 대부흥운동은 내용적으로는 교회의 제도화, 교회중심적인 배타적 교회체계 및 개인주의적(내세적) 신앙양식을 고착화시켰으며 그로 인해 진보적(민족주의적)인 기독교 지성인들을 교회 밖으로 내모는 결과를 초래하였다. 결국 1907년 대부흥운동의 흐름이 보수신앙과 의식의 확산을 초래하였다.

진보주의자들에 대한 일제의 종교탄압으로 점차 약화되었으며, 한국 교회의 지배적인 성향은 근본주의신앙, 보수주의 사회, 정치의식의 노선을 확고하게 고수하는 방향으로 발전하였고, 그리하여 한국 교회는 말세신앙, 신비주의, 경건주의, 개인 구원적 부흥운동 중심으로 나아가게 되었고, 이에 따라 정치적, 사회적 태도와 행위도 보수성을 나타나게 되었던 것이다(강원돈, 1992: 234 – 244). 또한 해방 이후 반공 이데올로기는 사회의 기득이익과 보수 세력을 결합시키는 데는 매우 효과적이고 용이하였으나 소외된 민중계층으로부터 이념적 지지를 얻지 못했다(최창집, 1990: 256).

이상에서 살펴본 바와 같이 보수주의는 변화와 혁신보다는 전통과 현재 상태의 보존을 지향하고 있으며, 미국에서는 1930년 메킨타이어가 중심이 되어 신근본주의의 모습으로 나타났고, 한국 사회에서는 종교적 근본주의의 유산들인 구세주의 대망사상, 영적 신비적 샤머니즘, 유교의 이원론적 공간 상징과 그로 인한 이분법적 사고 등의 바탕 위에 미국의 선교사들이 전해 준 종교적 근본주의와 결합하여 나타나게 되었다. 이러한 이념은 미국의 역사를 일관해 온 하나의 이념은 퓨리터니즘의 이념으로서 17세기 영국의 정치사회상과 연관된 상태에서 미국으로 유입되었고, 특히 미국에 대한 영향력이 가장 강했던 칼빈주의는 식민지에 유입되어 초기 뉴잉글랜드의 정치 이념과 미국의 정체성 형성에 기여하여 미국의 시민종교로 기능하면서 미국 정치 엘리트들의 정치 관념에 영향을 끼쳤다.

우리나라의 역사에 있어서 개화기에 영미계통의 선교사들의 영향으로 한국의 개신교의 주류를 이루고 있는 장로교와 감리교가 보수적인 교단이 되었으며, 이러한 영향으로 한국 교회는 보수적일 수밖에 없었다. 일본 제국주의의 침략이 본격화되는 정신적 공황 상태에서 겪게 된 1907년 대부흥운동은 한국 개신교회를 탈 역사적, 내세 지향적 종교로 변화시켰으며, 지금은 한국의 자유민주주의적 보수 세력을 지원하고 있는 최대 다수를 형성하는 집단으로 개신교 보수주의 교단들을 들 수 있을 것이다.

이렇게 개인의 죄책 강조와 교회와 신앙의 순수성을 지키고자 했던 노력은 내용적으로는 교회의 제도화, 교회중심적인 배타적 교회 체계 및 개인주의적(내세적) 신앙양식을 고착화시켰으며 그로 인해 진보적(민족주의적)인 기독교 지성인들을 교회 밖으로 내모는 결과를 초래하였다.

2. 중도주의

국어사전에 의하면, '중도'란 두 극단을 떠나 한편에 치우치지 않는 공평한 길이라고 풀이하고 있다. 그러나 유교의 경전을 보면, '중도'라는 말이 논어, 맹자, 주역, 중용 등에 나오는데, 여기서 '중도'란 과불급이 없는 중용의 도, 중정(中正)의 도를 의미하고 있다. 여기서 과불급이란 어디까지나 도리의 차원에서 지나치는 것을 미치지 못하는 것과 같다는 의미로, 바로 이와 같은 의미에서 볼 때 지나침도 미치지 못함도 아닌 불편불의(不偏不倚)한 도리가 곧 '중', 즉 '중도'가 된다는 것이다. 이와 같은 사고는 중국의 고대 유교로부터 12세기의 송대 주자학을 거쳐 14세기 이래 이론적으로 발전하고 있는 조선 주자학의 핵심사상이 되고 있다.

원래 근대 민주주의에 있어서는 근대 민주주의를 실현하는 방법 원리로서 토론문화라는 것이 있다. 이는 민주주의를 실현하는 정치사회적 기술이라고 할 수 있으며, 인간사회에 있어서 정치·사회적 정의라든가 진리란 토론을 통해서 발견되고 도달할 수 있는 것이라고 생각하였다. 근대사회에서 이와 같은 토론문화가 정착할 수 있었던 것은 메리엄(C. Merriam)에 의하면, 인간의 지적 능력이란 인증된 것은 아니지만 널리 공평하게 배분되어 있다는 인간관에 의거하는 것이라고 지적하고 있다. 다시 말하자면, 인간의 지적 능력은 상대적이고 불완전한 것이어서 어느 특정 인간의 지적 능력만으로는 정치·사회적 정의나 진리를 발견할 수 없으며, 다수의 인간이 부단한 토론을 통하여 이를 발견하고 도달하는 방법밖에는 없다는 것이다(박충석, 1987: 139 – 141).

그리고 1520년에 압도적으로 가톨릭 교도였던 영국민이 1580년경에는 압도적으로 개신교도라는 사실과 헨리8세 개혁 이전에 위클리프, 틴데일 등 개혁사상가의 활동이 있었다는 점이다. 모스는 엘리자베드의 종교개혁안(Elizabeth an Settlement)은 신학적이기보다 여왕의 권력과 국가의 통일에 기반을 둔 로마 가톨릭과 프로테스탄트의 어느 편에도 기울지 않는 중도로선(Via Media)의 개혁이라고 규정한다. 이러한 것은 대륙의 종교개혁이 종교동란에 빠져 그것을 피하려는 의도도 있지만, 무엇보다도 영국인의 정신에 기인한다 하겠다. 즉 '성직자로부터 모든 관할권을 제거하려던 가톨릭과 왕권으로부터 모든 힘과 권위와 교회 관할권을 빼앗아 자신들만의 관계에 적응하려는 프로테스탄트들의 양극단의 중용은 처음에는 어려움을 피하려는 일시적인 타협으로 보였을지 모르나, 이는 이성의 빛에 근거하려는 심원한 충동과 이난의 사고를 초월하려는 데서 나오는 사상으로 영국인의 기질로 보이는 균형과 억제와 절제 그리고 짜임새에 대한 사상이라 할 수 있다.'

이와 같은 영국 종교개혁의 중도성은 루터, 칼빈 그리고 재세례파에 이어 제4의 전통을 이루고 있는데, 국교회의 근간을 이룬 교회정체, 신조 그리고 예배형태이며, 성경적이라고 하는 주교제(Episcopacy)로, 교황제(Paepis - copacy)와 장로제(Presbyterianism)의 중간적 제도이다. 이 제도의 이론적 근거는 리처드 후크(Richard Hooker)가 그의 책 Of the Law of Ecclesiastical Polity에서 규명하였다.

이상과 같이 영국인의 기질과 정신에 밀접하게 관련된 영국 종교개혁의 중도성은 양극단의 절충이나 타협이 아니라 양쪽 다 수용한 정직한 시도이며, 영적으로 철저히 변화를 겪은 반면, 구조적으로 거의 깨어지지 않은 연속성을 지니게 되었다. 이는 현대인에게 에큐메니칼의 하나의 패턴과 목표를 발견하게 하고 희망을 주게 한다. 또한 후대의 웨슬리가 시도한 중도사상의 원리가 되는 점에서 영국 교회의 면면히 흐르는 하나의 전통이라 하겠다.

'복음주의(Evangelical)'라는 말은 전통적으로, 구속에 있어서 이신칭의 교리를 대원칙으로 하고, 특별한 방식으로 복음을 전수하며 고백하는 영국의 교회들에 적용되어 왔다. 그리고 이들 중 대다수의 교회들은 칼빈주의 교리를 기조로 한다. 복음주의자들 대부분은 전통적으로 개인구원과 사회구원 사이에서 강한 긴장을 느끼며, 개인구원에 더 큰 강조점을 부여해 왔다. 그러나 이후에 등장한 신복음주의 운동은 이를 극복하고 사회참여의 문제에 매우 적극적으로 대처하면서, 개혁주의의 세계관적 전망을 적극적으로 수용하였다.

이와 더불어 개신교에서 '중도주의'라 함은 좌(WCC와 해방 신학), 우(근본주의적 사회분리) 모두에 치우치지 않은 채 기독교적 사고를 형성하고 사회적 활동을 지도하기 위해 성경적, 신학적, 역사적인 자료들을 정직하게 다루려고 하는 일단의 그룹을 지칭하기 위해 사용되는 임시적 표현이다. 곧 '복음주의적 중도주의' 혹은 '포괄적인 복음주의'의 임시적 대용어로 이해할 수 있다(손성수, 1990: 5 - 7).

1) 중도주의 신앙이념

한국 개신교에서 중도교단은 예장 통합교단을 예로 들 수 있는
데, 그 교단의 이념을 살펴보면 다음과 같다. 사회참여에 있어서는
전체 교단 수준에서 이루어지기보다 교단 내 진보적 분파나 진보적
인 개인이 개신교의 사회참여집단이나 단체에 개별적으로 참여하는
수준에서 이루어지고 있다. 국가와의 관계에서는 양면적인 양상을
갖고 있었다. 한편으로는 특수목회를 연계 고리로 민중생존권 운동
에 개입·참여하는 목회자들과 한국 기독교 교회협의회(KNCC)조직
과 연계하여 민주화운동에 참여하는 목회자들의 선교활동을 호교적
차원에서 보호하며 국가와 대립했다.

그러나 또 한편으로는 이미 교단 내 제도화되어 있는 국가와의
협력 관행과 교단 내 자본가를 매개로 한 국가와의 협조관계를 여
전히 유지하고 있다. 국가와 긴장이 고조되어 가던 1972년의 57회
총회에서 시국선언문을 채택하면서도 경찰 선교를 총회 전도부 특
수전도분과위원회 사업으로 할 것을 결의하고 전 군신자화운동을
협조하기 위해 기독공보를 보내도록 지시할 것을 결의하기도 했다.
또한 1973년의 총회에서는 초교파 부활주일 연합예배를 추진하기로
했는데 이 같은 일은 당국의 협조가 없이는 실행이 불가능한 일이
었다. 1975년 총회는 "현하 시국에 관하여 성직자 연금사태, 종교집
회간섭 및 제지 문제와 종교탄압적인 일체 사태에 대하여는 예의주
시하며 이런 침해에는 일보의 양보도 없이 투쟁할 것"과 "도시산업
선교정책" 및 "시국결의문"을 발표하면서도 동시에 군종센터 건립
에 적극 협력할 것을 결의하고 군 선교 장기발전을 위한 상설 연구
위원회를 구성하기로 결의하는 양면성을 보였다.

이와 같이 예장 통합 교단은 기장처럼 지나치게 자유롭지 아니하
고, 고신교단이나 합동교단처럼 지나치게 보수적이 아닐 뿐이다. 정

확하게 말한다면 통합교단은 어디까지나 성서적이고 칼빈주의적이다. 기장교단처럼 성서를 파괴할 정도로 자유롭지 아니하고 보수교단처럼 지나치게 옹졸하게 칼빈을 절대화하지 않는다. 그리고 교단정책은 유아독존적으로 자기 교파만 존재할 수 있고 타 교파는 인정 않는 배타적이나 비타협적이지 않다.

1968년 교단의 총회직영 신학교인 장로회 신학대학의 계일승 학장은 실제적인 교육 운영상의 이념과 특색을 언급하면서 본 대학의 신학적 입장은 "에큐메니칼 정신에 입각한 보수신학을 견지하는 것"이라고 밝혔다. 장로회 신학대학은 근본주의 신학의 입장에 서 있지 않으면서도 진보주의라고 일컫는 자유주의 신학의 경향이나 급진적 신학의 입장을 취하지도 않는다(계일승, 1969: 132 – 133). 그리고 마음을 열어 세계교회와 유대를 가지고 함께 일한다는 정신적 자세를 가지고 일하면서도 급진적으로 흐르는 현대의 신학 사조에는 비판과 신중을 기한다는 입장을 밝히고 있다.

이상에서 살펴본 것과 같이 영국 종교개혁의 중도성은 국교회의 근간을 이룬 교회정체, 신조 그리고 예배형태이며, 성경적이라고 하는 주교제로, 교황제와 장로제의 중간적 제도이다. 이러한 중도성은 양극단의 절충이나 타협이 아니라 양쪽 다 수용한 정직한 시도이며, 구조적으로 거의 깨어지지 않은 연속성을 지니게 되었다. 이는 후대의 웨슬리가 시도한 중도사상의 원리가 되었고 영국교회의 전통이다. 이와 같이 개신교에서 중도주의는 전적으로 WCC와 해방 신학을 따르지 않고, 근본주의처럼 개인구원만을 주장하지 않은 채 기독교적 사고를 형성하고 사회적 활동에 참여하는 그룹을 말한다.

이들의 신앙이념은 국가와의 관계에서 양면적인 양상을 갖고 있었으며, 기장교단처럼 성서를 파괴할 정도로 자유롭지 아니하고 보수교단처럼 지나치게 옹졸하게 칼빈을 절대화하지 않는다.

3. 진보주의

'진보'라는 용어는 일반적으로 인간의 역사에 있어서 보다 나은 방향, 보다 완전한 방향으로 나가는 것을 의미한다. 진보주의란 새로운 것을 탐구하고 낡은 것을 과감하게 물리치며 새로운 변화를 갈망하는 혁신·지향의 심리 내지는 신조를 말한다(유준세, 1991: 314). 체제 안에서 사회질서 곧 제도와 정책을 점진적으로 개혁하고 발전시키는 데 치중하고 기존의 제반 질서와 지배적인 특정 집단의 정당성에 대해서 비판을 가하는 등의 현상변화를 선호하는 입장을 말한다.

역사에 있어서의 진보의 개념은 히브리인의 직선적인 역사이해에서 태동되었다고 할 수 있다. 유목민이었던 히브리민족은 어느 한 곳에 안주하는 삶을 누리지 못했고 늘 새로운 초장을 떠나야 했었다. 이와 같은 삶의 환경 속에서 히브리인들은 희랍인들의 획기적인 이해와 달리 역사에 대한 직선적 이해를 갖게 되었고, 여기서부터 진보의 개념이 싹텄던 것이다. 역사는 하나님의 역사 창조와 인간의 타락으로부터 시작되었으며, 의미 없는 무한한 반복이 아니라 유의미한 진보이며, 분명한 종말을 향해 가는 것이었다.

오늘날 우리가 말하는 진보개념은 사실 계몽주의시대(18C)에 와서 비로소 구체화되었다고 할 수 있다. 무엇보다도 놀라운 사실은 중세 기독교적인 진보의 개념이 계몽주의를 거치면서 세속화되었다는 것이다. 이제 계몽주의시대는 인간 이성이 절대시된 가운데 무한한 인간의 가능성(진보)을 믿으며 신국에 대한 기대를 유토피아 개념 속에 세속화시키고 말았다. 진보사관은 18세기 말의 꽁도드세(Condorect, 1743~1794)라는 불란서 사회 철학자에 의해 가장 뚜렷한 체계를 이루고 나타났다. 인간의 이성과 지식의 힘에 대해서 전적으로 신뢰를 품고 있던 계몽주의시대의 일반사조가 그의 진보사관 속에 짙게 반영되어 있다.

헤겔(G. W. F. Hegel, 1770~1831)의 정(正) → 반(反) → 합(合)의 변증법적 진행 과정도 진보사관을 반영하고 있다. 헤겔의 이 변증법을 그대로 활용하면서도 그 내용, 즉 정신적 진보를 물질적 진보로 대치시킨 것이 마르크스(1818~1833)의 견해이며, 물질적인 재조건에 따라 관념론적인 상부 구조가 변화되어 가는 것으로 보는 마르크스의 견해도 이 범주 안에 든다(이상규, 1984: 76－78).

19세기로 넘어오면서 서구 사회의 진보 개념은 절정에 이르게 되었다. 과학 기술의 놀라운 발전이 인간의 삶에 진보적 희망을 안겨 주었던 것이다. 이 같은 자연 과학과 기술의 성취는 인간 이성의 무한한 가능성을 신앙하게 되었고, 희랍인들이 가졌던 4계절의 순환으로 비유되었던 결정론은 자취를 감추게 되었다. 과학과 기술면에서 얻은 소득은 사회면에서도 동등한 발전이 가능함을 암시해 주었다.

진보에 대한 희망을 신봉했던 19세기 사조에 기여했던 두 번째 사상은 진화론이었다. 진화론에 의하면 인간은 야만적인 상태에서 출발하여 부단한 상승 운동을 통해 보다 더 '인간적인 상태'로 진보한다고 한나. 19세기의 진보의 이념은 기독교인들의 세계관, 특히 독일 등 대륙의 신학자들에게도 적지 않은 영향을 주었고 소위 사회복음(Social Gospel)운동을 제창하기에 이른 것이다. 심지어는 하나님의 나라가 이 땅 위에 건설된다고 하여 신국(神國)을 역사화(歷史化)하여 지상천국 건설을 신봉하기에 이르렀고 내재적 천국관(內在的天國觀)이라는 세속적 유토피아니즘이 신학계를 점유하기에 이르렀던 것이다.

20세기의 두 차례의 세계대전이나 공산주의와 파시스트 독재정권의 수립, 노예, 포로수용소의 비참한 실태에 대한 체험이나 보고, 핵무기의 가공할 만한 파괴력과 위험 등은 우리의 미래에 대한 낙관론적 이상을 기초부터 흔들어 놓았고 인류 역사에 대한 하나의 설명으로서의 진보 관념은 서서히 사라져 버리게 된 것이다. 이와 같이 진보주의는 '새로운 것'에 대한 긍정적인 평가를 내린다. 인류 역사의 진보에 대한 믿음을 가지고 있으며 과거와 다른 변화를 지향한다. 또한 인류 전체를 공동운명체로 보며 따라서 '연대'를 강조한다. 보수와 대응하는 진보의 본질은 "기존의 현실 질서에 대한 부정과 비판, 개선, 개혁, 혁명의지"라고 하면 모범답안이 될지도 모른다(박노자, 2002: 12). 이러한 진보주의의 특징은 구질서에서의 '해방'과 사회 구성원의 '평등'을 기본이념으로 삼는다. 진보주의가 구체적인 정책적, 체제적, 이념적인 대안으로 자리잡기 시작한 것은 마르크스의 사상에서부터이다. 마르크스는 프랑스 혁명 이후 분출되기 시작한 진보이념의 핵심을 노동자들의 해방으로 규정했다(김병국, 1999: 229).

19세기 사회주의 사조가 대두되면서 그때까지 진보주의적 자유주의가 보수적 성향을 띠기 시작하여 19세기 후반부터 자유주의는 진보적 성향의 사회주의와 통합하여 사회민주주의가 되기도 한다.

1) 진보주의 세 가지 경향

(1) 자유주의

자유주의는 계몽주의의 영향을 받아서 진보주의적 경향을 띠고 있다. 이 경향은 초기에는 기독교 민주운동, 그리고 최근에는 진보주의적 유럽신학(정치신학)의 기초를 제공하고 있다(고재식, 1977: 187).

(2) 고전적 진보주의

로크와 후예들은 모든 인간은 도덕적이고 유능하며 이성적이라고 믿었고, 정부는 그 크기가 작으면 작을수록 좋다고 주장하며 사유재산을 존중하였다.

(3) 현대적 진보주의

벤담을 비롯한 현대적 진보주의는 인간에 대한 낙관주의적 견해
는 고전적 진보주의와 동일하나 상당한 차이점이 존재한다. 현대적
진보주의는 정부가 사람들의 생활조건을 개선시키는 데 적극적으로
개입해야 한다고 주장하고, 고전적 진보주의가 개인을 사회의 가장
중요한 부분으로 인정하는 반면 각 개인과 전체 사회의 긴밀한 관
계를 오히려 중시하고 있다. 오늘날 진보주의는 체제의 어떤 측면
에 대해서는 상당한 불만을 표시하지만 체제의 근본적인 성격에 대
해서는 지지의 태도를 보인다. 따라서 원대한 변화는 기대하고 있
으나 혁명적인 급격한 변화는 바라지 않는다. 기존의 사회체제의
문제점을 개선할 수 있는 능력에 대해서는 낙관적인 견해를 가지고
있는 목표를 달성하기 위하여 사회제도들을 시험하는 것도 주지하
지 않고 사회 구성원 개개인의 행복을 증진시키기 위해서 정부를
이용하여야 한다고 믿는다.

2) 진보주의 신앙이념

기독교의 진보적 사회사상은 18, 9세기 산업혁명으로 인하여 종
교의 개인주의, 정치적 보수주의, 그리고 사회적 양심이 결여 등으
로 노동 계층의 사람들이 기독교로부터 소원하여지자 기독교 사회
주의가 대두된다. 기독교 사회주의는 기독교 개인주의를 배격할 뿐
만 아니라 세속적 사회주의도 극력 배격하였다.

한편 19세기 미국에서는 개인주의적 이론과 실천이 팽배하여 개
신교에서는 산업혁명의 사회적 결과로 나타난 경제력의 집중화와
부의 불평등한 분배도시의 급격한 팽창 등에 대해 이렇다 할 대책
을 세울 수 없었는데, 바로 이러한 상황에서 사회복음이린 기독교

운동이 일어났다. 라우쉔부쉬(W. Rauschenbush)가 중심이 되어 일어
난 이 운동은 온건한 개혁주의이며 동시에 중산층에 초점을 둔 진
보주의였다. 이 운동은 주로 경제적인 문제, 그중에서도 특히 노사
문제를 다루면서 노동자의 조직권을 주장하고 산업체 내의 민주주
의를 강조하였으며 경쟁사회를 협동사회로 변화시킬 것 등을 주장
했고, 산업분규에 있어서는 화해정신과 중재원칙을 주장했으며, 아
동노동의 철폐, 노동 기간의 단축, 최저임금제도, 생산물의 균등한
분배, 가난의 축축 등을 주장하였다(김용복, 1992: 248－250).

그들은 사회성이 결여된 기독교와 싸우고 또 한편으론 비기독교
적 사회주의와 싸우면서 자본주의 산업사회를 개혁하려고 하였다. 기
독교 사회주의와 기독교 사회복음운동은 모두 산업화되는 사회에서
소외당하고 있는 계층들에 대한 사회적 책임을 실제적으로 사회문제
에 참여하는 운동을 적극적으로 전개했다는 점에서 유사하며, 오늘날
한국 교회의 진보적 사회 이념과도 유사한 점이 많음을 보게 된다.

한국의 진보적 종교이념 출현의 가장 중요한 근거의 하나는 1907
년 대부흥운동 후에 조직된 신민회(상동파)는 105인 사건의 결과로
해체될 때까지 민족구원을 목적으로 하는 항일민족단체로 활동하게
되었는데, 바로 여기에서 우리는 민족주의 및 샤머니즘과 결탁한
진보적 기독교 신앙의 정착된 모습을 보게 된다. 진보주의자들의
정치활동과 사회참여는 일제의 탄압으로 크게 위축되어 1920년대
이후에는 그 힘을 점차 상실하게 되었다고 할 수 있다. 진보주의자
들에 대한 일제의 종교탄압으로 점차 약화되었으나, 1930년대 창세
기 저자문제와 여권(女權)문제에 대한 도전으로 시작된 신학적 자유
주의 물결은 1940년대 김재준 교수가 보수주의 신학사상을 공격하
면서 보수－진보신학의 대립이 첨예화되었고, 이는 결국 장로교를
예수교장로회와 기독교장로회로 분열시키는 계기가 되었다. 기독교
장로회의 교파 발생은 조선 신학회의 신학교육의 문제에서 출발하

여 지역주의와 교권주의 그리고 자유주의 신학과 근본주의 신학의 이데올로기적 대립에서 발생한 복합적인 원인을 갖고 있다.

그리고 또 하나는 제3세계에서 60년대 이후 강력히 대두되고 있는 민족주의 이데올로기와 신식민주의에 대한 저항 의식일 것이다. 1960년대 이후 기독교 사회사상의 판도가 변화하게 되었는데, 인류 사회의 중요한 사회 문제는 서구사회에서보다도 제3세계 및 피압박 민족들의 사회에서 부각되고 있다. 1960년대 이후 한국 사회는 정치, 경제, 사회적인 큰 변화를 겪으면서 많은 문제들이 노출되어 왔는데, 이 문제들의 직접적인 희생자들은 누구보다 도시의 근로자들과 빈민들, 농민들임을 알 수 있다. 즉 그들은 근대화되고 산업화되는 한국 사회의 발전 과정 속에서 소외되고, 노력의 대가를 제대로 받지 못해 박탈감을 느끼는 계층들이며, 따라서 이들을 비인간화시키는 한국의 정치, 경제, 사회 상황에 직면하여 진보적인 종교 신념과 급진 신학이 생겨나게 된 것이다.

그리하여 진보교단의 교회들이 적극적인 사회참여는 이념적인 근거뿐만 아니라 현실 인식의 근거에서도 이루어지게 되었다. 이러한 배경에서 강화된 급진신학이 라틴아메리카에서 도입된 해방신학과 한국에서 자생한 민중 신학으로 이 신학을 표방하는 집단들은 자연히 오늘날 한국의 정치, 경제, 사회 구조에 대한 강력한 저항세력이 됨으로써 한편으로는 사회적 현상에 자족하고 동조하는 보수적인 종교집단과 다른 한편으로는 그들을 비호하는 집권정치집단에 대하여 첨예하게 대립되어 갈등과 긴장 관계를 유지하게 된 것이다. 따라서 그러한 진보적인 종교 집단이 반체제적인 재야세력, 그리고 소위 운동권 학생들과 함께 연대 투쟁을 하게 된 것이다.

이상과 같이 진보주의는 낡은 것을 과감하게 물리치고, 새로운 변화를 갈망하는 혁신·지향의 심리이며, 이러한 진보개념은 18세기 계몽주의시대에 비로소 구체화되었으며, 중세 기독교적인 진보

의 개념은 계몽주의를 거치면서 세속화되었다는 것이다. 이들의 신
앙이념은 사회성이 결여된 기독교와 싸우고 또 한편으론 비기독교
적 사회주의와 싸우면서 자본주의 산업사회를 개혁하려고 하고 있다.

제4절 소 결

개신교는 구한말에 들어와서 조선사회의 밑바탕을 재구성할 수
있는 변형적 에너지를 불어넣어 한국 사회의 변화의 동력이 되었으
며, 더욱이 개신교의 가르침으로 여러 개혁운동과 반일 민족주의
운동 세력의 조직적인 성장을 가져오게 하였다. 선교 초기 영미계
통의 정통주의와 경건주의적 신학에 훈련을 받았던 보수적인 선교
사들에 의해서 선교된 한국 교회는 보수적일 수밖에 없었다. 이러
한 선교사들의 신앙과 신학이 한국 교회의 신앙적 특징과 교회 구
조적 특징으로 나타나게 되었다는 것이다. 이렇게 보수주의와 근본
주의 신학은 한국 교회가 성장할 수 있는 근거를 제시하였고, 일제
의 탄압 과정에서도 신앙을 지키게 하였으나 교회 구조상 개교회주
의를 낳게 되었다는 점이다.

미군정기 개신교는 북한에서 공산정권의 가혹한 탄압으로 월남한
기독교인들로 인하여 남한교회들의 보수반공화가 촉진되었다. 한국
사회에 개신교는 가톨릭에서 위임하는 것과 다르게 신교의 개혁사
상은 인간 스스로가 신성을 찾아가는 것을 도와주겠다는 것이다.
그러므로 목회자들은 일반 신앙인과 밀착한 생활을 하게 되었다.
이것이 기본적인 세속화이다. 그러한 시민생활은 종교 일상화 생활
의 일부가 내재화되게끔 도와줌으로써 한국 국민과 친숙하게 되어
유일신앙을 가지게 되었다. 국민들은 허무주의에 입각한 불교사상

보다는 실생활에 입각한 개신교가 접목되고 물질구조와 사회구조의 변화 양상에 대해 수용하는 것이 득이 된다는 것을 알게 되었다.

또한 근대사회는 인간을 개인적으로 이해하며 종교가 사회의 중심요소에서 물러나게 되었고, 따라서 종교의 선택을 개인에게 양보해 줄 수 있게 된 것이다. 이런 사회구조 속에서 교회는 독과점시대가 끝나고 여러 종교의 신앙이 함께 경쟁해야 하는 상황을 맞게 되었다. 그리하여 종교 지도자들은 종교 내용을 결정하는 데 있어서 이전에는 없었던 세속적인 요소, 곧 소비자 선호를 고려하지 않을 수 없게 되었으며 유행을 따라 변동시켜 철저히 세속화된 세계에 살고 있는 소비자의 기호에 걸맞은 종교의 내용 또한 세속화된 자신들의 의식과 조화를 이룰 수 있는 변화를 가져오게 되었다.

제3장

한국 개신교의 역사와 제도화

한국 개신교는 역사적으로 구교와 다르게 어떠한 과정을 통하여 전파되어 한국 사회에 뿌리를 내려 제도화되었는지를 역사 문화적 발전 과정을 통해 살펴보고, 이론적인 맥락을 전개하는 전개서술적인 방법을 택하여 한국 개신교의 변화, 분화과정, 현재의 기원을 찾아 한국 교회를 탐구하겠다.

한국 사회변동에 따른 개신교의 변화는 5시기로 구분해 볼 수 있다. 각 시기에 따라 국가와 사회관계를 살펴보고, 한국 개신교의 구조변동과 나타난 현상들을 통하여 개신교를 조망해 보고자 한다. 한국 교회의 근본주의와 경건주의 신학사상이 어떻게 유입되어 이념적 분화가 어떻게 이루어지게 되었으며, 기독교의 정통적인 신학으로 신앙적 특징과 교회 구조상 개교회주의를 낳게 된 사실과 신앙체계가 한국 사회에 끼친 영향을 살펴보고자 한다.

그리고 한국의 유학생들이 일본과 미국에서 새 신학을 배우고 돌아오면서 선교사들에 의해 보수주의 신학 분위기로 정착되었던 교회가 신진 한국인 신학자들에 의해 유입된 진보주의적 신학이 창조적으로 흡수, 조화시키지 못하고 갈등을 일으키게 된 배경을 살펴보겠다. 한국의 종교현황과 개신교의 분화와 장로교회, 감리교회, 성결교회, 침례교회, 오순절교회, 성공회, 복음교회, 구세군, 정교회, 나사렛 교회들의 역사와 현재 상태에 어떤 변화를 가져왔는지를 살펴보고자 한다. 또한 개신교의 연합조직인 한국기독교 교회협의회와 한국기독교 총연합회의 주요 사업과 조직, 활동 사항과 사회와의 관계에서 역할과 기능을 어떻게 하고 있으며, 교단의 교육제도를 연구하기 위하여 주요 신학대학원의 교육목적과 교육과정, 신학대학교 현황, 무인가 신학교 현황을 살펴보면서 개신교의 세속화 과정에서 개교회주의와 팽창주의가 강조되는 흐름이 형성된 과정을 연구하고자 한다.

<표3-1-1> 한국 개신교 역사와 제도화

한국개신교 역사와 신앙사상의 이념적 분화	한국개신교 역사의 전개	맹아기	독립 운동과 신사참배 저항기	이념·교파 생성과 교회 분화기	긴장 관계와 급성장기	침체기
	보수주의 수용과 신앙양태	보수주의 수용	보수주의 신앙양태	진보주의 수용과 신앙양태	진보주의 수용	진보주의 신앙양태

개신교단의 연합조직	한국기독교 교회협의회	주요사업	분과위원회조직			
	한국기독교 총 연합회	주요사업	총회 및 임원 각 위원회활동			
교육제도	신학대학원 교육목적	신학 대학원 교육과정	신학 대학교 현황	무인가 신학교 현황		
개신교 역사와 세속화	개교회주의	개교회주의 형성 메커니즘		교회팽창주의		
개신교 분화와 교파	개신교 분화와 교파들의 역사	장로교회	감리교회	성결교회	침례교회	오순절 교회	성공회
		복음교회	구세군	정교회	나사렛 교회	기타	

제1절 한국 개신교의 역사와 신앙사상의 이념적 분화

1. 개신교의 역사적 전개

한국 개신교는 한국 사회 변화와 어떤 관계를 맺으면서 변화하여 왔는지를 시대를 구분하면 맹아기, 독립운동과 신사참배 저항기, 이념·교파생성과 교회 분열기, 긴장관계에 따른 성장기, 침체기로 구분할 수 있으며, 한국 사회에 나타난 현상을 살펴보면서 개관하여 분석하고자 한다.

1) 맹아기(1884－1910)

이 시기에는 봉건군주체제가 유교의 가치에 기초하여 양반, 상인, 천민의 계층구조를 이루고 농민과 천민을 착취하고 천대하여 경제와 정치적으로 억압당하던 시대였다. 그러나 착취받고 살던 민중들이 "기독교를 받아들임으로써 압박받는 사람들은 소송에서 이기고 폭군으로부터 정의를 지키고 착취자의 손아귀를 벗어나기를 바랐다." 그래서 백정과 같은 천민이나 공직을 박탈당한 정치적 소외권의 양반까지 해방의 동기를 갖고 교회를 찾아들게 되었다.

그리고 19세기 제국주의시대를 맞이하여 조선은 나라 안팎으로 정치적, 사회적인 불안이 가증되었고 기존종교(유교, 불교, 천주교)로는 조선의 현실을 극복할 만한 개혁성향이 조선의 당면과제인 근대화에 기여할 수 있는 종교라고 생각하였고, 전근대적 사회에서 탈피를 위해서 적극 수용하였다. 선교사들이 선교의 일환으로 추진된 교육과 의료부분은 당시 조선이 절실하게 필요한 분야이기 때문에 정부와 민중의 마찰을 피할 수 있었다. 이렇게 기독교는 개화의 선도적 역할을 담당했으며 조선의 현실에도 능동적으로 대처해 나갔다(이만열, 1986: 86).

개화파인사들은 민중들을 각성시키는 일을 맡을 만한 조직적인 집단을 교회로 생각하여 교회란 민중을 교육시키는 장이었으며, 개화의 원동력으로 생각하였다. 개화파들은 교회나 선교사들이 주장하는 혁신사상 중 하나는 남녀평등사상이었다. 또한 개신교는 일반 서민들이 자기들의 재산과 생명을 보호받기 위하여, 관료들 중에는 개화를 위하여 입교하는 자들이 많았다(이만규, 1988: 25－26). 이들은 이 시기에 관리들이 불법적으로 재산을 빼앗고 세금을 징수하는 것을 맹렬하게 저항하며, 반봉건운동을 전개했던 기독교인들은 자주 국가운동을 벌였다. 이러한 불의에 대한 저항의식은 일제침략이 노골화되는 시점에서 항일의식으로 발전하였고, 이는 조국을 되찾고자 하는 열망으로 변하여 항일 투쟁의 양상으로 나타나게 되었다 (김윤환, 1995: 72).

그리고 1885년 내한한 아펜젤러(H. G. Appenzeller) 선교사가 1886년 6월 8일 고종황제로부터 '배재학당'이라는 교명을 하사받고(이만열, 1985: 132), 시작한 선교사들의 교육은 서양의 근대교육을 통하여 근대의식이 도입하고 보급하였으며, 국어와 국문의 연구와 보급, 자유 민권의식의 제고, 노동관과 실업관에 대한 변화, 남녀평등과 여권 신장, 계급 철폐, 서양 음악과 서양 운동의 보급, 악습의 폐기, 질병 치료와 서양 의술의 보급 등과 같은 근대적 요소들을 도입하고 보급하는 결정적 역할을 하게 되었다. 이렇게 초기 개신교는 백성들을 일깨우는 데 열심을 다하였고, 조선사회에 밑바탕을 재구성할 수 있는 변형적 에너지를 불어넣을 수 있어서 한국 사회의 발전으로 이어지게 되었다(박영신, 1991: 352).

갑오개혁 이후(1894년 – 1904년) 기녹교의 선교활동이 활성화되면서 근대화가 급진전되었다. 특히 동학혁명진압 이후 발생한 청일전쟁과 1895년 명성황후시해사건, 1904년 러일전쟁을 계기로 반일감정이 고조되고 친미경향이 나타났다(서명원, 1966). 이후 조선사회는 새로운 것을 받아들일 수 있는 토양이 마련되었으며 서양과 손잡고 일본에 대항하려는 생각을 가지고 있는 사람들이 줄지어 개신교의 울타리 안으로 몰려 왔다. 그리하여 개신교의 가르침 때문에 더욱더 전투적인 개혁운동, 또는 반일 민족운동의 거점이 되었다. 그리고 여러 개혁운동과 반일 민족주의 운동과 개신교 공동체가 그 이념, 구성원, 조직에 있어서 강하게 이어지게 되었다. 그러므로 개신교의 성장은 바로 개혁 세력, 그리고 조금 뒤에는 반일 민족주의 세력의 조직적인 성장을 의미하게 되었다(박정신, 2003: 31).

이렇게 되어 1887년 언더우드 선교사에 의하여 14명의 교인들과 최초의 조직교회로서 새문안교회가 세워지고, 같은 해 알렌 선교사에 의하여 제중원병원 내에서 시작된 제중원교회(남대문교회)가 세워지게 되었다. 1907년 독노회가 구성되고 1912년 한국장로교회 총회가 조직되기 전까지 한국 교회는 미국, 호주, 캐나다 장로교회와 감리교회의 선교사들에 의하여 합의된 선교정책에 따라 선교지를 분배하여 공동구역과 독자구역으로 나뉘어 복음전파를 하였다. 선교사 마포삼열목사, 이길함 선교사, 스왈론 선교사 등의 헌신적인 복음전파와 청일전쟁과 러일전쟁으로 인한 민심의 혼란과 전쟁 피해를 받은 한국백성들과 전염병에 걸린 백성들을 헌신적인 사랑과 복음의 열정으로 받들어 섬겼던 결과 많은 사람이 개신교에 입교하게 되었다(김종서, 1987: 242). 지금까지 살펴본 것처럼 맹아기에 교육과 의료를 통하여 선교한 네비우스 선교방법이 조선민중들에게 신뢰감을 주었고, 이를 통하여 1894년 청일전쟁 이후 기독교가 급성장했다고 볼 수 있겠다.

2) 독립운동과 신사참배 저항기(1910−1945)

1910년 한일합방 이후 1919년 3·1운동이 폭발하기 이전까지 소위 무단통치 기간 약 10여 년간은 일제로부터 철저한 탄압을 받았다. 일제가 한국인을 강압하였으나 한국인은 국내에 걸쳐 조직적으로 일제에 저항하였다. 이에 대하여 일제는 105인 사건을 일으켜 서북 지방의 기독교계 인사 6백여 명을 체포·투옥시켜 갖은 악형으로 고문하여 불구자로 만들거나 회유하기도 하였으나 한국인의 독립의지를 잠재울 수는 없었다(윤병석, 1975: 25). 이 같은 상황은 그간의 애국계몽운동의 결과였으며, 나라 잃은 설움이 국민들을 직접적으로 자극하여 하나님께 기도하여 독립국의 전통을 다시 이어가려는 모습으로 나타났다. 일본은 기독교가 한국 민족을 단절시키고 국민의 마음을 하나로 묶어 일제에 대항하려는 기미를 보이자 1915년 '포교규칙'을 발표하여 조선총독부로부터 모든 성직자들은 자격증을 받아야 하며 교회나 종교집회소를 신설, 변경할 때는 반드시 허가를 받도록 규정하였다. 경찰은 모든 예배, 설교, 기도회, 사경회, 부흥회 등을 감찰하였다(민경배, 1993: 326).

이러한 탄압에도 불구하고 기독교신자는 꾸준히 증가하여 105인 사건 때는 약 7만여 명에서 1912년경에는 그 두 배가 되었으며 3 · 1운동 직전에는 대략 25만~30만 명으로 늘었다. 이러한 놀랄 만한 기독교신자의 증가는 기독교가 3 · 1운동에서 중요한 역할을 담당하게 되는 기반이 되었던 것이다(이만열, 1993: 160). 그리고 일제가 한국을 강점하여 총칼에 의한 무단 포악 통치를 강행한 지 9년 만에 일어난 3 · 1운동은 민족적 거사로서, 당시 독립선언문 서명자 33인 중에 16명이 기독교 신자였다는 것은 놀라운 사실이다.

이 시기에 선교사들은 비정치화 전략의 일환으로 실행된 1907년 대부흥운동의 맥을 이어 한국 교회를 점차 민족문제에서 분리시켜 나갈 복음적 보수주의 신앙운동을 시작하였다. 그리고 3 · 1운동 이후 개신교는 좌절감에 빠져 있는 이 민족을 위해서 뭔가 새로운 것을 심어 주고, 새로운 희망을 갖도록 하기 위해 노력을 기울이기 시작했다. 이러한 노력은 내세에 대한 희망으로 가득 차 있던 선교사들과 그를 따르는 복음적 보수주의자들로부터 시작되었다.

1919년 교회부흥을 위해 대대적인 운동이 시작되어 장로교에서는 1919년 9월을 기해 '전진운동'과 감리교에서도 '백년전진'이라는 대부흥운동을 벌이기 시작하여 한국의 개신교는 선교사들의 헌신적인 복음사역과 노력의 결과로 놀라운 성장을 이루었다. 그리하여 교회는 민족이 위기에 봉착했을 때 정부의 외국 의존정책에 반대하였으

며, 나라의 자주독립과 내정개혁을 목표로 하여 독립협회 조직되어
활동하였다. 그리고 협회는 기독교계 인사들과 개화 지식인층이 한
국의 자주독립을 성취하고 민중계몽을 통한 민중의식의 개발로 민
권운동, 자주운동을 일으켜 개화운동에 지대한 몫을 담당하였다. 독
립협회에 주도적인 인사들이 기독교계 인사들이었고 회원들은 전부
가 기독교인들이 아니면 미국 선교사들의 감화를 받은 학생들로 구
성되었다. 이처럼 기독교계 인사와 기독교 계통의 영향을 받은 인
물들이 독립운동을 전개하는 과정에서 중요한 일을 담당하였다. 그
리고 교회는 항일 투쟁을 위해 '구국 기도회'와 같은 대중 집회와
3·1독립운동을 전후하여 '항일시위'에 직접 참가하였으며, 기독교
지도자 안창호 등이 이끈 '시장세 반대 투쟁' 등의 경제 자립 투쟁
을 전개하였고, 그리고 교회는 신사참배 반대 투쟁을 전개하여 우
상숭배를 거부함으로써 신앙의 순수성을 지켰으며, 민족 말살정책
에 대해 저항하였고, 일본체제를 부정하였다(김승태, 1994: 132).

1930년대 자유주의의 성경권위에 대한 도전과 정통신앙의 변호가
있은 후에 일제가 침략전쟁을 승리로 이끌기 위해서 병참기지였던
한국의 안정과 절대적인 협조가 필요하게 되자 한국인들의 완전한
복종을 위해 정신개조와 지배에 주력하게 되었고, 이것이 신사참배
강요로 이어져 교회의 신사참배라는 아픔을 경험해야 했다.(김승태,
1994: 288-289)

감리교계 선교부와 캐나다 선교부는 1930년대 전반기에는 어느
정도 저항했으나 중반기 이후에 일제의 강압에 굴복하여 신사참배
를 국가의식으로 받아들이고 참배에 순응했다. 하지만 남·북 장로
교 선교부와 호주장로교 선교부는 대부분 신사참배를 유일신 신앙
에 반하는 우상숭배로 규정하고 일제의 신사참배 강요에 항거하였
다(김양선, 1971: 182). 그리고 이 시기에 한국 교회는 각종 집회의
자유, 전도의 자유, 교회당 건축의 자유, 심지어 왕래의 자유까지

제한받기도 하였고, 교회재산이 공출의 명목으로 탈취되었으며, 다수의 교회당이 폐쇄되기도 하였다(손인수, 1971: 63).

3) 이념·교파 생성과 교회 분열기(1945-1960)

해방 후 각 선교부들이 입국하여 활동함으로 한국 교회의 재건과 복구에 많은 기여를 하였다. 일제에 의해 추방된 북장로교 선교부 선교사들이 1946년 9월 30일 도착하여 경상북도 대구 및 안동을 중심으로 하여 교육사업과 사회사업의 재건에 중점적으로 투자하여 재정적으로 한국 교회를 지원하고 협력하였다. 또한 의수족사업을 비롯한 각종 사회사업, 기독교 방송국 등의 연합사업, 1955년 새롭게 시작된 산업선교 등을 비롯해 거의 모든 영역에서 협력하며 한국 교회의 발전을 지원하였다.

미국 남장로교 선교부는 해방 이후 가장 먼저 선교부를 재조직하였다. 1946년 1월 윌슨(Robert M. Wilson) 선교사가 입국하여 순천기지에 부임하였으며, 해방 이전 자신이 설립했던 애양원에서 나환자를 돌보기 시작하였나(임순복, 1999: 31-34). 한국선교가 재개되면서 남장로교는 의료사업을 복구하는 데 집중하였다. 한 개의 주된 교육병원을 설립하고 결핵, 나병 및 공중보건 문제들은 다른 기관에서 담당하도록 하였다. 그 결과 의료센터(Medical center)가 전주에 세워졌으며 광주에는 결핵병원이 그리고 순천에는 윌슨의 나병원이 복구·운영되었다. 그리고 목포에는 의료교육센터를 세워 공중위생과 예방의학 상식을 가르쳤다(설대워, 1998: 105-06). 해방 후 입국한 감리교 선교사들은 선교현장에 임명할 권한을 가진 자가 없었다. 하지만 이러한 와중에도 서울에서는 여선교사들에 의해 이화여자대학교 및 이화여자중학교, 태화여자관 등의 재거이 추진되었다. 그리고 젠센(Anders Kristian Jensen)을 비롯한 몇몇 선교사들의 반대에도 불구하고 개성선교부가 재건되었으며, 여선교사들은 고려 여자관 및 명덕여자중학교를 재건하였다. 그리고 여선교사들이 중심이 되어 원주, 인천에서도 새롭게 보고 및 사회관 사업이 추진되었다(이덕주, 1991: 92－93).

한국전쟁이 장기화되면서 선교사들이 미국감리교회의 물질적 구호물자들을 가지고 왔다. 미국 교회는 고통받는 한국 교회를 위해 헌금하였고 선교부와 선교단체를 통해 지원하였다. 해방 이후 캐나다 연합교회의 선교는 프레이저(E. J. O. Fraser) 선교사가 하지의 요청으로 입국하면서 재개되었다. 캐나다 선교는 해방 후 활동무대를 남한으로 옮겨서 연합활동에 주력하게 되었다. 그들은 교회나 개인 그리고 캐나다 적십자와 같은 단체들에서 온 구호품은 분류하고 분배하였다. 그리고 공산국의 박해를 피해 내려온 수많은 월남민을 도왔다. 이렇게 캐나다 선교부는 북에서 월남한 피난민선교와 함께 각종 연합사업에 집중적으로 참여하였다.

한국성결교회와 밀접한 관계가 있는 동양선교회 선교사들은 다시 입국하기 시작했다. 성결교회의 요청에 따라 1946년 10월 중국에서 선교하던 해인스(Paul E. Haines) 선교사를 한국책임자로 정하여 내한하게 하였다. 동양선교회의 한국사역은 길보른(E. A. Kilbourne) 가족이 내한하면서 본격적으로 시작되었다. 이후 동양선교회는 교회당 복구, 군목후원, 십자군 전도대 활동에 지원을 아끼지 않았으며 서울신학대학교의 복구와 운영에도 적극 협조했다. 전반적으로 한국성결교회는 한국전쟁 이후 동양선교회에 크게 의존하고 있었다. 또한 동양선교회는 사회사업에도 힘을 쏟으며 나병환자 수용소, 소년원 및 고아원, 모자원, 양로원사업 등을 활발히 전개했다.

그리고 해방 직후 또는 한국전쟁의 와중에 상륙한 미군군목들 혹은 군인들의 영향이 있었다. 미 군목들은 한국에 체류하는 동안 미국 내의 자파교회와 유사한 교회들이 한국에 있는 것을 발견하였다.

예를 들어, 미국 하나님의 성회 소속 엘라우드(Ellowed) 군목도 한국 오순절교회의 허홍 목사와 교제를 나누다가 귀국한 후, 하나님의 성회의 한국선교를 위해 노력하였다. 그 결과 1952년 여름 미국 하나님의 성회 동양선교부장 오스굳(C. G. Osgood) 목사가 시찰 후 선교사를 파송하였다(30년사 편찬위원회, 1981: 65). 그리고 루터교회 지원용 목사가 말틴(Hal H. Martin)의 도움으로 미국 유학길에 오르면서 태동되었다. 미국 나사렛 교회도 신자인 군인 커밍스(George H. Cummings)가 나사렛 교회의 예배에 참석하여 교재를 나누게 되었으며, 성결운동가 정남수 목사의 활약의 계기가 되어 미국 나사렛 교회는 한국선교를 시작하게 되었다(지원용, 1989: 71 – 73).

그 외 해방 후 새로 입국한 대표적인 선교부들로는 호주장로회, 남침례교회, 하나님의 성회, 그리스도의 교회(무악기파), 루터교회 등이 있다. 그리고 이외에도 여호와의 증인(1950), 한국 복음 선교회(Korea Gospel Mission, 1953), 복음주의연맹선교회(팀미션, 1953), 메노나이트 선교회(1953), 성서침례교회(Baptist Bible Fellowship, 1955) 등의 소정 교파 또는 단체들이 들어와 서울이나 인근의 거점을 확보하고 자파교회의 증식을 위해 활동을 개시하였다(장하구, 1962: 100 – 101).

이렇게 선교부들의 선교 재개로 인하여 한국 교회는 선교의 호기(好機)를 맞게 되었다. 이로 인하여 한국 교회의 구조에 근본적인 변화를 초래하였고, 한국 교회가 자립할 수 있는 기틀을 마련해 주었다. 이에 맞추어 다양한 새로운 선교제도들이 등장하여 군목제도, 외원단체선교, 방송선교 등은 그 대표적인 것들인데 이러한 제도들은 특히 미국교회의 영향을 많이 받았다(이상철, 1964: 65). 이러한 제도들은 각기 독특한 선교구조를 갖고 있어서, 군 선교, 사회사업선교, 전파선교, 학원선교 등 각 사역을 전문화하여 모든 사회계층을 대상으로 복음사역을 감당할 수 있는 시대를 맞게 되었다.

그러나 새로 유입된 각 재한선교부와 한국 토착교회 간에는 주도권 문제로 심각한 갈등이 일어나 토착교회 지도자들이 따로 떨어져 나가는 분화로 이어지는 경우가 많았다. 이러한 한국 교회의 분화는 범 교단적인 문제로 나타났다. 그리고 선교사들은 자신들의 영향력을 이용하여 해방 후의 사회갈등에 대한 한국 개신교회가 반공·보수·친미주의의 방향으로 참여하도록 유도하였다.

한국 개신교가 미군정기에 건국의 과업에 적극 참여하였고, 미군정의 수립으로 크리스마스, 주일의 공휴일화 등 각종 기독교적인 관례들이 한국에 이식되는 계기도 되었다(강인철, 1994: 219).

제1공화국 시기에는 국가와 교회의 관계는 매우 우호적인 관계로 선교의 확대에 크게 역할을 하였으나 종교의 자유가 침해된다고 생각되는 국기배례, 각종 국가행사의 주일 실시 등으로 인한 빈번한 마찰은 계속되었다. 그리고 한국전쟁으로 피난민들의 이동에 의한 광범위한 구조변화가 이루어져서 선교구역 분할 협정의 해체가 가속화되어 각 교파의 지역적 구도가 바뀌었고, 선교의 지평이 인적이 드문 농촌이나 산촌에까지 확대되었다. 한국전쟁 이후 반공주의가 강화되었으며, 남한교회는 월남 교역자들을 폭 넓게 수용하게 되었으나, 전쟁으로 인한 교계 지도자들의 납북은 리더십의 공백과 변화를 초래하였고, 교회 분화의 한 요인이 되기도 하였다. 또한 전화(戰禍)에 시달리던 대중들의 심령을 파고들며 신흥 이단종파들이 대거 등장하여 한국 교회에 크게 위협하기도 하였다.

이리하여 미군 군정기와 제1공화국 시기에 개신교는 친미보수 반공체제가 형성되고 고착화되는 과정에서 핵심세력의 하나로 역할을 하였으며, 미국의 절대적인 영향 속에서 진행된 근대화의 과정에서 개신교가 미국 문화 유입의 통로가 되었다. 그리고 개신교가 근대화의 가치와 선진적인 이념으로서 수용되어 서구화된 계층인 고학력층, 도시 거주자, 젊은 층에서 개신교의 수용이 많게 되는 배경이 되었다. 또한 미국의 영향 속에서 진행된 근대화의 과정에서 개신교 인사들이 지배 엘리트로 사회적 진출을 하였으며, 선교사들은 그들의 교육 및 종교 활동을 통하여 많은 미국 지향적인 예비 엘리트 세력을 형성하였는데, 이들이 해방 후 정당, 사회단체, 정부 고위 관료로 진출하게 된 것이다.

그러나 한국 개신교는 지나간 친일의 역사를 반성하지 못하고 민족의 반성과 회개의 요구를 무시한 채 자기 변명과 극단적인 정죄의 모습만을 보여주었으며, 교회는 새롭게 거듭나지 못하고 분열만 계속되었다. 한국 교회의 분열의 원인은 일제강점기 신사참배문제가 발단이었고, 그리고 1959년 "에큐메니칼"(교회연합)노선을 따를 것인가 여부를 놓고 자유주의신학과 보수주의 신앙의 대결로 일어났으며, 특히 장로교의 분열은 선교 지역과 밀접한 관련이 있다. 장로교 중에 제일 먼저 분열되어 나간 교파는 고려파였다. 신사참배와 교회정화라는 명분으로 경남 지역을 중심으로 갈라져 나갔다. 이 지역은 호주 장로교 선교 지역으로서 마산, 진주, 거창, 통영 등의 경남일원인 것이다.

1952년에는 조선신학교(한신대학교)가 중심이 된 기독교장로회가 분리히여 나겼다. 이들의 지도자들을 보면 캐나다 장로교의 선교 지역인 함경도 계통이 많았다, 북장로교와 남장로교는 총회파로 남아 있다가 1950년대 말에 통합 측과 합동 측으로 분열되었다. 북장로교 계통이 주로 통합 측과 관계가 있는데 북장로교 선교 지역은 주로 서울과 황해도, 평안도, 경북 일대를 선교 지역으로 삼고 있다. 주로 전라도 지역을 선교 지역으로 삼고 있는 남장로교 계통의 일부와 황해도의 북장로교 계통과 합하여 합동 측을 형성하였다(이만열, 1997: 62 – 63).

해방 후 감리교회의 분열은 일제시대 말기에 종교권력에서 배제되었던 집단이 해방과 함께 친일파의 청산 그리고 타 교파와 통폐합된 교단의 재건을 명분삼아 교권세력에 도전했던 것이다(강인철,

1996: 284). 교권도전세력이 감리교재건중앙위원화를 조직하고 교권세력은 감리교 수습대책위원회를 구성하였다. 이리하여 감리교는 재건파와 부흥파로 양분되었다. 재건파는 신학교의 주도권을 장악하였고 부흥파는 교회의 주도권을 장악하게 되었다(유동식, 1994: 707-711, 한국감리교회역사, 1884-1992). 1954년 총회가 교회헌법을 수정하면서 감독을 선출하자 개헌을 반대하는 호헌 측이 등장하였다. 교회분열의 원인은 영도권문제에 있었는데 과거 재건파와 부흥파의 갈등구조의 재현으로 볼 수 있다. 이는 남북대결구도로 볼 수 있는데 과거의 재건파, 즉 교권세력의 다수가 월남세력이고 호헌파는 남한 출신 일세기였기 때문이다. 1959년 양자가 통합한 이후 감리교회는 호헌파와 성화파라는 양대 세력에다 소수파인 정동파가 가세한 삼파 정립구도로 분열되었다(강인철, 1999: 287).

이 시기에는 한국 교회의 교파생성 및 분열은 선교부의 선교정책과 신학노선에 교권경쟁이 가속화되었고, 지역 갈등의 양태를 띠고 있다. 기본적인 대립구도는 서북세력 대 비서북세력의 대립이었고, 교권세력 대 교권도전세력, 보수주의 신앙과 탈보수주의 신앙이 맞물려진 구도로 전개되어 심각한 교회분열로 이어졌다(민경배, 1984: 362-366). 특이한 사실은 개혁주의를 표방하는 보수주의 장로교회에서 주로 일어났으며, 이는 신앙의 보수를 명분으로 내세우는 교회 지도자들의 독선적인 사고, 신학의 빈곤, 성경을 주관적으로 이해하는 종파적 교회사관 때문이라고 볼 수 있다.

4) 성장기(1961-1979)

한국사회에서는 1960년대에 이른바 제3공화국 시절에 국가국도의 경제개발, 곧 산업화가 추진되면서 도시화도 동시에 진행되었다. 산업화는 도시를 중심으로 진척되어 기존의 도시들이 급속하게 팽창하였으며, 신규 산업도시들이 발달하여 도시로 인구 유입이 크게 일어났다. 1960년대 중반부터 박차가 가해지기 시작한 한국 교회의 성장은 도시화와 산업화로부터 일정의 영향을 받았다. 이 시기에는 유신체제가 가동되면서 국가의 개신교에 대한 탄압이 노골화되어 개신교회와 국가와의 대립은 확대되어 갔다. 삼선개헌과 1971년 공명선거운동을 통해 국가저항 그룹이 된 기독교 장로회 교단과 특수 목회를 중심으로 발생했던 개신교회와 국가의 대립이 국가에 대해 절충적 태도를 보였던 대한 예수교 장로회 교단이나 기독교대한감리회 교단의 많은 교회들이 국가에의 투쟁에 참여하고 교단차원의 투쟁이 선언되면서 확대되는 양상을 나타냈다.

이원규는 한국 교회의 성장을 교회 구조적 요인으로 보고 있으며, 60년대부터 확산되었던 부흥운동, 성령운동, 신유운동, 전도운동 등이 교회성장의 분위기를 조장했다고 보고 있다. 그리고 사회 상황적 요인으로는 1960년대 이후의 한국의 정치적, 경제적, 사회적 상황이 교회 성장에 크게 영향을 미쳤다고 보고 있다(이원규, 1973: 59). 특히 한국 교회의 성령운동은 한국 사회의 급격한 산업화, 도시화, 분단과 권위주의 정권에 따른 정치적 불안정 등에 따라 개인들은 불안감, 상대적 박탈감, 공동체의 상실에 따른 정체성 위기를 경험하게 되는데, 이러한 상황에서 성령운동은 새로운 개인적 정체와 공동체를 제공하여 정체성 위기를 해결해 주고, 주술성과 기복으로 한국인의 전통적 종교 심성에 부합하여 개신교에 대한 이질감을 해소시켜 주었다.

무엇보다도 한국 교회는 높은 선교 및 전도의 열정이 있었다. 1900년대 초창기 선교의 열정이 1970년대 대부흥집회의 형태로 나타나게 되었다. 그 예로 빌리 그래함 전도 집회를 비롯하여 잇따른 대대적인 대중 집회를 통하여 선교의 불을 지폈다. 그래서 규 선교를 비롯하여 산업, 빈민 선교 등의 사회 각 부문에 집중적인 선교가 있었으며, 그 결실이 놀라운 교회성장으로 나타나게 되었다(이종윤, 1997: 59). 주로 미국의 선교사들의 영향을 많이 받은 한국 교회는 미국의 실용주의 철학과 전략을 배우게 되었고, 이것이 성공하면 된다는 심리를 불러왔으며, 교회 성장에도 영향을 미쳤다. 이는 60-70년대 국가 이데올로기와 실용주의 철학과 전략을 배운 교회들이 성장제일주의를 추구하게 되었으며, 그 결과로 나타난 것이 교회의 팽창주의이며, 개교회의 양적 성장만을 추구하는 개교회주의로 나타난 것이다. 이러한 개신교의 급성장은 한국 사회의 독특한 현상으로서 제도종교가 쇠퇴하고 있는 세속화의 와중에서 세계적으로도 놀라운 사실로서 관심을 끌고, 세계교회의 주목을 받게 되었고, 이를 한국 사회의 구조적 변동으로부터 설명하고자 하는 노력들이 시도되었다.

5) 침체기(1979-2006)

1979년 유신체제가 무너지고 12·12 군사 쿠데타로 군부를 장악한 신군부세력이 1980년 5·18 광주 민주화 항쟁을 무력으로 진압하고 국가기구를 장악함으로써 제5공화국의 군부권위주의체제가 성립되었다. 그리고 87년 민주화운동 이후 한국 개신교는 정치·사회적 태도에 변화가 발생하여 개신교 사회운동세력의 대중동원도 활발해지기 시작하였다. 신민당으로부터 시작한 '민주개헌추진 1천만 명 서명운동'에 기독교계 인사들과 학생 운동권이 가세하면서 70-80만 명에 이르는 시민들이 자발적으로 참여하였다. 개신교 단체들의 KBS-TV시청료 거부운동은 시민들의 큰 호응을 얻으며 지배 블록의 개헌논의를 유보하게 하는 강한 대중 압박으로 작용했다(한국기독교사회문제연구원, 1987).

이렇게 시민사회운동이 활성화되면서 개신교에서도 '기독교윤리실천운동'과 같은 온건한 사회운동이 발생하였다. 그동안 줄곧 사회적 관심이 상대적으로 결여되었던 보수주의 진영의 개신교인들이 경제정의, 환경문제, 통일문제와 같은 쟁점들에 대해 '사회적 관심'을 가지게 되어 87년 6월 항쟁 이후 보수적인 복음주의 교회와 개신교인들을 중심으로 기독교 윤리실천운동연합(이하 기윤실), 공명선거실천을 위한 기독교대책위원회(이하 공선위), 기독교 학문연구회 등이 조직되었다(최종철, 1992: 220).

한국 개신교회는 80년대의 신도증가율의 둔화가 나타나고, 90년대에 들어 양적 성장의 지체가 뚜렷이 나타나기 시작하였다. 연평균 신도 증가율이 1960－1970년대에는 41.2%에 달하였으나 1970－1980년 사이에는 그 비율이 12.5%로 크게 감소했고 1980－1990년 사이에는 4.4%로 또 다시 감소하였다. 이 증가율 감소추세는 1990년 이후에 더욱 심해져서 교인 증가율이 연평균 3% 수준으로 떨어졌다(이원규, 1996: 203).

지금까지 양적 성장에만 치우쳐 사회적 공신력을 잃었으나, 보수적인 교회들은 사회적 정당성을 높여 사회적 공신력을 추구하기 시작하였다. 그리고 주목할 만한 현상으로는 사회의 민주화가 역으로 개신교 내부의 민주화를 요구하는 계기가 되었다. 교회의 성장지체 및 교회의 공신력 저하문제가 크게 부각되면서 물량주의적이고 기복적이며 사회책임에 대한 무관심, 교회 내의 비합리적이고 비민주적 요소에 대해 비판의 소리가 높아졌다(이수인, 2002: 260). 또한 교회에 출석하는 젊은 교인들이 갖고 있는 신앙유형이 개인의 편리를 추구하는 서구사회의 신앙의식과 너무 유사해져 이른바 '교인편의주의'가 문제시되고 있었지만 별 대안이 없는 형편이었다. 이러한 상황들은 개신교계로 하여금 자성의 기회를 갖게 하였다(김성건, 1994: 238). 그동안 양적성장주의, 기복신앙의 추구, 교회 내 권위주의 등이 개신교의 사회적 공신력을 하락시켜 오늘의 위기를 초래했다는 광범위한 공감대가 형성되었다. 이러한 상황들은 교회가 변화하지 않으면 생존이 어렵다는 인식들로 이어지게 되었으며, 교회의 대내외적 개혁을 추진하는 교회민주화 움직임으로 나타나게 되었다.

2. 개신교 신앙사상의 이념적 분화

한국 개신교는 초기 선교사들의 신앙과 신학이 한국 교회의 신앙적 특징과 교회 구조적 특징으로 형성되었다. 이러한 근본주의 신학은 한국 교회가 성장할 수 있는 신학적 근거를 제시하였고, 성서의 권위를 존중하였다. 그리고 일제의 탄압 과정에서도 신앙을 지키게 하였으나 외국 유학을 마치고 돌아온 신진 한국인 신학자들에 의해 진보주의적 신학이 유입되면서 갈등 속에서 이념적 분화 현상이 나타나게 된다.

1) 보수주의 수용과 신앙양태

한국인의 보수성은 전통적인 것과 더불어서 개신교가 들어오면서 근본주의와 경건주의 신학사상이 결합된 것이다. 초기 선교사들의 신앙의 모습에서 그러한 사상을 찾아볼 수 있다. 그리고 그들의 신학사상을 정통적인 신학으로 고수하려는 길선주, 박형룡 등에 의해서 근본주의 신학이 한국 교회의 중심적인 신앙사상으로 자리잡게 되었으며, 그로 인하여 한국 교회는 폐쇄적인 성향을 띤 보수적인 조직의 성향으로 나타나게 되었다.

(1) 보수주의 수용

초기 선교사의 신앙의 모습이 한국 교회의 양상으로 나타나고 있음을 알 수 있듯이 장로교의 언더우드나 감리교의 아펜젤러는 미국의 종교적 상황의 시대적 아들들이었다. 그들은 경건한 부모 밑에서 신앙 훈련을 받았고, 그들이 속하고 있었던 교회의 목사에게서 많은 영향을 받았다는 것을 송길섭은 신학생 시절 그들의 모습을 언더우드는 "고함지르는 감리교도", 아펜젤러는 "청교도"라는 별명을 가지고 있었다는 점을 표현하면서 설명하고 있다(송길섭, 1987: 43~44).

아펜젤러는 부흥집회에 참석하여 변화받게 되었으며 "강한 죄에 대한 의식을 가지게 되었고 이에 대응되는 하나님의 구속적 은혜를 경험하게 된 것"이라고 한다. 이 같은 자기 죄 인식과 하나님의 구원의 은혜에 대한 감사와 감격이 선교사로 헌신하는 계기가 되었다고 한다(송길섭, 1987: 48). 그러나 언더우드는 기독교 생활을 "그리스도를 위한 즉각적이고 계속적인 봉사"라는 점을 강조하여 실용주의적 기질을 나타내고 있다. 그들의 뒤를 이어 한국 교회의 신앙양상을 형성하는 큰 영향력을 끼친 인물로는 길선주를 들 수 있다. 그는 한국 교회의 1907년 대부흥운동을 일으켰던 주역으로서 그의 신앙은 한국 교회의 신앙적 보수성에 큰 영향을 끼쳤다(유동식, 1982 :55 - 59). 그리고 그는 선교사들의 보고에 의하면 고종의 강제 퇴위를 보고 극히 흥분했던 평양 지역 주민들을 대부흥운동의 와중에서 진정시켰다고 한다.

송길섭은 1907년 대부흥운동에 대하여 "경이적인 교회성장을 초래하고, 교회 연합정신이 강하게 나타났다."는 점에서 긍정적인 면과 "선교사들이 한국 교회의 관심을 교회 내부의 일에만 국한하게 하여 현세 지향적 현실 참여의 신앙보다는 내세 지향적인 현실 도피의 신앙 형태가 나타나게 되었다는 부정적인 면을 지적하고 평가하고 있다(송길섭, 1987: 156 - 166). 그리고 새벽기도회, 열성적인 성경 연구, 헌금열정, 개인전도의 전통 등과 같은 한국적인 토착적 한국 교회의 신앙형태로는 구축하게 되었으나 그 외의 다른 형태를 이단시하는 신앙적 배타성으로 작용하는 부정적인 결과를 초래하였다고 분석하고 있다.

그리고 3·1독립운동 직후, 장로교와 감리교에서 대약진 운동이란 부흥운동이 일어났으며, 이때의 설교 내용은 '죄와 회개', '믿음과 장차 올 심판' 등이었으며, 그리고 감옥에 다녀온 신자들이 감옥에서 체험한 신비적 종교 경험이 교회로 하여금 내세적 성격을 더욱 부채질하게 되었고, 이러한 신앙흐름이 한국 교회를 비정치적이며 또한 내세적 보수주의적 신앙으로 흐르게 하였다. 이러한 이유로 한국 교회는 전통적인 보수성과 청교도적인 보수주의적 미국 선교사들의 내세적 신앙형태, 감옥에서의 기독교인들의 신비적인 종교체험 등이 어우러져 한국 교회의 신앙양태로 지속되었다고 하겠다. 그리고 해방 이후에도 계속되었던 사회·정치적 불안과 혼란이 이런 형태의 기독교를 발전하게 하는 상황적 요인이 되었다고 말할 수 있다.

그리고 사상적으로 한국 교회의 신앙양상을 형성하는 데 큰 영향력을 끼친 인물로는 장로교의 레이놀즈(William D. Reynolds; 이눌서) 선교사를 들 수 있다. 그는 오랫동안 그의 조직신학 교재를 중국인 차유밍(Chia Yu Ming)의 저서 『기독교험증론』(Evidence of Christianity)을 중심으로 근본주의자인 하지(C. Hodge, A. A. Hodge)의 견해를 가르치게 되었다. 이종성은 "그에게 공부했던 목회자들이 근본주의 신학으로 성서관을 고수하려고 노력하게 되었으며, 그 결과 한국 교회는 성서를 문자적이고 기계적으로 이해하는 경향을 초래하였다."고 주장한다. 그리고 근본주의적인 해석을 하는 사람들은 성서의 무오성을 주장하게 되었으며, 이로 인해 한국 교회는 점점 근본주의적 성서관이 확립되기 시작하였다(이종성, 1970: 107-108).

그리고 또 한 사람은 장로교 보수주의 신학의 대표라고 할 수 있는 박형룡을 들 수 있다. 그는 숭실대를 졸업한 후 미국 프린스턴 신학교에 유학하여 조직신학에서 근본주의자로 알려진 하지(C. Hodge), 워필드(B. B. Warfield)의 후계자인 메첸(J, Gresham Machen) 밑에서 철저한 근본주의 사상을 받아들였으며, 지대한 인격적인 감화를 받았다고 한다(박아론, 1988: 65). 그 후 1932년 루이빌 남침례 교회 신학교에서 박사학위를 취득하였다. 그는 1930년부터 평양 신학교에서 교수로 있으면서『신학지남』을 통하여 1932년부터 1933년에 "예레미아서 강의"를 3회에 걸쳐 집필한 바 있으며, 진보주의 신학의 대표로 받아들여지던 김재준과의 논쟁에서 김재준을 "그는 성서의 축자적 영감과 성서의 역사적 과학적 무오를 역설하는 보수주의 신학자와는 완전히 대립되는 자유주의 신학자였고, 전통과 정통을 무시할 뿐만 아니라 그것과 대결하여 싸우려는 철저한 자유주의 신학자라고"비판하였다.

또한 박형룡은 한국 교회의 성서관은 우리 나름대로의 창작이 아니라, 사도적 전통의 바른 신앙 그대로 보수하고 믿어야 한다고 주장하면서 성서무오설과 축자영감설에 굳게 서서 성서에 대한 비판적 해석을 정죄하였다(민경배, 1987: 331). 한 가지 주목할 것은 보수적 성향이 강한 장로교 내에서는 성서 비평학적인 문제에 관심을 두었다기보다 오히려 교리적인 입장을 갖고 있었다.

박형룡은 미국 장로교와 프린스턴 신학교와의 신학적 논쟁이 일어나고 있던 시기, 1923년에 프린스턴에 입학하여 3년간 수학을 하였다. 그는 그의 신학적 임무를 "우리는 이미 소유하고 있는 청교도적 개혁주의 장로교회의 신학적 전통을 확고히 보수하면서 그것의 해석에 필요한 보완을 행할 것뿐이며, 청교도적인 영미 장로교 선교사들의 선교를 받아 출발하고 웨스트민스터 표준 문서들을 교의와 규례의 표준으로 채용하여 수행하는 신학"이라고 말하고 있다(박형룡, 1973: 11).

(2) 보수주의 신앙양태

한국 교회의 신앙양상은 초기 선교사들의 영향으로 근본주의적 성향을 띠고 있다. 미국의 장로교회 해외 선교국 총무였던 아서 브라운(Arther Brown)은 한국에서 실천하고 있던 신앙행태는 미국에서 1세기 전에 이미 극복된 것이었다고 지적한다(손규태, 1995: 122). 선교사들의 근본주의 신학과 하류층 대상의 선교로 1907년 부흥운동 이후의 개인구원 차원의 선교전략, 일제의 탄압, 폐쇄적 유교문화 등의 요인이 있으나 성장제일주의가 보수경향을 역력히 드러나게 하였다. 근본주의는 성경을 보는 견해에 있어서 축자영감설과 무오성(inerrancy)을 말한다. 그리고 예수의 신성과 동정녀 탄생, 대속적 속죄, 육체 부활과 승천, 임박한 재림 등의 수용여부로 신앙을 판단하고 있다. 그러므로 근본주의는 인간의 전적인 타락과 불가항력적 은혜를 기본으로 하고 있다. 즉 복음의 초월성이 강조되면서 이에 대한 무조건적인 믿음이 규범적으로 제시된다. 성경은 모든 것의 준거로서 이에 대한 비판적 해석은 용납될 수 없고 오직 믿음만이 요청된다(이원규, 1994: 182).

이러한 신앙양상은 "예수 믿고 구원 얻어 천당 간다."는 직설적인 메시지로 요약될 수 있는데, 여기서는 은혜와 은총이 믿음의 중심적인 위치를 차지하고 있다(한경철, 1984: 118 – 123).

근본주의는 내세지향적인 성격을 강하게 지니고 있어 사회 현실에 대한 적극적인 관여를 회피하고, 신과 인간의 직접적인 관계 속에서 개인의 영혼 구원에 초점이 맞추어져 있어 사회 역사적 현실의 구원을 외면하고 있다. 그리고 종교적인 의식성향에 있어서 보수적인 사람은 일반적으로 감성적이고 열정적인 뜨거운 성향을 가지고 있으며, 보수적인 교회는 영혼의 구원, 만사형통 그리고 육신의 건강을 내용으로 하는 축복론에서 영혼의 구원을 현세의 축복과 연결시킴으로써 교회의 분위기를 행동적이며 열광적으로 이끈다(서광선, 1982: 51 – 59).

이들은 종교적 전통과 권위를 중요시 여기고 체제와 현실에 순응하려는 태도나 성향을 갖고 있다. 그리고 타 종교나 타 교파에 대한 태도에 있어서 배타적이고, 폐쇄적인 경향이 강하여 비관용적이다. 이 같은 현상은 한국 교회의 분화된 모습과 난립된 신학교 현상에서 찾아 볼 수 있다. 이러한 성향을 가지고 있는 조직은 강한 결속력과 소속감을 가지고 있어 구성원들 간에 강한 공동체감을 이루게 된다. 또한 교회 안에서는 성차별, 연령에 다른 차별 등의 문제가 드러나게 되었다.(이원규, 1992: 365 – 366).

이러한 신앙적 보수성은 단순히 신앙적 차원에 국한되는 것이 아니라 정치, 경제, 그리고 사회적 차원에서도 보수적 성향을 나타내고 있다는 것이 더 큰 문제라 하겠다. 따라서 한국 사회의 지배 이데올로기가 끊임없이 교회를 통해서 재생산되어 공급되고 있기 때문에 신앙적 보수성과 정치적 보수성이 서로 밀접하게 관계를 맺고 있다고 하겠다. 그의 대표적인 예로 1989년 창립되어 한국 개신교의 보수적인 교단을 이끌어 온 한국 기독교총연합회는 김대중 정부 말기부터 갑자기 결집하여 대중행동에 나서기 시작하여 보수진영의 정치적 '역습'에 중요한 역할을 하고 있다(류대영, 2004: 56).

2) 진보주의 내용과 신앙양태

(1) 진보주의 내용

진보주의의 대표적인 사람으로 최초로 한국에서 성서에 관한 논문을 쓴 협성신학교 교수였던 양주삼은 그의 글 "구·신약전서총론"에서 성서의 영감설을 말하면서 동시에 성서의 후대 편집실 및 성서의 부분 영감설을 암시하였다. 즉 모세 오경을 모세가 직접 쓴 것이라고 전해 왔으나, 근자에 이르러는 모세가 단편적으로 쓴 것을 "후인이 다시 편집한 것"이라고 말했다(이종성, 1970: 105).

데밍(C. S. Deming)은 1919년부터 1920년까지 『신학세계』의 주간으로 있으면서 1920년도부터 1922년까지 열 번에 거쳐 "성서석의학"이란 제목으로 글을 쓴 바 있는데, 특별히 『신학세계』 제5권에서 그는 본문 비평에 관한 설명을 구체적으로 하고 있으며, 본문 비평의 필요성을 강력히 강조하고 있다. 아울러 그는 양식 비평의 구체적인 소개를 함과 동시에 성서 해석은 문법 역사적 의미에서 해석하지 않으면 안 된다고 주장하면서 고등 비평학을 받아들였다.

감리교의 하디(Hardie, Robert A)는 후에 장로교의 김영주 목사에 의해서 문제가 된 오경의 저자 문제에 대해서 오경을 모세가 기록했다는 전통적 학설은 언어도단이며, 오경의 저자에 있어서 누구라는 것을 학적으로 지적할 수 없다고 하였다.

김인영은 1925년부터 1931년까지 하디 선교사를 계승하여 협성신학교에서 성서 석의학을 가르친 유일한 한국인이었다. 1929년에 발표한 "오경의 전설과 비평"이라는 논문에서 그는 오경의 모세 저작자설을 부인하고 고등 비평의 필요성을 주장했으며, 드라이버(G. R. Driver)가 문서 비평적으로 제시한 성구들을 오경에서 구분하여 드라이버를 구체적으로 소개하고 비평학에 관한 학설을 인정하였다(김인영, 1929: 3 – 21).

이 시대에 외국에서 유학하고 돌아와서 활약한 많은 성서학자들 중 양주삼, 채필근, 김인영 등은 한국으로 들어와서 활동하는 대부분의 선교사들보다는 확실히 개방적이고 학적으로 성서를 연구하려는 태도를 보여주고 있다. 그러나 확실한 것은 한국 교회의 주도권은 근본주의를 수호하려는 선교사들이 쥐고 있었다는 것이다.

그리고 한국의 유학생들이 일본과 미국에서 새 신학을 배우고 돌아오면서 선교사들에 의해 보수주의 신학 분위기로 정착되었던 장로교회와 외국 유학을 마치고 돌아온 신진 한국인 신학자들에 의해 유입된 진보주의적 신학이 창조적으로 흡수, 조화되지 못하고 갈등을 일으키게 된다. 특히 장로교 내에서 이러한 갈등은 더욱 심한 것을 볼 수 있다.

당시 장로교 내에서 진보주의 신학의 대표라고 할 수 있는 김재준 박사는 근본주의자들을 비판하며 성서를 단일하고도 고루한 전통 신학과 고정된 사문의 교리 항목을 주입식으로 가르치는 것이 옳지 않다고 공격하고 비판하였다. 그리고 그는 그의 논문 "이사야의 임마누엘 예언 연구"에서 성서의 축자영감설을 반박하였다.

(2) 진보주의 신앙양태

진보주의는 인간의 자유 의지가 허용되는 삶의 실존적 입장에서 복음을 이해한다. 즉 성서 해석의 자유를 주장하는 입장으로 배타적이지 않다. 그렇기 때문에 교회일치운동에 긍정적이며, 타종교의 의미와 가치도 전적으로 부인하지는 않는다. 복음에 대한 실존적 이해 때문에 사회윤리직 책임의식을 갖고, 현실 사회 문제에 대한 관심을 배재하지는 않는다. 이러한 진보주의의 수용 계층은 대도시의 고학력 중산층 이상이 주축을 형성하고 있다. 이들 계층은 바쁘고 안정적인 생활을 추구하면서 자신의 존재론적 실존적 고뇌를 지적이고 세련된 교회를 통하여 해소한다(한경철, 1984: 195-196).

진보주의는 성서(text)를 오늘의 현실(context)속에서 이해하고 해석하려고 한다. 그러므로 성서에 대한 율법적 측면 보다는 실생활에 있어서의 윤리적 측면을 강조한다. 이러한 시각은 죄의 개념을 하나님의 불화를 이룬 죄인의 영혼에서 찾기보다는 사회 구조악이 자리 잡고 있는 사회의 재빈 제도 및 구조에서 찾으려 한다. 그리하여 보수주의의 입장처럼 개인의 영혼구원에 우선하기보다는 사회 역사적 현실의 구원을 더 중점을 둔다고 보아야한다. 진보주의자들은 사회현실참여와 정치활동에 더 적극적이다. 그리고 종교적인 의식성향에 있어서 지적이고 실용적 성향을 가지고 있다. 한국 사회에서 진보적인 교회는 사회의 구원, 교회의 현실 참여, 인권, 사회 정의 등의 문제를 제기 하고 있다. 또한 민중을 역사의 주체로 보고 있으며 민중 해방의 역사가 곧 구원의 역사로 인식하고 있다. 그리하여 진보주의자들은 다같이 눌린 자, 가난한자의 해방운동, 곧 인권과 정의운동, 산업선교, 도시빈민선교 운동, 민족통일운동 등을 하고 있다.

지금까지 한국 교회에서는 보수신앙의 전통에 따른 보수적인 정치, 경제, 사회의식이 지배적이었다. 그러나 보다 심각한 신앙적, 신학적 양극화 현상이 확산, 심화되기 시작한 것은 1960년대 이후 보수신앙의 전통에 크게 반기를 들면서 정치성을 띤 급진신학이 출현하게 되었다. 이원규는 여기에는 크게 두 근원이 있다고 주장하는데, "하나는 외국의 진보신학의 도입이라는 이념적 측면과 다른 하나는 한국의 정치적, 경제적, 사회적 상황이라는 현실적인 측면인 것이다."라고 보고 있다(이원규, 1991: 184).

이러한 한국 사회에 진보주의 사상 형성에 영향을 미친 사상은 여러 가지이지만 그 중의 하나는 미국의 사회복음이나, 종교적 개인주의와 정치적 보수주의를 거부하고 노동 계층의 입장을 변호하며 생겨난 영국의 기독교 사회주의(Christian Socialism)일 것이다(장기용, 2005: 61). 이렇게 신앙적 진보성은 정치, 경제, 그리고 사회 차원에서도 진보적 성향을 나타내고 있다. 그의 대표적인 예로 1960~70년대에는 도시빈민, 농민, 노동자와 관련한 현장 선교와 군부 독재에 항거하는 인권운동, 민주화운동 등을 통해 한국 교회 사회참여와 정의실현운동 등으로 나타나고 있다. 그리고 1980년대 광주 민중항쟁을 통하여 민족민주운동이 변혁적 사회운동으로 거듭나는 계기가 되어 지금까지 민족분단극복과 평화통일운동으로 이어지게 되었다. 그리고 노동운동이 양적으로 질적으로 성장하여 조직적인 운동으로 나타나고 있다. 그 외 한국 한국교회사회선교협의회가 중심이 되어 기독교환경운동과 새만금 간척사업 철회운동, 핵추진정책 철회운동, 한국 기독교 사형제도폐지운동 등을 추진하고 있다.

개신교의 진보적인 교단을 이끌어 가고 있는 연합조직으로는 한국 기독교 교회협의회(KNCC)가 있다. 회원교단으로는 대한예수교장로회(통합), 기독교대한감리회, 한국기독교장로회, 구세군대한본영, 대한성공회, 기독교대한복음교회, 한국정교회, 기독교대한하나님의성회가 가입하여 협력하여 일하고 있다(조창연, 2005: 64-65). 이들 진보 교단의 교회들은 교회 연합 운동을 하고 있다, 그런데 이 연합운동 자체는 지나친 경쟁을 제한하는 카르텔적인 성격을 내포하고있다. 진보 교단의 교회들은 보수 교단의 교회들과는 달리 경제주의를 비판하는 이론적 무기를 이미 가지고 있었다고 볼 수 있다(정재영, 1993: 57). 또한 대 사회의 세속화 경향을 특이한 관점에서 인정힌다. 특히 세속화 과정을 기본적으로 인성하면서, 이렇게 변화된 사회 속에서 교회도 달라져야 한다고 설교한다(정성환 1972: 76-77). 이는 세속화 흐름 속에서 종교가 자신의 역할을 감당하기 위해서 교회 자체가 갱신됨과 아울러 사회 또한 변혁되어야 한다고 주장하는 것이다.

진보 교단 교회들은 현대 사회의 세속화 흐름을 인정하고 그 속에서 사회와 관련된 세속적 가치들의 중요성을 강조한다. 이들은 종교적 전통의 중요성은 인정하지만 교회 자체의 재무장이나 갱신을 통한 자기 변화를 추구하고 있다는 특징을 가지고 있다. 이들 교회들은 종교적 전통과 사회적 책임 사이에 균형을 이루려고 하고 있으며 종교적 전통과 세속적 가치를 거의 동등하게 인정한다는 점에서 다르다. 그러나 이들이 강조하는 세속적 가치의 내용은 개인의 이기주의와 관련된 것이 아니라 전체 사회를 위한 것이라는 점에서 구별된다. 그러나 지금까지 개신교사회운동에 전념하던 진보적인 교회나 단체들이 역으로'교회 공동체'로서 회귀하여 교회운동의 경향으로 변화하는 추세로 바뀌고 있다.

지금까지 살펴 볼 수 있는 것은 선교사의 신앙과 신학이 한국 교회의 신앙적 특징과 교회 구조적 특징으로 나타나게 되었다는 것이다. 이렇게 근본주의 신학은 한국 교회가 성장할 수 있는 신학적 근거를 제시하였고, 성서의 권위를 존중하였으며, 그리고 일제의 탄압 과정에서도 신앙을 지키게 하였다. 그러나 19세기 말에서 20세기 초의 미국적 상황에서 일어난 신학운동을 절대시함으로써 기독교의 진리를 시대적 산물로 제한하는 오류를 범하여 새로운 시대적 변화에 따른 신학의 대응을 하지 못하였고, 교회 구조상 개교회주의를 낳게 되었다는 점이다. 또한 한국 사회에서 보수주의는 사회 현실에 대한 적극적인 관여를 회피하고, 개인의 영혼 구원에 초점이 맞추어져 있어 사회 역사적 현실의 구원을 외면하고 있다. 또한 종교적 전통과 권위를 중요시 여기고 체제와 현실에 순응하려는 태도나 성향을 갖고 있다. 그리고 타종교나 타 교파에 대한 태도에 있어서 배타적이고, 폐쇄적인 경향이 강하여 비관용적이다. 이제는 보수주의를 고수하되 진보주의를 이해하고 수용할 정신과 태도가 필요하다고 할 것이다.

그리고 1960년대 이후 보수신앙의 전통에 크게 반기를 들고 나타난 진보주의는 1960년대 이후부터 적극적인 사회참여로 인간의 해방과 자유와 정의의 실현을 운동의 핵심으로 하여 민족구원과 사회구원을 목표로 설정하여 활동하고 있다. 이러한 진보주의도 진보를 고수하되 보수주의를 이해하고 받아들일 여유가 있어야 할 것이다.

제2절 개신교의 분화와 교파

1. 한국의 종교현황

종교 교세에 대한 통계는 믿을 수 없다는 것이 문화관광부와 통계청 담당자가 지적하고 있고, David A. Rezone and Jackson W. Carroll(1979: 21~41)이 지적하고 있다. 그 이유는 각 종교와 교파마다 교인 수를 계산하는 방법이 다르고 과장된 수치를 제공하기 때문이다. 그리하여 통계청의 상주인구조사 결과에 따른 숫자보다 항상 많은 경향이 있다. <표3 - 1 - 2>에서 그 결과가 드러나고 있다.

<표3 - 1 - 2>에서 나타난 종교 인구에 관한 상주인구조사 결과와 종교단체가 제공한 교세현황 사이에 엄청난 차이가 있다. 2005년 통계청, 「인구주택 총 조사보고서」에 나타난 종교 인구는 불교 10,726,463명, 개신교 8,616,438명, 천주교 5,146,147명, 원불교 129,907명, 유교 104,575명으로 드러나고 있는데 종교단체가 제공한 자료에 의하면 불교 37,495,942명, 개신교 18,727,215명, 천주교 4,228,488명, 유교 6,004,470명, 원불교 1,337,227명으로 실제보나 훨씬 과장된 숫자임을 알 수 있다. 위 통계에 의하면 국민총인구 분포의 53.1%가 3대 종교에 귀의하고 있다는 것을 알 수 있다. 그리고 한국 사회의 3대 종교는 불교, 개신교, 천주교이며 그 각각의 국민총 종교 인구분포 현황은 불교가 43.0%, 개신교가 34.5%, 천주교가 20.6%로서 3대 종교는 한국 종교인 총수의 98.1 %를 차지하고 있어서 그 사회적 영향력과 책임성이 지대하다는 것을 예상할 수 있다.

<표3-1-2> 한국종교현황

종 교	신도 수	교당 수	교직자 수
불 교	10,726,463 ※ 37,495,942	22,072	41,362
개신교	8,616,438 ※ 18,727,215	60,785	124,310
유 교	104,575 ※ 6,004,470	730	31,833
천주교	5,146,147 ※ 4,228,488	1,258	12,536
천도교	45,835 ※ 996,721	283	5,670
원불교	129,907 ※ 1,337,227	520	2,445
대종교	7,603 ※ 477,342	109	358
기타 종교	163,085 ※ 12,864,820	4,992	280,685
계	24,970,766 ※ 82,132,225	90,749	499,209
전국 인구수	47,041,434	무종교 인구수	21,865,160

※ 종교 단체 집계 신도 수는 각 종교 단체에서 2002년 제출한 수치를 집계한 것임. <'2005년 기준 통계청 집계' 우리나라 인구수: 47,041,434>

2005년 통계에 의하면 남한의 총 인구수 47,041,434명 중 53.1%인 24,970,766명이 어느 한 종교를 선택하여 종교생활을 하고 있다고 응답했으며, 46.5%인 21,865,160명은 종교가 없다고 응답한 것으로 나타났다. 이 통계에 의하면 한국은 다양한 종교들이 활발하게 활동하는 종교다원화 사회이며, 전통적 무교, 유교, 불교, 천도교, 원불교, 가톨릭교, 개신교, 대종교를 비롯한 민족종교들이 한국 역사와 문화형성에 지대한 영향을 끼쳐 왔다는 것을 말해 주고 있다.

최근 10-20년 사이에 신흥종교로서 대순진리회는 신도 수가 62,056명으로 국민 총수 대비 백분율 0.14%, 종교인 총수 대비 백분율 0.27%의 신도 수를 확보한 것으로 나타났다.

한국종교사에서 그리스도교의 선교 역사는 다른 종파에 비교할 때 짧은 역사를 지니고 있다. 천주교의 전래역사를 1785년 서울 진고개의 김우범 교인 집에서 최초의 자발적 천주교회의 회집사건을 주체적인 한국 천주교 창립년도로 본다면 지금부터 220년 전 일이요, 그 사건 이후 꼭 100년 후인 1885년 언더우드와 아펜젤러 선교사 입국을 기점으로 계산한다면 개신교 역사는 120년에 불과하다(이만열, 1987: 380).

전통 종교들이 민중의 삶 속에서 생명력 있는 힘과 위로와 도움이 되지 못하고, 그 본래적 힘을 상실한 채 무교와 접목되고, 변질되어 길흉화복이나 점처 주고 액 땜질해 주는 기복종교로 변질되어 있었고, 민중들은 동네의 무당종교나 잡귀숭배에 의해 지배되고 있을 때 한국 개신교는 개화라고 부르는 시대에서 수용되었고 그 기초 뿌리를 민중들 속에 깊이 내렸다. 그리하여 조선의 개신교 선교는 사립학교 실립을 통한 교육운동, 서양 의학에 기조를 눈 병원설립, 민중에 파고드는 복음전도라고 하는 3박자 선교정책을 훌륭하게 수행했던 것이다(한국문화신학회, 1998).

<표3-1-3>은 통계청이 2005년 기준 상주인구 조사에 나타난 시도별 종교인구 현황이다. 지역에 따른 차이를 살펴보면 서울, 인천, 광주, 경기도, 전북, 전남 지역은 기독교인의 수가 많고, 반면에 부산, 대구, 울산, 강원, 충북, 경북, 경남, 제주 지역은 불교인의 수가 많은 것으로 나타났다. 종교별 변화추이를 살펴보면 최근 3년 사이 천주교가 급성장하고 있으며, 원불교, 대순진리회 등 신종교들이 10-20년 사이 신흥종교들이 한국 사회에서 신도 수를 확보하고 있는 것으로 나타났다.

<표3-1-3> 시·도별 종교인구 분포 현황

단위: %	종교인구	불교	개신교	천주교	유교	원불교	기타	종교없음
서울	54.7	30.8	41.7	25.9	0.2	0.4	1.0	44.8
부산	58.2	67.4	17.8	12.8	0.1	0.4	1.4	41.4
대구	54.5	61.4	19.1	18.0	0.2	0.1	1.2	45.4
인천	50.8	27.3	44.1	27.1	0.3	0.2	1.0	48.7
광주	48.1	29.9	41.0	27.0	0.4	0.7	0.9	51.7
대전	53.8	40.6	38.1	19.9	0.2	0.5	0.8	45.8
울산	56.7	70.2	16.8	11.3	0.1	0.2	1.3	43.1
경기	51.9	32.4	42.1	24.0	0.3	0.3	0.9	47.5
강원	48.5	47.5	32.1	18.8	0.6	0.2	0.8	51.2
충북	49.3	48.3	30.7	20.0	0.3	0.2	0.6	50.4
충남	50.1	41.0	39.0	18.2	0.8	0.3	0.6	49.6
전북	53.5	23.9	49.1	21.3	0.5	4.4	0.7	46.3
전남	48.7	33.1	44.8	17.8	2.4	1.3	0.6	51.0
경북	53.6	63.2	21.6	13.2	0.8	0.2	1.1	46.2
경남	55.8	71.9	15.3	10.5	0.5	0.5	1.2	44.0
제주	51.4	63.7	14.0	20.1	0.6	0.4	1.1	47.9
전국	53.1	43.0	34.5	20.6	0.4	0.5	1.0	46.5

2. 한국 개신교 분화와 교파들의 역사

한국 사회가 안고 있던 구조적 모순과 개인의 다양한 종교적 욕구가 반영된 한국 개신교는 끝없는 분화를 거쳐 왔다. 언더우드(Horace G. Underwood), 아펜젤러(H. G. Appenzeller)의 입국으로 시작된 한국 개신교는 1887년 언더우드 선교사에 의하여 14명의 교인들과 최초의 조직교회로서 새문안교회와 같은 해 알렌 선교사에 의하여 제중원병원 내에서 시작된 제중원교회(현재의 남대문교회)가 세워지게 되었다. 그리하여 한국 교회는 외국의 선교사들에 의하여 복음이 전하여지고 복음을 위한 일꾼들이 훈련되었다. 그들은 복음을 전하는 것을 최우선으로 삼았다. 1907년 독노회가 구성되고 1912년 한국 장로교회 총회가 조직되기 전까지 한국 교회는 미국, 호주, 캐나다 장로교회와 감리교회의 선교사들에 의하여 합의된 선교정책에 따라 선교지를 분배하여 공동구역과 독자구역으로 나뉘어 복음 전파하였다.

일제강점기 말 해산당했던 교회들이 재건되고, 단일교회로 통합되었던 교회들이 각 교파별로 환원되면서 한국 교회의 분화성은 시작되었다. 그리고 기존 선교부의 한국선교 재개와 신규 선교부의 유입은 이러한 분화성을 더욱 촉진시켰다. 더 나아가 해방 이후 한국 교회의 각종 분열은 이러한 분화성을 활짝 만개시켰다. 그 결과 한국 교회의 종교시장 상황은 거의 완전한 자유경쟁체제를 갖추게 되었다.

해방 이후 한국 장로교회는 크게 네 차례나 분열을 거듭했다. 1952년에 있었던 고려파의 분열은 신사참배에 관한 문제였고(기독공보, 1946년 1월 17일자), 둘째 분열은 1953년 기장파의 자유주의 신학 때문이었으며, 셋째 분화, 1959년 있었던 통합 측의 분열은 WCC문제 때문이었다. 신학문제와 관계되는데 그 핵심은 성경의 무오성과 영감성에 있었다. 이러한 1959년 이전에 한국장로교의 분열은 성경의 권위를 분명히 하고 교인들을 증가시키는 긍정적인 영향이 있었지만, 1979년 합동 측에서 비주류 측이 분화되어 합동보수 측으로 분화는 교권에 의한 분화였다. 그 이후에 계속되는 분열과 교파 간의 과다한 경쟁, 개교회중심주의, 그리고 사회에 대한 교회의 부정적 영향을 끼치는 단점을 가져왔다.

감리교회는 교회재건의 과정에서 재건 측과 부흥 측으로 분화되었다. 그러나 1949년 분화를 극복하고 하나되었다가 1955년 다시 총리원 측과 호원파로 분화되었다. 이러한 분화의 발단은 제7회 총

회(1954)에서 있었던 감독의 재선과 선교보조금 사건과 맞물려 있다
(기독공보, 1954년 3월 29일자).

성결교회는 1961년 총회 측(기성)과 보수 측(예성)으로 분화하였
다. 동양선교회는 해방 후 NCC에 가입하였다(기성 제17회 총회회의
록, 1961: 82). 또한 미국의 NAE 멤버로서 한국성결교회가 NAE에
가입하는 데 큰 영향을 끼쳤다(전택부, 1987: 280). 그러나 동양선교
회는 NCC가 정치세력화되고 자유주의 노선에 빠질 위험이 있고,
NAE도 지나치게 정치화되고 있다는 의혹으로 중립적 위치를 견지
하다가 1960년 11월 총회 측 결정에 지지선언하자 보수동지회는 12
월에 합동특별총회에서 맥킨타이어의 ICCC에 가입하였다(Edwin W.
Kil-bourne, Korea Report, 1961-1962). 이로 인하여 기성 측과 예
성 측으로 분화되었다. 지금은 장로교 157개 교단, 감리교 11개 교
단, 성결교 4개 교단, 침례교 2개 교단, 오순절교 10개 교단, 그리스
도교 3개 교단, 복음교회 2개 교단, 그리고 구세군, 루터교, 성공회,
사도의 신앙교회, 예수교회 공의회, 예수교회 영교회 연합회, 한국
정교회, 예수교 대한 웨슬레 등 모두 197개 교단으로 분화되어 있
다(전국 교회 종합주소록, 2007: 8-26). 한국 개신교단의 주요 교단
의 역사를 살펴보면 다음과 같다.

<표3-1-4> 한국 개신교 교파 현황

번호	교파 명	숫자	번호	교파 명	숫자
1	장로교	157개	8	구세군	1개
2	감리교	11개	9	루터교	1개
3	성결교	4개	10	성공회	1개
4	오순절교	10개	11	사도의신앙교회	1개
5	침례교	2개	12	예수교공의회	1개
6	그리스도교	3개	13	예수의영교회	1개
7	복음교회	2개	14	한국정교회	1개

1) 장로교회

장로교회는 미국 북장로교, 남장로교, 캐나다 장로교, 호주 장로교 등지의 선교사들에 의해 한국 땅에 자리를 잡았다. 이들의 수고로 각 지역에 교회가 설립되었으며, 선교사들이 운영하는 평양 장로회신학교가 문을 열면서 목사가 탄생하게 된다. 1907년 9월 장로교신학교 제1회 졸업생 7명이 안수를 받자 이들은 선교사와 함께 최초로 대한예수교장로회 독노회를 조직한다. 계속 졸업생이 배출되는 가운데 각 지방교회의 육성의 필요성이 요구되어 1912년 7개 노회를 조직하고, 이어 장로교 총회를 출범하기에 이른다.

그 후 장로교회 선교사들과 함께 교회 성장에 힘을 쏟았다. 한편 총회는 1938년 일제의 강압에 의해 신사참배를 결의하였다. 그러나 이 일로 많은 목회자들이 낙향해 버렸으며, 그동안 선교사들이 운영하던 장로회 신학교는 폐교되고 말았다. 한때 일제의 강압에 의해 일본 기독교 조선장로교단으로 편입되기도 하는 우여곡절을 겪었지만 1945년 해방과 함께 총회는 다시 재건되었다.

그리고 1951년 제36회 총회에서 신사참배자와 반대자 간의 의견 대립이 노출되어 고신 측의 분열이 진행되고 1952년 9월 고신 측이 총노회를 조직함으로써 마침내 하나의 교단으로 태동하게 총회는 고신파의 등장으로 1차 교단 분화에 직면하게 된다. 제2차 분화는 제37회 총회(대구 서문교회)에서 조선신학교 졸업생에게 목사 안수 안 하는 것과 김재준 목사를 제명을 결의하고, 제36회 총회 시 성경축자 영감성을 부정한 조선신학교 교수 서고도 목사를 심사키로 하며, 각 노회에서 위 두 교수의 사상을 찬성 지지하는 자는 처벌하게 되었으며, 1953년 4월 제38회 총회(대구 서문교회), 전북노회, 충남노회 총대 회원권을 박탈하게 되었다. 1953년 6월 10일 제38회 호헌 총회를 한국 신학대학에 모여서 선언서를 발표하게 되어 기장 측 교단이 이탈해 나감으로써 발생한다. 제3차 분화는 1959년 대전 중앙교회에 모인 제38회 총회에서 박형룡 목사의 3천만 환 불하 사건과 경기노회 총대 문제로 극렬한 대립이 진행되었다. 이때 총회장 노진현 목사는 총회를 수습하기가 힘들다는 판단하에 정회를 선포했다. 이에 반대 세력들은 서울 연동교회에서 총회를 속회하고, 박형룡 목사를 지지하는 세력들은 서울 승동교회에서 총회를 속회하면서 합동 측과 통합 측이 분열된다. 1960년 2월 17일 서울 새문안교회에서 총회를 소집했는데, 이때부터 통합 측 총회라는 말을 사용하게 되었다. 이때 고신 측이 합동 측에 합세하자 1960년 고신 총회와 합동하여 합동 측 총회를 조직 운영하게 된다.

대신 측은 1948년 예장 경기노회 소속 김치선 목사가 중심이 되어 설립한 대한신학교가 모체가 되어 1961년 6월 21일 미국 독립 장로교 선교부의 지원 아래 대한 예수교 성경장로회라는 이름으로 창립하여 1972년 교단 명칭을 대신 측으로 확정하였다. 그리고 장로교회의 다른 교파의 하나인 독노회는 1948년 이기선 목사, 방계성 전도사, 오윤선 장로 등이 주동이 되어 북한에서 조선혁신교단을 목적으로 구성된 것에 기인한다. 1951년 이북에서 월남한 교인들이 서울과 부산에서 각각 산정현교회를 설립하였는데, 그 후 1967년 산정현교회 정대신 목사를 중심으로 독노회 재건운동이 일어났다. 마침내 1977년 4월 총회장으로 안도명 목사가 선출되면서 독노회 교단으로 자리를 굳히게 되었다.

제4차 분화는 1979년 9월 제64회 합동 측 총회에서 비주류가 이탈하여 그해 11월 6일 합동보수 총회를 조직함으로 이루어진다. 그 후에 1984년 9월 예장 보수 측과 개혁 측은 교단을 통합하여 1985년 3월 15일 교단 명칭을 개혁 측 총회라고 명명하였다. 그리고 1999년 9월 광주에서 모인 제84회 총회에서 9개 교단 간이 합동하기에 이른다. 그 외의 장로교회는 합동정통, 보수, 호헌, 고려, 법통,

성장, 장신, 총회, 성합, 합동보수, 합동복음, 보수개혁, 개혁합동, 정립, 연장, 합동진리 등 140교파로 분화되어 있다.

2) 감리교회

이 땅에 감리교가 공식적으로 첫발을 내딛은 것은 일본에서 일하던 미국(북)감리교회 소속 선교사 맥클레이 박사(Dr. R. S. Maclay)의 내한이었다(1884. 6. 24). 그가 이 땅에 와서 "교육과 의료사업"이란 이름으로 하나님 사업을 시작할 수 있는 윤허를 고종황제로부터 얻어내게 되었고(동년. 7. 3), 이 사건의 배후에는 대미 사절단 일행을 이끌고 대륙횡단을 하던 민영익 단장과 가우쳐 목사(Rev. John F. Goucher)의 결정적 만남(1883년 9월 중순)이 있었다. 1885년 4월 5일 미국감리교회가 파송한 아펜젤러 목사(H. G. Apenzeller) 일행 5명이었다. 이 중 한국 땅을 가장 먼저 밟은 스크랜튼 대부인(Mrs. Mary F. Scranton)은 최초의 여선교사로서, 한국 기독교 여성 운동의 효시였다.

한편 미국의 남감리회도 1895년 10월부터 한국선교에 동참하였다. 이때의 사역자들은 헨드릭스 감독(Bishop E. R. Hendrix)과 중국에서 활동하던 리이드 박사(Dr. C. F. Reid)였다. 그러나 이들이 한국에 오게 됨은 이보다 앞서 상해에서 남감리교인이 된(1887. 4. 3) 윤치호의 헌신적 노력의 결실이었다. 남감리교회도 여성 운동에 특별한 관심을 보여, 2년 후에 캠벨 부인(Mrs. Josephin Campbelle)을 파송했다. 이렇게 시작된 한국 감리교회는 1901년 최초의 개신교 목사 두 명(김창식, 김기범)을 배출하여 1955년에는 한국 최초로 그리고 미국 감리교회보다 앞서서 여성목사를 배출하였다(전밀라, 명화용). 그러다가 1930년 12월 2일, 그동안 두 개이 조직으로 분리되어 일해 오던 감리교회는(미국 감리교회의 합동에 앞서) "하나"가

되었다. "기독교대한감리회"의 공식적인 탄생이었다(홍경수, 1989: 196 – 197).

1884년 12월 4일 갑신정변의 실패로 김옥균, 박영호, 서광범, 서재필 등 개화당 인사들이 망명하게 되자 김옥균을 따르던 윤치호도 상해로 망명, 남감리교 선교회에서 경영하는 중서대학(中西大學: Anglo – Chiness College)에서 공부하던 중 1887년 4월 3일 본넬 목사에게 세례를 받음으로 한국인으로는 첫 남감리교인이 되었다.

윤치호는 1888년 10월 중서대학을 졸업하는 길로 도미하여 밴더빌드 대학과 에모리 대학에서 신학을 공부한 후 1893년 상해로 귀환하여 중서대학에서 교수로 있었고, 1895년 2월 14일에 고국을 떠난 지 10년 만에 귀국하였다. 윤치호는 귀국해서 미국 남감리교회에 한국 선교를 청원하였다. 그로 인하여 미 남감리교회 선교부에서는 1896년 8월 14일 중국에서 선교하던 리드목사(Dr. C. F. Reid)를 한국에 파송하여 지금 한국은행 자리에 있는 가옥을 매입, 선교처로 사용함으로 남감리회의 한국 선교는 미 북감리회보다 10년 늦게 시작하였다. 그리하여 미국 북감리회 선교사들은 경성을 중심하고 경기도 남부와 충청남북도, 그리고 해주, 평양, 진남포, 영변 등지를 선교 지역으로 정하였고, 남감리교회 선교사들은 개성을 본부로 하고 경기도 북부와 강원도 철원과 춘천 지역, 그리고 함경도 원산 지역을 담당, 선교 사업에 착수하였다.

예수교 감리교회는 1961년 전덕성 목사를 중심으로 교단 창립 움직임이 대두되기 시작하였다. 1962년 8월 28일 서울에서 한국 예수교 자유감리회를 창립하고 초대 감독에 전덕성 목사를 선출하였다. 1964년 4월 제2회 총회에서는 교단 명칭을 예수교대한감리회로 변경하였다.

3) 성결교회

성결교회는 처음에 동양선교회(The Oriental Missionary Society)라
는 이름으로 전도하기 시작하였다. 1901년 미국 감리교 출신인 독
립 선교사 카우먼(C. E. Cowman)이 일본에서 동양선교회를 조직하
였다(기성역사편찬위원회, 1945: 402). 1902년에는 킬번(A. Kilbourne)
선교사가 합세하여 동경에 동경성서학원을 설립하여 교역자를 양성
하였다. 1907년 한국인 김상준, 정빈 등이 동경성서학원을 이수하고
귀국하여 카우먼과 킬번 선교사의 지원하에 서울 종로구 염곡동에
'동양선교회 복음전도관'을 설립하여 전도하기 시작하였다. 1911년
에 교역자를 양성하기 위해서 무교동의 전도관 내에 경성성서학원
(후에 서울 신학대학교로 발전)을 설립하였으며, 1921년에 감독 자
문회를 조직하고 '조선예수교 동양선교회 성결교회'라고 개칭하였다
(이명식, 1929: 51).

교역자가 양성되자 이들은 각 지역에 흩어지면서 성결교회를 설
립하였다. 1929년에는 지방 개교회를 관리 지도하기 위해서 연회를
조직하였으며, 1933년 4월에는 창립총회를 개최하였다. 1940년 미일
전쟁을 앞두고 일제는 동양선교회 소속 선교사들을 강제로 추방하
고, 1943년 재림 사상이 강하다 하여 일제의 조선총독부에서는 이
들을 강제 해산시키기도 하였다.

해방이 되자 1946년 4월 조선기독교성결교회 제1회 재건 총회가
조직되었다. 1949년에는 기독교 대한성결교회라 개칭하나 곧 뜻하
지 않은 6·25전쟁으로 많은 순교자가 생겼다. 역시 기성도 예장처
럼 시대의 변화에 따라 1961년 연합기관(NCC, NAE)탈퇴 문제로 기
성과 예성으로 분열되고 말았다. 그 후 1965년, 1973년 2회에 걸쳐
많은 교회가 기성에 가담하여 대성장을 이루었다.

예수교 성결교회는 1962년 4월에 기성과 분립하여 예수교대한성

결교회라는 명칭을 갖게 되면서 '예성'이라 부르게 되었다. 1970년과 1975년 2회에 걸쳐 교단 헌장을 개정하고 새로운 도약의 길을 마련하였다. 산하에 성결신학교(현 성결대학교)를 설립하여 교역자를 양성해 왔으며, 1983년에는 총회 회관을 마련하였다. 1988년에는 예성연합 측과 재결합함으로 교세 확장에 힘을 가속화하기도 하였다.

4) 침례교회

한국에서 침례교의 역사는 1889년 말 캐나다의 토론토 대학교 기독 청년회(Y. M. C. A.)의 파송을 받은 펜윅(Malcom C. Fenwiek, 1863 – 1935) 선교사를 통하여 시작되었다. 그 후 선교사들의 내한과 교역자 양성 기관이 설립되면서 뿌리를 내리게 되었다. 1906년 충남 강경에서 31개 교회로 '대한기독교회'로 교단이 창설되었으며, 초대 감독에 펜윅 선교사가 취임하였다. 1914년 제9차 총회에서 2대 감독으로 이종덕 목사가 취임하면서 한국인 목사시대가 열렸다(김용해, 1964: 15).

1921년에는 동아기독교회라 명칭이 바뀌면서 일제의 탄압시대를 만나게 되었다. 특별히 1942년 6월에는 신사참배 반대로 수명의 교계 지도자들이 투옥되었다. 이들 중 전치규 목사는 함흥형무소에서 순교하였으며, 1944년 교단이 해산되는 아픔을 겪어야 했다. 해방과 함께 1946년 강경대회를 개최하면서 교단이 재건되었다(허운조, 1970: 94). 1949년에는 미국 남침례교회와의 제휴를 의식하여 대한기독교침례회로 개명하였으며, 6 · 25전쟁 시 2대 이종덕 감독이 순교하였다. 1976년에는 기독교한국침례회로 교단명칭을 변경했다. 기독교한국침례회로 개명하면서 부흥 성장에 힘을 쏟아 한국에서 건전한 교단으로 발전하여 현재에 이르고 있다.

5) 오순절교회

오순절교회의 한교파인 기독교 대한 하나님의 성회는 1914년 미국 스프링필드에서 조직된 오순절 운동의 단체인 하나님의 교회에 기초를 두었다. 오순절 계통 교단은 1930년 초 럼제이 여선교사의 사역과 1932년 8월에 일본에서 이 운동을 접했던 박성산, 배부근 등이 귀국하여 사역에 임하면서 서서히 자리를 잡게 되어 1933년에는 한국 최초의 오순절교회인 서빙고교회가 럼시와 허홍 그리고 일본성서학원에서 오순절신학을 공부하고 돌아온 박성산에 의해 세워졌다(기독교 대한 하나님의 성회 30년사, 1998: 198–199). 그 후 1945년 미국 하나님의 성회의 체스닛 선교사가 내한하여 선교부를 신설하고 선교에 박차를 가하였다. 1950년 4월 전남 순천에서 제1회 기독교 오순절대회를 개최했으며, 이것이 계기가 되어 전국에 흩어져 있는 오순절 계통 교회를 하나로 묶어야 한다는 여론에 의해 1953년 4월 8일 서울 용산 남부교회에서 창립총회를 갖고 정관에 의해 교단 명칭을 기독교 대한 하나님의 성회로 정하고 발족하였다(하나님의 성회 교회사, 103–108). 1981년 교단 분열로 두 교파로 나뉘지만, 1999년 분열되었던 두 교단이 다시 하나가 되어 선교에 매진하고 있다.

또 다른 교단은 1970년 4월 10일 기독교 한국 오순절 하나님의 교회라는 명칭으로 출범하였다. 초대 감독으로 한영철 목사가 선임되었으며, 1975년 11월 25일 현재의 교단으로 명칭을 변경하였다. 협력 기구로 하나님의 교회 국제본부, 오스본 한국 복음 선교회가 있다.

6) 대한성공회

대한성공회는 고요한 주교(Charles John Corfe)가 1889년 11월 1일

영국 웨스트민스터 대성당에서 캔터베리 대주교로부터 주교품을 받음으로써 조선교구의 첫 교구장이 되었다. 그는 한국 선교를 위하여 동역자를 모집하여 1890년 9월 29일 인천항에 도착했고, 서울과 경기도 그리고 충청도 지방에 전도하기 시작했다. 성공회는 한국 개화기에 신교육을 보급하기 위하여 각지에 신명학교를 설립하고, 인천, 여주, 진천 등지에 병원을 설립하였으며, 수원과 안중에는 보육원을 개설하였다. 대한성공회는 선교 초기부터 한국 문화의 토양 깊이 뿌리를 내린 교회가 되고자 토착화에 힘썼다. 그래서 한국 건축양식으로 지은 성당들이 지금도 강화읍, 진천, 청주, 온수리 등에 남아 있다.

1923년경부터는 평안도와 황해도 지역에서도 선교사업이 활발히 전개되었다. 1914년에는 성직자 양성을 위한 성미가엘신학원(현 성공회대학교), 1925년에는 수도자를 위한 성가(聖架)수녀회가 설립되어 오늘에 이르고 있다. 또한 1926년에 정동에 지은 주교좌대성당은 동양에서 유일한 로마네스크양식의 건물이며, 특이한 건축양식과 함께 모자이크 대형 성화로 유명하다. 일제강점기에는 영국인 선교사들이 한국민족의 독립운동에 비교적 소홀한 태도를 취했기 때문에 성공회의 발전에 있어서 커다란 장애를 가져온 시기였다. 한국인이 처음으로 주교가 된 것은 해방 후 20년이었다. 1965년 이천환 주교가 서품을 받고, 한국교구는 서울교구와 대전교구로 발전적 분할을 하였다. 다시 1974년에 대전교구는 대전교구와 부산교구로 분할되었다. 1973년에는 정박아교육기관인 성베드로 학교를, 1982년에는 성직자 양성 교육기관인 성미가엘 신학원이 4년제 대학 과정인 천신신학교로 승격하였고 드디어 1992년 12월에 문교부로부터 4년제 정규대학으로 성공회대학교의 인가를 받았다. 현재 대한성공회는 전국에 100여 교회, 약 5만 명의 신자가 있으며, 3개 교구가 있다.

7) 복음교회

복음교회의 출발은, 당시 일본에서 신학 공부를 하고 돌아온 최태용(崔泰瑢)이 1925년부터 '천래지성(天來之聲)'을, 1929년부터는 '영(靈)과 진리(眞理)'라는 신앙잡지를 발간하면서 전국의 독자를 중심으로 한 종교집회 / 강연이 초석이 되었다. 1935년 12월 22일 '한국인 자신의 교회'를 선언하며 생명적 신앙을 바탕으로 '기독교 조선복음교회' 창립총회가 열렸다. 최태용 목사가 초대 감독(1935~36)이 되었는데, 출범 당시 전국의 교회 수는 8개였다. 현재 전국에 50여 교회가 있으며 신학교로 기독교대한복음교회 한국 복음신학원(4년제, 군산)과 대학원 과정으로 기독교대한복음교회 신학 교육원(3년제, 서울)이 운영되고 있으며, 사회선교활동 기관으로는 전국의 각 교회에서 노숙자 쉼터, 어린이 청소년 교육센터, 공부방, 어린이집, 자활후견기관, 장애인복지시설, 실직자 지원센터, 대안계절학교 등이 운영되고 있다.

8) 구세군

한국에 구세군이 전파된 것은 1907년 구세군 창립자인 윌리엄 뿌드 대장의 일본 순회 집회 때 참석했던 조선 유학생의 요청에 따라, 1908년 10월에 정령 허가두사(Colonel Hoggard, 영국인)에 의해 한국 선교가 시작되었다. 당시의 시대적 상황으로 나라를 잃은 민중들에게 제복과 군사적 용어를 사용하는 구세군은 상당한 관심을 불러일으키며 급속한 발전을 하게 되어, 1908년 11월 22일에 한국 구세군의 첫번째 교회(영문, Corps)인 서울 제일영(현 서대문 영문)이 당주동에 개영하게 되었다. 1909년부터 문서선교로 구세공보가 발행되었으며, 절제호라는 특집호를 발행하여 금주, 금연의 절제운동을 시작하였다.

1918년 서대문구 충정로에 아동구제시설인 혜천원을 설립한 것을 시작으로 1926년에는 윤락여성을 위한 여자관과 교육사업인 학교를 설립하였다. 1928년부터는 사회적으로 혼란하고 어려운 시기에 자선냄비운동이 시작되어 전 국민적으로 사랑심기운동을 펼치고 있다.

일제 강점기 1941년 일본에 의해 "구세단"으로 명칭이 변경되었고 일본 구세군에 의해 운영되었다. 1943년 한국 구세군은 강제 폐쇄 조치되어 지하교회로 그 명맥을 이어오던 중, 1946년 10월 영국 구세군 대표 데이비슨이 내한하여 구세군 복귀를 결정하고, 황종률 정령을 서기관으로 임명하였다. 1947년 4월 로드(H. Lord) 씨가 한국 사령관의 부임과 더불어 사업이 재개되었다(기독교 대백과사전, 1981: 232-33).이때 시작한 의료사업(영동 구세병원)은 미국인 리차드 박사의 적극적인 참여로 사회사업에 새로운 장을 여는 듯했으나, 1950년 발발한 한국전쟁으로 당시 구세군 사령관이던 로오드 부장은 피랍되었고, 진주영문 담임 사관이던 노영수 참령이 순교당하는 등 전국 각처에서 많은 피해를 당하는 수난이 계속되었다. 현재 220여 개의 영문(교회)과 100,000여 명의 교인, 지역사회복지 시설 220여 개, 전문 사회사업시설 47개 등의 사회복지시설을 운영하고 있다.

9) 정교회

1900년 2월 17일, 러시아 정교회에서 파송된 크리산토스 신부에 의해 역사적인 첫 성찬 예배가 당시 서울 중구 정동에 있었던 러시아 공사관저에서 거행되면서 정교회의 한국 선교는 시작되었다. 선교 초기에는 신앙생활에 필수적인 예배서, 기도문 등의 한국어 번역 사업, 성당 건립, 학교 설립을 통한 교육 사업 등 선교 활동을 본격적으로 진행하였다. 러일 전쟁과 러시아 선교사들의 국외 추방으로 교인들이 흩어졌고, 일제 강점기의 암울한 시절과 러시아로부

터 선교되었다는 이유로 더욱 심해진 박해, 한국 전쟁 등의 수많은
어려움이 이어졌고, 특히 러시아 정교회에 의해 선교된 한국 정교
회는 1917년의 러시아혁명으로 선교부가 폐쇄됨에 따라 러시아 정
교회와의 관계는 사실상 단절되고 말았다. 1954년 서품을 받은 보
리스 문이춘 신부는 1968년 서울 마포구 아현동으로 성 니콜라스
성당을 이전하여 성장의 전환기를 맞이하게 되었다. 1975년 소티리
오스 신부는 수도원 설립, 신학교 개설, 사제 양성 등의 교회 역점
사업을 진행하였으며, 1993년 소티리오스 신부의 주교 서품에 이어
서 한국 정교회의 교구 승격으로 체제를 갖추기 시작하였다. 2004
년 6월 20일, 한국 교구는 대교구로 승격되었고 초대 대주교로 소
티리오스 주교가 착좌함에 따라 독자적인 자치권을 갖게 되었다.

10) 나사렛교회

한국의 나사렛교회는 1938년 5월 장성옥에 의해 평양에서 시작되
었다(박명수, 2002: 45 – 53). 하지만 본격적인 활동은 해방 후 미국
의 나사렛교회 선교부가 입국하면서 재개되었디. 1948년 6월 징남
수 목사는 미국 나사렛교회 외국선교국장과 협의하여 한국에 나사렛교
회의 선교사업을 하기로 결정하였다. 그 후 1954년 5월 미국인 오인수
목사가 선교사로 내한하여 서울 종로구 사직동에 나사렛신학원을 개설
하였다. 그해 8월에는 재단법인을 설립하고, 1955년 8월 서울 영천교회
에서 교단 창립총회를 갖고 박기서 목사를 지방장으로 선출하였다.
1970년에는 지방장을 감독으로 변경하였으며, 1972년에는 서울 · 경기 ·
강원을 중부 지방으로, 충청 · 경상 · 전라 · 제주를 남부 지방으로 분리
하였다. 1981년에는 중부 지방의 강원 · 경기 일부를 동부지방회로, 남
부 지방의 전리남북도는 호남지방회로, 경상남북노는 영남지방회로 나
누는 등 전국을 5개 지역으로 분할해 발전해 나가고 있다.

이상에서 살펴본 바와 같이 한국 개신교의 분화의 원인은 독선적인 교단 지배권 쟁탈전이 분열의 원인이라고 할 수 있으며 복음에는 차별이 없는데 오늘의 교회는 총회나 노회, 심지어 개별교회까지도 지역감정이 크게 작용하고 있다. 사실상 기장에서는 황해도와 호남의 인사들이 많고, 통합 측은 평안도 경북사람들이 중심이 되었고, 합동 측은 황해도 사람들이, 그리고 고신 측은 경남사람들이 많았던 것은 결코 우연이 아니라고 보는 사람이 많다(김원식, 1982: 253).

기장 측이 갈라질 때에 김재준이 합동 측 안에서는 그 당시 박형룡이 우상화되어 있었다. 한국 장로교의 분화 원인은 신사참배, WCC가입문제, 3천만환사건, 보수 진보의 신학문제 외에도 교권주의 지방색내지는 어떤 특정인물의 우상화에 기인한다고 볼 수 있다. 1959년 이후 한국 장로교회는 계속 분화를 거듭하고 있다. 분화한 뒤 정당성을 확보하기 위해 교인 수를 늘이기에 초점을 맞추어 과도한 경쟁으로 질적 성장을 이루지 못했다. 분화로 인해 총회는 총회 차원에서 개별교회를 충분히 지원할 수 없게 되자 개별교회는 개별교회 중심주의로 흐르게 되었으며 대형교회를 지향하는 부정적인 현상이 일어났으며, 서로 싸우고 분열하여 사회로부터 외면하는 부정적인 영향으로 사회에 대한 책임을 다하지 못하는 결과를 가져오게 되었다.

제3절 개신교단의 연합조직

1. 한국 기독교 교회협의회(KNCC)

한국 기독교 교회협의회는 1924년 조선예수교연합공의회를 그 시작으로 삼고 있다. 1905년 재한복음주의 선교단체통합공의회로 시작한 연합운동은 1918년 조선예수교장감연합회, 그리고 1924년 9월 24일 조선예수교연합공의회로 발전하여, 오늘날 "한국기독교교회협의회"의 뿌리가 되었다. 협의회는 1945년 해방과 더불어 우리 민족에게 그리스도의 복음을 전파하는 일과 선교협력을 위해 노력해 왔으며, 나아가 세계교회와 폭넓은 교류를 통해 연대를 실천하여 왔다. 1950년 한국전쟁 이후에는 세계교회와 함께 교회와 사회 재건을 위해 노력했고, 1960~70년대에는 도시빈민, 농민, 노동자와 관련한 현장 선교와 군부 독재에 항거하는 인권운동, 민주화운동을 통해 한국 교회의 사회참여와 역사 속의 정의실현을 위해 노력하였다. 1980년대 이후부터 지금까지 민족의 숙원인 분단극복과 평화통일에 대한 과제실현을 위해 북측 교회를 비롯한 세계의 형제자매 교회들과 함께 노력하고 있다. 또한 해외동포와 세계선교를 위해서도 회원교단들과 협력하여 일하고 있다.

한국기독교교회협의회는 예수그리스도를 구주로 고백하며, 하나님의 영광을 위하여 위탁받은 소명을 이루려고 모인 교회들의 협의체라고 밝히고 있다(헌장 제3조). 1970년 제23회 총회 이후 대한예수교장로회(통합), 기독교대한감리회, 한국기독교장로회, 구세군대한본영, 대한성공회, 기독교대한복음교회가 회원으로 활동해 왔으며, 1996년 제45회 총회 이후 한국정교회, 기독교대한하나님의성회가 회원으로 가입하여 현재 여덟 개의 교단이 회원으로 협력하여 일하고 있다.

한국기독교협의회는 한국기독교사회봉사회, 한국기독교가정생활위원회, 기독교방송, 기독교환경운동연대, 한국 교회인권센터, 에큐메니칼 선교훈련원, 한국 기독교 북한동포 후원연합회, 남북 나눔운동본부 등의 유관기관과 함께 국내의 주요 교단은 물론이고 타종단들과도 연대 협력하고 있으며 세계교회협의회(World Council of Churches), 아시아기독교협의회(Christian Conference of Asia), 각국의 교회협의회 등과도 긴밀한 국제적 관계를 맺고 있다.

1) 분과위원회 조직

(1) 교회일치위원회

다양한 신학적 입장을 갖고 있는 한국의 교회가 그리스도 안에서 다양성 속에서 일치를 이루고자 노력하고 있다. 1986년부터는 그리스도인 일치기도주간 행사를 통해 회원교단을 비롯한 천주교, 루터교, 떼제공동체 등이 연합기도회를 들여오고 있다. 주요사업으로는 에큐메니칼 포럼, 해외개혁교회 방문, 종단 간의 일치모임 등의 사업들을 전개해 나가고 있다.

(2) 선교위원회

소외된 하나님의 백성인 노동자, 농민, 도시빈민, 외국인이주노동자들에 대한 선교정책수립과 제도개선을 위한 노력, 장애인선교를 위한 장애인주일예배 및 해외장애인시설 방문 등 사회 여러 분야에서 차별철폐와 평등을 위한 제도개선 사업들을 전개하고 있다. 또한 세계선교의 효율성을 위해 선교정보 교류와 정책협의회 등의 사업을 전개하고 있다. 주요사업으로는 세계선교현장 방문 및 다종교 간 이해와 협력을 위한 토론회, 국외 파송 선교사들과의 연대 및 협력사업 연구, 세계선교정책협의회 등이 있다.

(3) 신학연구위원회

일치와 연합운동의 신학적 토대를 정립하는 데 주력하면서, 한국교회의 에큐메니칼 신학을 체계화하여 한국 교회와 세계교회에 신학적 기여를 모색하고 있다. 주요사업으로는 폭력극복과 평화실현을 위한 목요신학마당, 폭력극복 10년(DOV – Decade to Overcome

Violence) 평화신학 포럼, 교회일치와 연합을 위한 신학자협의회, 평화영성과 에큐메니칼 예배 워크숍, 평화교육 교재 발간을 위한 장기 프로젝트 등을 계획하고 있다.

(4) 통일위원회

교회연합운동의 저변 확대를 위한 교육·훈련 과정과 에큐메니칼 단체의 실무자들의 실무력 향상, 지역교회협과 연대를 강화하기 위한 교육 사업을 에큐메니칼 선교훈련원과 협력하여 실시하고 있다. 주요사업으로는 WCC 장학생선발, 에큐메니칼 기관 실무자 수련회, 에큐메니칼 강좌, 에큐메니칼 해외 훈련과정 등이 있다.

(5) 교회와 사회위원회

정의, 평화, 창조질서 보존의 신학적 입장에서 사회현상을 진단하고 교회의 사회선교정책을 수립하여 사회선교의 방향을 제시하고 있다. 주요사업으로는 사회선교 정책토론회, 사회적 쟁점에 대한 성명 발표, 언론개혁운동, 해외복지시설 방문 등이 있다.

(6) 인권위원회

1974년에 조직되어 민주화운동 속에서 구속된 양심수들의 법률구조, 석방운동, 출소 장기수 송환운동, 사형폐지운동, 해외동포인권선교, 고난받는 이들을 위한 기도회, 인권상 시상,『월간인권』발간 등을 통해 한국 교회의 인권선교와 민주화운동에 앞장서 왔다.

주요사업으로는 인권선교정책협의회, 인권 교육, 무의탁 재소자 및 가족 겨울나기후원사업, 인권주간 연합예배 및 인권상 시상, 해외 인권현장 방문 사업 등이 있다.

(7) 환경위원회

무분별한 개발정책과 인간의 탐욕으로 인해 파괴된 창조질서의 회복을 위해 활동을 벌이고 있다. 주요사업으로는 환경정책협의회, 환경주일 예배, 환경자료집 제작, 환경 순회예배, 생명 돌봄 워크숍 등이 있다.

(8) 여성위원회

교회 내 여성의 역할을 증진시키며 아울러 교회 여성들의 연대의식과 활동을 강화해 왔고, 에큐메니칼 여성 10년(1988-1998)을 통해 제시된 교회와 사회공동체 전역에 걸친 여성의 참여를 확대하기 위한 다양한 활동을 전개하고 있다.

또한 에큐메니칼 여성운동의 방향모색과 교회 내 여성 불평등 구조의 개선노력, 중간지도력의 개발, 평등을 위한 활동 등을 비롯하여 기독여성운동 단체들과의 유기적 연대활동, 세계교회 여성들과의 국제적 교류 활동 등을 진행해 왔다. 주요사업으로는 교회협 전체 여성위원 간담회, 기독여성운동정책협의회, 이웃종교 여성들과의 만남, 한·재일·일NCC 여성위원회 연대교류회의, 평등언어 사용 캠페인 등이 있다.

(9) 청소년위원회

한국기독청년협의회(EYCK)가 사업 전반을 담당하고 있다. 교회일치의 신앙고백을 중심으로 일치운동, 자주적인 평화통일운동, 선교사업, 기독청년문화의 건설, 세계교회 일치운동에 대한 적극적인 참여 등을 목적으로 청년회 및 지역 EYC와의 협력활동, 청년지도력 발굴과 육성을 위한 성서신학교육과 선교훈련, 고난의 현장 — 농촌, 여성, 노동, 빈민운동 — 참여와 지원활동, 국제협력 사업 등을 주요 내용으로 활동하고 있다.

(10) 평신도위원회

한국 교회의 에큐메니칼 운동 저변 확대를 위해 평신도운동의 확대가 요청되고 있다. 주요사업으로는 정책협의회, 평신도지도력 개발 교육, 신구교 평신도 단체와 협력 등이 있다.

(11) 국제위원회

한국 교회를 대표하여 세계교회와 선교협력을 맺고 연대와 협력을 강화하고 있다. 특히, 아시아기독교협의회(CCA), 세계교회협의회(WCC)와 정보교환 및 협력을 통해 세계 속에서 한국 교회의 역할을 모색하고 위상을 강화하고 있다. 특히, 한반도의 평화와 나아가 동북아시아 평화를 위해, 러시아, 중국교회 등과 선교협력을 모색하고 있다. 주요 사업으로는 국제협의회, 아시아 주일 홍보와 소개 활동, 독일교회의(Kirchen Tag) 행사 참석, 남, 북한 교회 초청 행사 등의 계획을 가지고 있다(http://www.kncc.or.kr).

2) 주요사업

큰 틀로서 정의, 평화, 창조질서의 보전(Justice Peace and Integrity of Creation)과 폭력극복운동(Decade to overcome violence)을 보다 심화하고 확산해 나가는 일이다.

(1) 반전 평화운동

K. N. C. C.는 폭력극복운동의 일환으로 필요할 경우 '반전 평화(특

별)위원회 – 테스크포스’를 조직하여 한반도 전쟁위기 상황을 비롯한
세계 평화를 위해 국내외적으로 네트워크를 강화해 나아가고 있다.

(2) 통일 운동

K. N. C. C.는 평화와 통일을 향한 현 단계 비전뿐 아니라, 통일
후의 과제들에 대해서도 비전을 제시하려고 하고 있으며, 그 근간
은 ‘민족의 통일과 평화에 대한 한국기독교회선언(88선언)’과 ‘6 · 15
남북 공동선언’을 실행하는 것이다.

(3) 여성, 장애인, 노동자, 농민, 실업자 문제

여성, 장애인, 노동자, 농민, 실업자 문제 등을 항상 중심 주제로
다루고 있다.

(4) 교회일치운동의 확산

ⅰ. 한국 교회의 연합기구 통합에 대한 논의는 기구 통합이 우선
이 아니라 신학적, 신앙적 논의 과정과 합의가 선결되어야 한다. 이
를 위해 에큐메니칼 대화마당이 필요하다.

ⅱ. 변화하는 상황에 대처하기 위해서는 차세대(청장년) 에큐메니
칼 지도력 개발을 위해 노력하고 있다. 특히, 국제관계에서 한국 교
회의 중추적 역할이 요청되고 있다.

ⅲ. 지역 교회협의회 조직 활성화를 비롯해 지교회의 참여(예, 사
회봉사)를 독려하기 위한 사업개발을 하고 있다.

ⅳ. 재정 문제

K. N. C. C.가 정체성을 찾고 신뢰성을 회복할 때, 재정은 일정부
분 해결될 수 있으며, 에큐펀드(Ecu – fund) — 예: 개인 수입의 1%를

헌금한다. — 등 안정적 재정 조성을 위해 노력하고 있다. 사업별로 후원회를 조직하는 방안도 모색해 본다.

ⅴ. 연대 사업국내 시민단체들 그리고 국제연대를 통하여 한국 교회의 에큐메니칼 쟁점과 입장을 알려 내고, 세계교회의 쟁점 또한 국내교회와의 연대를 통해 참여하고 알려 내는 작업을 하고 있다.

ⅵ. 그 외 쟁점사안

교회갱신을 위해 맘몬주의(물량주의)에 따른 대교회주의, 교파이기주의 등 시급한 교회의 갱신 과제를 실천하고, 교회 내의 가부장적 문화, 폭력문화를 극복하기 위해 여성신학, 생명신학 등에 대한 교육이 요청된다. 평신도(여성, 청년)가 적극 참여할 수 있는 교회 내 의사 결정구조가 필요하다(K. N. C. C. 에큐메니칼 선교정책협의회 자료, 2005: 46 – 47).

2. 한국 기독교총연합회(CCK)

한국기독교교회협의회(KNCC)가 한국 기독교회의 창구 역할을 수행함으로써 한국 교회를 내표하는 기관으로 인식되어 왔나. 그러나 회원교단은 대한예수교장로회(예장 통합)를 비롯해서 기독교대한감리회(기감), 한국기독교장로회(기장), 기독교대한복음교회, 대한성공회, 대한구세군 본영 등 6개 교단뿐이었고 큰 교단으로는 대한예수교장로회(예장 통합)와 기독교대한감리회(기감)뿐이었다.

때마침 1989년 1월 2일 새해를 맞이한 교계 원로들은 그동안 한국 교회 100주년 사업을 성공적으로 이끌어 왔던 한경직 목사에게 위로 겸 새해 인사차 남한산성을 방문했다. 감리교의 오경린 감독을 비롯해서 강원용 목사(기장 증경총회장), 정진경 목사(기성 증경총회장), 지원상 목사(한국 루터교회 총회장), 최훈 목사(예장 합동 측 총회장), 강병훈 목사(기감 남산교회), 조향록 목사(기장 한신대학 학장),

최창근 장로(영락교회), 김경래 장로(예장 고신, 100주년 기념사업회 사무총장) 등 10명은 한경직 목사에게 세배를 하고 담소의 시간을 가졌다. 이 자리에는 KNCC 계열에 있었던 기장 측의 강원용 목사, 조향록 목사, 기감의 오경린 감독, 강병훈 목사와 예장 통합 측에 속한 최창근 장로 등이 참여하였는데, 현재 한국 교회의 상황으로 보아 한국기독교교회협의회(KNCC)가 한국 교회를 대표할 수 있는 기관이 될 수 없다는 데 의견의 일치를 보았다 고한다(김수진, 2002: 50). 1989년 2월 대전 유성에서 한국 교회 각계 교단 대표들은 한국 교회의 모든 교단을 하나로 묶어 정부나 사회에 한 목소리를 내자는 데 합의하고 하루속히 하나의 연합체를 조직하여 남북통일을 실현시키기 위해 북한선교에 힘을 기울이기로 뜻을 모으고 한경직 목사를 준비위원장으로 하여 1989년 4월 28일 영락교회에서 발기 총회를 열었으며 1989년 12월 28일 강남 중앙 침례교회에서 창립총회를 개최하여 36개 교단과 6개 기관의 대표 121명이 모여 출범하게 되었다(한기총 창립총회회의록, 1989). 1999년 12월 31일 가입 교단 수는 50개 교단이었으며 15개 기관단체가 속해 있었다. 50개 교단에 속한 교회 수는 38,141개이며, 교직자 수는 45,526명이나 된다. 또한 교인 수는 11,780,452명이다. 한국 교회 전체 교인 수를 약 1,200만 명이라고 볼 때 한국 개신교 신자의 99%에 해당되는 회원을 확보하고 있는 최대의 대표적인 기관이라고 말할 수 있다. 2005년 현재는 교단 회원 61개 교단과 기관회원은 20개 기관이 참여하고 있다.

1) 총회 및 임원, 각 위원회활동

(1) 총회

1989년 12월 28일 조직되어 강남중앙교회에서 창립총회를 개최하였다. 총회가 하는 일은 본회의 사업계획과 예산 결산 승인, 이사 감사의 승인, 정관변경에 관한 일, 기타 이사회가 제출한 안건의 심의 승인, 임시총의는 부의된 안건만 처리하고 있다.

(2) 임원회

임원은 정기총회에서 선출하며 임기는 2년이며, 연임할 수 있다.

(3) 실행위원회

임기는 2년 실행위원회는 정기총회 후의 총회를 대행하는 일을 하는데 그 임무는 정관에 의해서 활동을 하고 있다.

(4) 사무처

사무처는 총회, 실행위원회, 임원회, 각 분과위원회의 행정을 지원하고 있으며, 이에 필요한 재정을 조달하고 대외 관계 모든 업무를 맡고 있다.

각 위원회활동으로는

(5) 교회발전위원회

: 한국 교회가 새로운 시대를 맞이하기 위해서는 발전하지 않으면 안 된다는 의견들을 모아 교회 일치와 연합운동에 힘을 기울이고 있다. 한국 교회는 그동안 양적으로 많은 성장을 가져온 만큼 교파 분열도 극심하였다. 교회발전위원회는 다양한 교파 속에서 어떻게 하면 일치를 이룰 수 있는가를 연구하고 있다. 그리고 신학자 심포지엄과 정직, 절제, 사랑 실전운동을 펼치고 있다.

(6) 사회위원회

 : '사랑의 쌀 나누기 운동'과 폭력·퇴폐추방운동은 사회위원회가 가장 두드러지게 추진한 사업이다. 그리고 나라와 교회를 위한 시국 간담기도회를 개최 1991년 9월 20일 "사치, 향락, 과소비와 정부시책에 대하여"라는 제목으로 특별성명을 발표하였다. 정부에 대한 내용에는 부동산 투기 근절, 세제개혁, 호화별정·호화분묘·환경오염 사범에 대한 제재, 대통령 이하 국무위원, 정치인들 정권 유지용 각종 지출 금지, 청빈생활 솔선수범, 공무원 국가 재산 지키기, 전자오락실·음란 비디오·음란잡지 등의 철저한 감시 등을 요구하는 활동을 하고 있다.

(7) 남북교류협력위원회

 : 통일을 위한 교계 지도자 간담회를 개최 '복음 안의 통일을 위한 교계 대표, 신년도 연합 특별기도회 및 강연회'를 개최하였다. 북한교회 재건 1만 원 모금운동을 '북한동포 한 끼 대접하기 운동', '국내외탈북동포 1만 명 결연운동'을 펼치고 있다.

ⅰ. 북한교회재건위원회는 북한교회 재건에 대한 논의가 1992년 결의되어 해방 전 북한에 있었던 교회가 2,850개나 되므로 교회회복운동을 하고 있다.

ⅱ. 북한동포 돕기 선교위원회는 북한동포 돕기 헌금으로 옥수수와 식량을 보내고 있으며, '사랑의 의류 보내기 운동' '비료(씨앗) 보내기' 캠페인을 전개하였다. 그리고 귀순동포 합동결연식과 계속 탈북해 오는 탈북자들을 전문교육을 시켜 생업에 종사할 수 있도록 안내하고 있다.

ⅲ. 통일선교정책위원회는 남북교회 협력위원회의 모든 정책을 수립하였고, '한반도 통일에 관한 우리의 입장'과 '한국 교회의 통

일정책 선언'을 발표하기도 하였다.

ⅳ. 통일 선교대학: 장차 남북이 통일될 것을 대비하여 사역자를 양성할 목적으로 통일선교학교를 설립하였다.

ⅴ. 선교위원회: 지상교회 존재의 궁극적 목적인 세계선교를 위한 교회일치운동, 교회 갱신, 효과적인 선교연구 사업을 최우선적 과제로 삼고 활동하고 있다.

ⅵ. 평신도위원회: 평신도단체 공동 세미나를 개최하였으며, 21세기를 대비한 기독교인의 정치관과 한국 정치의 권력구조 세미나를 개최하였다. 그리고 '우리가 바라는 정치 지도자상' 세미나도 개최하였다.

ⅶ. 여성위원회: 여성운동의 일치와 사회참여운동에 힘을 기울이고 있으며 교단 대표회원들이 모여 "단합 특별기도회"를 갖고 있으며, 경찰청을 방문하여 일선에서 치안을 맡아 수고하는 전투경찰과 의무경찰 등을 위로하고 있으며, "한국 교회 여성지도자 국가와 민족을 위한 특별기원회"를 개최하고 있다.

ⅷ. 청소년위원회: 청소년 전문 목회자 양성, 지도자 양성, 복음화 사업, 유해환경에 대한 대책, 청소년 헌장 등을 제정하기도 하고(한기총, 제6회 정기총회회의자료 1995: 43) 세미나를 통해서 청소년에 대한 관심을 갖게 하며, 개선책을 마련해서 범시민적 운동을 전개하기로 하고 '한기총 청소년 세미나'를 개최하기도 한다.

(8) 이단사이비대책위원회

박태선 전도관, 문선명 통일교, 한국복음서원, JMS, 기성교회, 서울중앙교회(박옥수파), 종말론, 레마선교회, 여호와의 증인, 안산홍증인회, 구국기도원, 세계신유복음선교회, 한국지방교회, CMF, 대순진리회, 성락교회(김기동 목사), 모라비안파의 이단성, 크리스챤사이

언스, 남묘호랑개교, 다락방(류광수 목사), 대치동 부활교회, 포천 할렐루야기도원, 만민중안교회(이재록 목사), 예루살렘교회(이초석 목사), 레마복음선교회 등 숱한 곳에서 피해자들의 문의가 접수되어 이에 대해 상담소에서는 성실하게 상담과 방문자들의 피해 사실들을 듣기도 하였다. 1992년 8월 오대양사건이 발생하면서 복음침례회(구원파)를 이단으로 규정하여 사법당국의 철저한 조사를 촉구하였다. 1992년 7월 14일 영생교 승리재단을 이단사이비로 규정하고 성명서를 발표하였다. 1991년 3월 14일 이장림의 시한부 종말론을 교계신문을 통해 발표하였다. 경기도 여주의 아가동산 사이비교주 김기순의 끔직한 살인사건이 무혐의 처리되자 항의성명과 기자회견을 갖기도 하였다. 만민중앙교회(이재록 목사)의 사이비성을 연구조사 성명서를 발표하였다.

(9) 환경보전 위원회

: 매년 6월 첫 주일을 환경주일로 지키기로 결정하고, 환경보전위원회 운동을 전국적으로 전개하고 있다.

(10) 문화예술위원회

: '불우이웃돕기 기독교문화예술의 밤'과 '한국 교회의 밤' 그리고 '한국 교회 Vision 큰 잔치' 등을 개최하고 있다.

(11) 국제위원회

: 한국 교회를 세계에 알리는 창구 역할과 세계교회와의 유대를 갖기 위해서 주한 외교공관장 초청 만찬회 등을 개최하고 있으며, 미국 워싱턴 D. C.에 거주하는 한·흑 지도자를 초청하여 미국 내

에 있는 한국인과 흑인 간의 갈등 문제를 해소하는 프로그램을 진행하기도 한다.

(12) 홍보출판위원회

: 한국기독교총연합회의 사업을 대외적으로 홍보하고 각종 출판물을 담당하는 업무를 맡고 있다.

(13) 재정위원회

: 한국기독교총연합회의 살림을 꾸려 갈 재정적인 뒷받침을 할 막중한 임무를 띠고 있으며, 매년 총회가 열릴 때마다 회원 교단의 부담금과 재정원들의 특별 찬조금을 있다.

2) 특별위원회 활동

(1) 탈북난민UN청원본부

: 북한난민UN청원운동과 학술세미나와 워크숍(한기총 제1차 실행위원회 1999: 54-55)을 개최하였으며, 순회헌신예배 등을 통하여 257만 명의 서명을 받아 스위스제네바의 UN난민 고등 판무관실을 방문 전달하였다.

(2) 기독교교도소추진위원회

: 1995년 10월 6일 사회위원회 임원회의는 민영교도소 설립 계획을 세우기로 결의하고, 그해 10월 16일 추진위원회를 조직하여 세미나 워크숍 등을 열이 활동한 결과 1999년 12월 28일 국회에서 민영교도소 법안통과로 1단계를 마치고, 제2단계 구체적인 진행을 하고 있다.

(3) 단군상 건립반대운동

　단군상 건립 반대를 위한 기독교대책위원회를 구성하여 기도회와 집회를 통해 단군상이 공공시설에서 철수하고 세울 수 없게 활동하고 있다(한기총 10년사, 2002: 294－305).

3) 주요사업

(1) 사랑의 쌀 나누기 운동

　한국기독교총연합회는 첫 사업으로 사랑의 쌀 나누기 운동본부를 조직하였고 교육부, 보사부 등 행정기관을 통하여 소년소녀 가장의 실태 파악을 의뢰한 결과 1990년 4월 30일 현재 전국에 산재해 있는 소년소녀 가장은 1만 4천 명으로 잠정 집계되었다. 본부는 이들에게 쌀을 전달할 수 있는 방법을 의논하여 총 15만 명이 기탁한 쌀 성금 액수는 17억 원(한국일보, 1990년 5월 5일자)을 1만 4천 명의 소년소녀 가장에게 전달하였다. 또한 2차 분배는 1990년 6월 15일부터 6월 30일까지로 하고 대상은 전국 영세시설 및 단체로 정하였으며 대상자 수는 1,046명이었다. 이 중 가장 영세민이 많은 지역으로는 전라남도 신안군으로서 111명이 혜택을 받게 되었다. 시설로는 전남 신안군을 순회하면서 낙도 의료선교를 맡고 있던 낙도순회병원선에 204명에 해당되는 양을 배분하기도 하였다(사랑의 쌀 종합보고서, 1990: 38).

　그동안 한국 교회는 사회로부터 상당한 거리감을 갖고 있었으나 이 사랑의 쌀 나누기 운동으로 사회가 교회를 보는 눈이 달라지기 시작하였다. 이 운동은 정부에서도 적극 지원해 주었으며, 특별히 한국일보, 교계신문, 방송국 등의 지원이 컸다고 한다. 이렇게 모아진 성금을 국내뿐만 아니라, 북한, 외국에까지 보낼 수 있었던 일도 참으로 한국 교회의 사랑의 쌀 나누기 운동이 얼마나 성공적으로 진행되었는가를 잘 입증해 주고 있다. 더욱이 이 운동으로 한국기독교총연합회(CCK)의 위상이 한층 높아졌으며, 이로써 한국 교계에서 연합운동하는 좋은 기관으로 부각되기도 하였다 한다.

〈표3-1-5〉 사랑의 쌀 모금과 분배 현황(1990. 3. 1.~1999. 5. 31.)

구 분		금 액(원)
모 금	10년간 모금액	8,016,371,000
분 배	1. 국내	3,167,007,219
	2. 북한	1,120,429,992
	3. 해외	3,705,451,109
합 계		7,992,888,320

〈표3-1-6〉 국내 사랑의 쌀 분배 내역(1990. 3. 1.~1999. 10. 31.)

차 례	내 역	수 량	금 액(원)
1	소년소녀가장돕기	8,316 가마	845,985,932
2	사회복지시설 지원	13,987,75 가마	1,390,210,765
3	이재민 긴급 구호	1,844,5 가마	237,287,554
4	사랑의 쌀 식당	2,272,46 가마	409,062,161
5	기타		345,506,497
합 계		3,228,052,909	

〈표3-1-7〉 사랑의 쌀 북한 양식 지원 현황(1990~1999)

전달일	수 량	금액(원)	비 고
1990. 6. 29	10,000가마	874,969,931	남포
1994. 7-12.		3,652,605	길림, 단동, 도문 3개 지역
1995. 3. 28		10,151,324	북한동포
1995. 12. 29		12,421,650	대한적십자사 위탁
1996. 7. 13		2,826,876	중국 동포
1997. 5. 30		20,000,000	대한적십자사 위탁
1997. 9. 18	1,300톤	182,857,580	함경북도 청진
1998. 2. 18		13,550,026	중국 연변 위탁
1999. 3. 29		2,999,010	중국 도문(탈북동포)
합계		1,123,429,002원	

〈표3-1-8〉 사랑의 쌀 해외 분배 현황(1990~1999)

차례	국 가	지 역	금액(원)	합 계(원)
1		하바로프스크	124,329,890	3,705,451,109
2	러시아	사할린	114,491,508	
3		블라디보스토크	78,471,532	
4	나후트카		49,599,130	
5	몽골(3회)		531,180,425	
6	캄보디아(2회)		173,372,995	
7	방글라데시(2회)		552,181,854	
8	인도		7,845,805	
9	수단		262,550,200	
10	에티오피아		121,880,500	
11	타지키스탄		36,079,455	
12	탄자니아		24,799,560	
13	소말리아		121,550,000	
14	르완다		70,000,000	
15	필리핀(5회)		370,848,650	
16	베트남		1,000,000	
17	미국	LA 지진 이재민	8,097,000	
18	일본	고베 지진 이재민	40,158,000	
19	미국	시카고 한인 동포	3,875,500	
20	기타	유관기관 협찬	540,755,815	
21		해상운임, 항만 조작비	472,383,290	

제4절 개신교단의 교육제도

개신교는 선교 초기에 사회, 문화, 경제, 교육 제반에 걸쳐 변화
와 성장의 원동력이었으며 신교육의 선두주자였다. 기독교정신으로
인하여 수많은 학교들이 세워지고, 사회의 악습이 폐지되고, 수난과

박해 속에서도 나라와 민족을 위한 구국운동을 주도하였으며, 침략과 전쟁으로 황폐해진 나라의 경제성장을 이룩하는 데 기독교정신이 크게 공헌했던 것을 한국 역사를 통해 볼 수 있다.

그러나 신학교육의 현주소는 열악한 실정이다. 비공인 학위 남발과 우후주순처럼 생겼다가 없어지는 무인가 신학교에서의 속성 목회자들을 배출하여 끔찍한 사건의 주인공으로 나타나기도 하였으며, 지금은 과연 한국 사회에서 개신교가 본연의 사명을 감당하고 있는지 다시 한번 살펴볼 필요가 있다. 이러한 이유를 규명하기 위해서 보수, 중도, 진보교단 4개의 신학대학원의 교육목적과 교과과정을 분석하고 교육 인적자원부 인가 학교 현황과 무인가 신학교 현황을 통해 한국 신학교육의 현상을 살펴보고자 한다.

1. 신학대학원의 교육목적 분석

일반적인 교육목적은 목사 양성이다. 감리교 신학대학교 신학대학원의 교육목표는 "학칙 제1조(목적) 본 대학원은 교육법 제108조에 규정된 대학교육의 목적을 일층 심오하게 추구하는 동시에 기독교정신에 입각하여 전문적 신학과 선교를 위한 현대적 이론과 방법을 철저히 교수 연구하며, 지도적 인격과 독창적 능력을 함양하여 국가와 교계에 이바지할 인재양성에 기여함을 목적으로 한다."(감리교 신학대학교 요람, 2007)

서울 신학대학교 신학대학원의 교육목표는 "대학원 학칙 제1조에 기독교대한성결교회의 교리에 입각하여 교회지도자와 사회지도자를 양성하고 그 학문을 심오하게 연구하는 능력과 창조력을 함양케 하며, 대학원의 교육목표를 설정하고 이를 달성하기 위한 학사운영 등에 관한 사항을 규정함을 목적으로 한다."(서울 신학대학교 요람, 2003: 233)

안양대학교 신학대학원의 교육목표는 "대학원 학칙 제3조에 장로교 표준에 입각하여 개혁주의 신학의 역사적인 전통을 이어받아 기독교지도자로서의 인격을 함양 개발하여 국가와 교회에 봉사하는 인재양성을 목적으로 하며……"(안양대학교 요람, 2000: 286)

장로회신학대학교 목회전문대학원 교육목표는 "학칙 제1조(목적) 본 대학원은 교육법 제108조에 제시된 교육목적과 '오직하나님께 영광'이란 장로교 정신에 입각해서 '경건과 학문'을 교육지표로 삼고 기독교 복음(성경)과 예장의 신조와 헌법에 기준하여 교회와 하나님나라를 위해 봉사할 목회자 양성을 목적으로 한다."(장로회 신학대학교 요람, 2007: 117)

총신대학교 신학대학원의 교육목표는 "이 대학원은 교육법 제1조와 제108조에 따라 대한 예수교 장로회 총회의 지도이념하에 개혁주의적 신학사상에 입각하여 장로회 신조와 헌법에 기준한 신학 이론과 응용 방법을 교수 연구하며, 지도자적 인격을 함양하고 독창적 능력을 개발하여 국가와 교회 발전에 헌신하는 신학자와 목회자 양성을 목적으로 한다."고 명시하고 있다(총신대학교 요람, 2003).

다만 한신대학교 신학전문대학원의 경우 교육목표는 "학칙 제1조(목적) 본 대학원 신학전문대학원으로서 기독교정신을 바탕으로 전문 목회자와 전문 신학연구요원을 양성하고 한국 교회와 국가 및 인류사회 기여함을 목적으로 한다."(한신대학교 대학원요람, 2004: 213)이다.

2. 신학대학원의 교육과정 분석

1) 감리교 신학대학교 신학대학원 교육과정(교과목) 분석

감리교 신학대학교 신학대학원 과정은 신학대학원 석사과정(M. Div.)과 목회신학대학원 석사과정(M. Div.)으로 나누어진다. 감리교

신학대학교 신학대학원은(이하 총신대 신학대학원이라 지칭) 각각의 전공분야를 구약신학, 신약신학, 조직신학, 역사신학, 실천신학, 선교신학의 6개 분야로 나누고 있다(감리교 신학대학교 요람, 2003: 335-338). 전공별 교수현황은 구약신학에 6인, 신약신학에 5인, 조직신학에 5인, 역사신학에 2인, 실천신학에 4인, 선교신학에 2인, 기독교 교육학 3인, 교육철학 1인, 교육철학 1인, 철학 1인, 기독교 사회학 1인, 종교 사회학 1인, 영어영문학 1인, 영어교육학 1인으로 모두 35인이 재직 중이다.

신학석사과정(M. Div.)은 A와 B과정이 있는데, A과정 논문을 쓰는 경우이고, B과정은 논문을 쓰지 않는 경우이다. 논문을 쓰는 경우에는 필수과목 84학점, 기타 분야 1과목, 논문(논문작성법, Pass), 예배와 실습 2학점, 예배(Pass)를 수강해야 한다.

논문을 쓰지 않는 경우에는 필수과목 84학점, 기초필수 16과목, 교단필수 3과목, 세미나과목(총 9과목) 중에서 각 분야(성서신학, 이론신학, 실천신학, 공통(교양) 분야)에서 반드시 2과목 이상씩 수강해야 한다.

이 학교 신학대학원에시는 입학생 진원에게 개강 전 선수과목으로 성경고전어(희랍어) 수강을 요구하고 있다. 언어 분야에서는 히브리어 문법과 같은 고전어를 비롯해서 철학 분야에서는 종교철학, 사회학 분야에서는 종교사회학, 기독교사회윤리, 기독교와 문화와 실천 분야에서 목회와 영성, 예배와 설교, 신앙공동체와 교육, 기독교 윤리, 성서윤리 등 개설과목들을 볼 때 감리교 신대 신학대학원의 교과과정은 신학 일반에 대한 충실한 학습의 기회를 부여함과 동시에 현대사회에서의 목회의 전문화 교육을 위해 기독교사회학, 종교사회학, 종교철학, 교육철학, 철학 등의 상당한 시간을 현대적 문제를 다루고 있음을 보게 된다.

2) 서울 신학대학교 신학대학원 교육과정(교과목) 분석

서울 신학대학교 신학대학원 과정은 신학석사과정(M. Div.)이 설치되어 있고, 각각의 전공 분야를 성서신학, 이론신학, 실천신학의 3개 분야로 나누고 있다(서울 신학대학교 요람, 2003: 295). 전공별 교수 현황은 성서신학 분야에서 구약학 4인, 신약학에 3인, 이론신학 분야에서 3인, 역사신학에 3인, 실천신학에 4인, 선교신학에 2인으로 모두 21인이 재직 중이다.

신학석사과정(M. Div.)은 기초필수과목 72학점, 선택과목 15학점, 논문 6학점을 포함하여 총 93학점 취득해야 한다. 그러나 논문 6학점 대신 2과목 이상(6학점) 학과목 수강으로 대체할 수 있도록 되어 있다. 단, 평균 평점이 4.00 이상인 자는 논문작성을 하여야 한다. 이 학교 신학대학원에서는 언어 분야에서는 기초 헬라어, 기초 히브리어와 같은 고전어를 비롯해서, 영어Ⅱ, 신학영어강독Ⅱ, 독일어Ⅱ, 라틴어강독Ⅱ, 철학 분야에서는 종교철학, 사회학 분야에서는 종교사회학, 기독교사회윤리, 기독교 윤리, 성서윤리, 실천신학 분야에서 사중복음을 통한선교, 교회성장관리학, 가정사역세미나, 영성과기도, 현대예배학, 종교심리학(신앙상담), 목회와 영성, 예배와 설교, 신앙공동체와 교육 등 개설과목들을 볼 때 서울 신대 신학대학원의 교과과정은 상당한 시간을 현대적 문제다루고 있음을 보게 된다. 그리고 사역 전공제를 도입하여 설교, 전도, 청소년사역, 찬양사역, 소그룹사역 분야를 세분화 변화하는 현대사회에서의 목회의 전문화 교육을 시도하고 있었다. 서울 신대 신학대학원의 교육과정은 신학 일반에 대한 충실한 학습의 기회를 부여함과 동시에 타 과정과의 수업교류를 통하여 학생들의 학문적 소양을 증대하는 것에도 동일한 역점을 두고 있었으며 각종 목회실습의 기회와 현장탐방, 목회상담, 목회전략연구 등의 실증적인 교육의 기회도 제공하고 있었다.

3) 안양대학교 신학대학원 교육과정(교과목) 분석

안양대학교 신학대학원 과정은 목회학석사과정(M. Div.)과 연구과정이 있고, 각 과정은 세 개의 학과(신학과, 목회학과, 가정사역학과)로 나누어진다. 안양대학교 신학대학원은(이하 안양대 신학대학원이라 지칭) 신학과, 목회학과, 가정사역학과 세 학과가 설치되어 있고, 각각의 전공 분야를 구약신학, 신약신학, 조직신학, 역사신학, 실천신학, 선교신학의 6개 분야로 나누고 있다(안양대학교 요람, 2002: 336). 전공별 교수 현황은 신약신학에 1인, 구약신학에 1인, 실천신학에 3인, 조직신학에 2인, 역사신학에 1인, 철학에 1인, 기독교교육학에 2인, 기독교신학일반에 2인으로 모두 13인이 재직 중이다. 안양대 신학대학원 학칙 16조 이수학점 및 수료에 있어서 "목회학과(M. Div.)과정을 이수하여야 할 최저학점은 97학점이다"(안양대학교 요람, 2000: 288).

목회학석사과정(M. Div.)을 수료하기 위하여 안양대는 4년제 대학 일반학과 졸업자와 신학대학 신학과 졸업자를 구별하지 않고 교육과정을 운영하고 있디. 안양대 신학대학원의 경우 신학교육은 개혁주의 신학이론과 목회현장에서 응용할 수 있는 실천신학을 강조하면서 그 교과과정에 있어서도 실천신학개론, 교육목회, 목회신학, 전도학개론, 신약석의, 교회행정, 강해설교, 청소년 교육, 교회헌법, 구약석의, 목회와 예배, 목회상담학, 목회 윤리, 전도의 실제, 변증학, 예방신학, 설교와 커뮤니케이션, 찬송가지도법1, 2, 리더십 등 목회실습에 강조점을 두고 있다. 종교 개혁사, 장로교회사, 신조학, 칼빈 강요 해석, 17세기 개혁신학 등을 통해 개혁주의 노선을 위한 이론과 히브리어강독1, 2, 헬라어강독1, 2, 라틴어1, 2, 신학영어1, 2, 고전어 강의를 통하여 다양한 신학적 논의를 시도하고 있었다.

4) 장로회신학대학교 목회전문대학원 교육과정(교과목) 분석

장로회신학대학교 신학대학원 과정은 신학석사과정(M. Div.)과 연구과정이 설치되어 있다. 장로회신학대학교 신학대학원은(이하 장신대 신학대학원이라 지칭) 각각의 전공 분야를 구약학, 신약학, 조직신학, 역사신학, 기독교와 문화, 목회상담학, 설교예배학, 사회복지학의 8개 분야로 나누고 있으며, 선택과목 분야는 8개 분야 이외에 교회음악이 첨가되어 모두 9개로 나누어 다양한 과목이 개설되어 있다(장로회 신학대학교 요람, 2003: 302 – 304). 전공별 교수 현황은 구약학에 4인, 신약학에 5인, 실천신학에 6인, 역사신학에 4인, 조직신학에 6인, 기독교와 문화에 3인, 선교신학에 4인, 기독교 교육학에 7인으로 39인이 재직 중이다. 신학석사과정(M. Div.)은 총 학점 필수과목 84학점 이상을 이수해야 한다(학칙 9조 2항). 그리고 연구과정은 필수과목 32학점을 포함 60학점 이상을 이수해야 한다. 이 학교에서는 헬라어와 히브리어 과목은 패스과목으로 되어 있으며 졸업논문은 학점에 포함시키지 않고 있다. 신학대학의 교과과정은 대학부에 있어서 신학 각 분야에 개론적인 지식을 습득토록 하고 있으나 목회전문대학원과 같은 교과목 개설을 하지 않고 있다. 특히 학부 과정에서 언어 연구에 주력하는 면이 있다. 또한 목회 연구과정은 장로회 통합 측 교단의 각 신학대학 및 각종 학교 신학교를 졸업하고 목회신학석사(M. Div.)과정에 입학하지 못한 자를 위해서 목사가 되기 위한 과정으로 개설하고 있다. 장로회신학대학교 목회전문대학원의 경우도 대학 신학부의 학점을 전혀 인정하지 않고 일반대학 출신자와 동일한 학점을 이수토록 하면서 대학부를 예비과정(pre – seminary)으로 운영하고자 하는 것을 알 수 있다. 한국교회의 보수 / 진보의 극한 대립을 나름대로 통합하고자 하는 장로회신학대학교 목회전문대학원의 경우 에큐메니칼적인 정신 속에서 보수적 입장과 진보적 입장을 다양하게 공히 견지하고 있음을 교과과정을 통해서 볼 수 있다. 특히 기독교와 문화에 있어서 기독교윤리와 목회 윤리를 교수하고 있었으며, 급변하는 사회상황 속에서 여러 가지 상처를 입고 어려움을 당하는 영혼을 치유하기 위해 목회상담 기법을 위한 과목들이 다양하게 개설되어 있었다. 복지사회 건설을 위한 목회자들의 역할을 위해 다양한 과목들 개설되어 사회에 다가가는 목회교육 프로그램이 개설되어 있었다(장로회 신학대학교 요람, 2003: 302 – 304).

5) 한신대학교 신학전문대학원 교육과정(교과목) 분석

한신대학교 신학전문대학원(이하 한신대 신학전문대학원이라 지칭) 전문학위과정에는 신학석사(M. Div.), 신학석사(Th. M.) 과정이 있다. 각각의 전공 분야를 구약학, 신약학, 조직신학, 역사신학, 기독교와 문화, 목회상담학, 설교예배학, 사회복지학의 8개 분야로 나누고 있으며, 선택과목 분야는 8개 분야 이외에 교회음악이 첨가되이 모두 9개로 나누어 다양한 과목이 개실되어 있다(한신내학교 요람, 2003: 302 – 304).

전공별 교수 현황은 신약신학에 3인, 구약신학에 3인, 실천신학에 1인, 목회상담학에 1인, 조직신학에 3인, 교회사학에 2인, 선교신학에 2인, 기독교윤리에 1인, 기독교사회윤리 1인으로 모두 17인이 재직 중이다.

한신대 신학전문대학원 학칙 19조 이수학점에 있어서 "석사과정에서 39학점으로 한다. 다만 목사후보생은 48학점으로, 학부에서 신학을 전공하지 아니한 자는 84학점으로 한다."(한신대학교 대학원요람, 2004: 215) 신학전문대학원 과정의 교과목 개설에 있어서 연계성을 가지고 학부의 학점을 50학점 인정하고 등록도 4학기 등록만

하도록 함으로 신학 교육의 6년 연계성을 가지고 학사 운영을 하고 있다. 신학석사과정(M. Div.)을 수료하기 위하여 한신대는 4년제 대학 일반학과 졸업자와 신학대학 신학과 졸업자를 구별하여 교육과정을 운영하고 있다. 일반학과 졸업자는 92학점을(기초과목 50학점 포함) 신학과 졸업자는 42학점을 취득해야 한다. 또한 학기 등록에 있어서도 일반학과 졸업자는 6학기 이상, 신학과 졸업자는 4학기 이상을 등록해야 한다. 신학과 졸업자가 취득해야 하는 학점은 전공과목 12학점, 전공인접과목 6학점, 기타 분야 과목별 3학점씩 15학점, 교역 필수과목 9학점 도합 총계 42학점이다.

한신대학교의 경우 신학교육의 참여성, 자율성, 민족성, 해석학적 특징을 강조하면서 그 교과과정에 있어서도 민중 신학, 해방신학, 여성신학, 아세아신학, 토착화신학에 신학적 강조점을 두고 있다. 찬송가학, 성서지리, 종교미술, 이스라엘 역사, 종교사회학, 현대 철학, 종교심리학, 신양원전강독, 종교학, 신학원서강독1(독), 종교철학, 신학원서강독2(독), 신학원서강독1(불), 신학원서강독2(불), 구약원전강독, 전공 선택공통: 청소년설교론, 성서와 민중 신학 등에서 볼 수 있듯이 신학원서도 영미권에 한정되지 않고 보다 광범위하게 독일어권과 불어권에까지 미치고 있음을 볼 때 폭넓고 다양한 신학적 논의를 시도하고 있었다.

6) 총신대학교 신학대학원 교육과정(교과목) 분석

총신대학교 신학대학원 과정은 목회학석사과정(M. Div.)과 연구과정이 있고, 각 과정은 세 개의 학과(신학과, 선교학과, 목회학과)로 나누어진다. 총신대학교 신학대학원은(이하 총신대 신학대학원이라 지칭) 신학과, 선교학과, 목회학과 세 학과가 설치되어 있고, 각각의 전공 분야를 구약신학, 신약신학, 교의신학, 역사신학, 실천신학, 선교신학의 6개 분야로 나누고 있다(총신대학교 요람, 2003: 335 – 338). 전공별 교수 현황은 총장과 신학대학원장 이외에 구약신학에 3인, 신약신학에 4인, 조직신학에 5인, 역사신학에 5인, 실천신학에 4인, 선교신학에 2인으로 모두 23인이 재직 중이다.

목회학석사과정(M. Div.)은 총 학점 필수과목 84학점, 선택과목 16학점 총 100학점을 취득해야 한다. 이 학교는 신학과 출신자와 일반대학교 출신자들 간에 학점을 분리하지 않고 전체를 같은 입장에서 교육하고 학점을 관리하는 것으로 나타난다. 단지 선수과목으로 성경고전어(헬라어, 히브리어)를 요구하고 있다. 총신대의 경우는 학부의 신학과와 신학대학원 사이에 개설과목이 중복되는 경우가 없으며 대학 신학부는 신학대학원의 예비과정(pre – seminary)으로 교양과 철학 과목에 중점을 두는 것을 알 수 있다. 이는 7년 신학 교육에 있어서 학부와 신학대학원 간의 교과목을 균형 있게 배정하려는 노력을 엿볼 수 있다. 학부교과과정에 있어서 대체적으로 깊고도 다양한 넓이를 갖추고 있으며 신학적 보수성을 견지하면서도 폭넓은 과목들을 개설하고 있다. 언어 분야에서는 라틴어 문법과 라틴어 강독 같은 고전어를 비롯해서 철학 분야에서는 기독교철학사, 기독교의 사회사상, 포스트 모넌이즘, 기독교와 문화와 실천 분야에서 사회문제론, 사회복지학개론 등 개설과목들을 볼 때 보수적 신학 노선을 견지하고 있는 총신대의 교과과정은 상당한 시간을 현대적 문제다루고 있음을 보게 된다. 즉 신학적 보수적 입장을 견지하면서도 그것이 과거 전통에 집착하는 자기 폐쇄적 보수가 아니라, 열린 보수, 생산적이고 창의적 보수가 될 수 있는 가능성을 보여주고 있었다.

지금까지 신학대학원 목회학석사과정(M. Div.)을 분석해 보니 보수교단인 총신대학교 신학대학원은 이수를 위한 필수과목 84학점, 선택과목 16학점 총 100학점을 취득해야 하고, 안양대학교 신학대학원은 이수를 위한 총 97학점을 취득해야 했다. 중도교단 장로회

신학대학교 목회전문대학원은 총 학점이 필수과목 84학점 이상을 이수해야 했고, 진보교단 한신대학 신학전문대학원은 신학대학 출신 총 42학점이고, 일반대학 일반학과 출신은 기초과목 52학점을 추가 이수하여야 했다. 이러한 결과를 볼 때 보수교단이 신학교육에 있어서 더 많은 과목을 이수하고 있었으며, 진보교단은 과목을 적게 이수하고 있었다.

이상 살펴본 4대 신학대학원의 경우 학부의 전공이 대학원의 과목과 중복되어도 학점 인정을 받지 못하는 것은 신학 7년간의 학적인 연계성에 있어 문제점으로 지적할 수 있었으나, 이러한 점에서 한신대학 신학전문대학원은 학적인 연계성을 가지고 있었다.

장로회신학대학교 목회전문대학원은 졸업 학점에서 성경 외국어인 헬라어와 히브리어, 그리고 논문이 포함되어 있지 않았다. 일반대학을 졸업한 자는 헬라어와 히브리어를 예비 필수로 하거나 선수과목으로 취득하여야 하기 때문에 실제 수업에 있어서 더 많은 시간 부담을 갖게 하고 있었다.

3. 신학대학교 현황

교육인적자원부 인가 신학대학교와 신학대학원은 아래 <표3-1>과 같다. 장로교단 소속 통합 11개교, 합동 3개교, 대신 2개교, 기장 2개교, 합동정통 2개교, 고신 2개교, 계약 1개교, 개혁 2개교, 개혁국제 1개교, 피어선 1개교, 합신 1개교, 웨신 1개교, 합헌 1개교, 중앙 1개교, 순장 1개교, 한영 1개교, 감리교 3개교, 성결교 3개교, 침례교 3개교, 오순절 3개교, 그리스도교 2개교, 루터교 1개교, 독립연합 1개교, 대한예수교 복음선교회 1개교, 성서선교회 1개교, 성서침례 친교회 1개교, 초교파 10개교이다.

<표3-1-9 신학대학교 현황>

교단소속	신학대학교	주 소	전화번호
예장(통합)	장로회신학대학교	서울 광진구 광장동 353	02)450-0700
	서울장신대학교	경기 광주시 경안동 산20-5	031)761-6453
	서울여자대학교기독교학과	서울 노원구 공릉2동 126	02)970-5114
	숭실대학교 기독교학과	서울 동작구 상도5동 1-1	02)820-0114
	영남신학대학교	경북 경산시 진량읍 봉회리 117	053)850-0500
	한남대학교 기독교학과	대전 대덕구 오정동 133번지	(042)629-7114
	호남신학대학교	광주 남구 양림동 108번지	(062)650-1552
	한일장신대학교	전북 완주군 상관면 신리694-1	(063)230-5451
	부산장신대학교	경남 김해시 구산동 764	055)320-2500
	대전신학대학교	대전 대덕구 오종동 226-22	042)6060-114
	계명대학교 신학과	대구 남구 대명7동 2139	053)580-5785
	경안신학대학원대학교	경북 안동시 북후면 물한리 652-10	054)859-8001
예장(합동)	총신대학교	서울 동작구 사당동 산31-3	02)3479-0200
	칼빈대학교	경기 용인시 구성면 마복리 142-12	031)284-4484
	대신대학교	경북 경산시 백천동 137	053)811-1180
예장(대신)	안양대학교	경기 안양시 만안구 안양5동708-113	031)449-5271
	대한신학대학원대학교	경기 안양시 만안구 석수1동381-1	031)473-5944
기독교장로회	한신대학교	경기 오산시 양산동 411	031)370-6500
	한신대신학전문대학원	서울 강북구 수유동 129	02)902-2801
예장(합정)	백석대학교	충남 천안시 안서동 115	041)550-9114
	기독신학대학원	서울 서초구 방배동 981 22	02)520-0712
예장(고신)	고신대학교	부산 영도구 동삼1동 149-1	051)400-2200
	고신신학대학원	충남 천안시 삼용동 40번지	(041)560-1999
예장(개혁)	광신대학교	광주 북구 본촌동 산72	062)571-7251
	개신대학원대학교	서울 강북구 미아3동 203-8	02)945-0910
예장(개혁국제)	국제신학대학원대학교	서울 관악구 신림1동 1577-6	02)839-0388
예장(계약)	계약신학대학원대학교	경기도 광주시 초월면 대쌍령리 산 42-2번지	031) 768-5544~7
예장(피어선)	평택대학교	경기 평택시 용이동 111번지	(031)658-3111
예장(중앙)	중앙신학대학원대학교	경기 용인시 남사면 아곡리 285	031)339-9015
예장(순장)	서울성경신학대학원대학교	서울 동작구 신대방동 632-57	02)845-7701
예장(웨신)	웨스터민터신학대학원대학교	서울 관악구 봉천4동 867-13	02)885-0300
예장(합신)	합동신학대학원대학교	경기 수원시 팔달구 원천동 산42-3	031)212-3694
예장(한영)	한영신학대학교	서울 구로구 개봉동 산21-1	02)2616-4091

교단소속	신학대학교	주 소	전화번호
예장 (미남장로교선교부)	예수대학교	전북 전주시 완산구 중화산동1가 168 - 1	063)230 - 7790
기독교대한감리회	감리교신학대학교	서울 서대문구 냉천동 31	02)3619 - 114
	목원대학교	대전 중구 목동24	042)220 - 6100
	협성대학교	경기 화성시 봉담읍 상리14	031)299 - 0900
기성	서울신학대학교	경기 부천시 소사구 소사본2동101	032)3409 - 114
예성	성결대학교	경기 안양시 만안구 안양8동 산147 - 2	031)467 - 8114
기침	침신대학교	대전 유성구 하기동 산14	042)828 - 3114
	침신대학교(안성분교)	경기 안성시 공도면 용두리717 - 3	031)651 - 2835
한국성서침례친교회	성서침례대학원대학교	경기 이천시 대월면 장평리280 - 5	031)634 - 1258
기독교남침례회	뵈레아국제대학원대학교	서울 영등포구 대림3동 665 - 10	02)831 - 1724
하나님의성회	한세대학교	경기도 군포시 당정동 604 - 5	031)450 - 5071
	성산효도대학원대학교	인천 남동구 간석4동 614	032)433 - 1996
	순복음신학대학원대학교	서울 관악구 남현동 602 - 127 번지	02)581 - 0388
나사렛성결교회	나사렛대학교	충남 천안시 쌍룡동 산44 - 1	041)570 - 7700
그리스도교회 (무악기)	그리스도신학대학교	서울 강서구 화곡6동 산204	02)2600 - 2400
그리스도교회 (유악기)	서울기독대학교	서울 은평구 신사동 1 - 19	02)356 - 5181
루터교	루터신학대학교	경기 용인시 기흥읍 상갈리 17	(031)283 - 4572
대한예수교 복음선교회	복음신학대학원대학교	대전 중구 용두2동 143 - 31	042)257 - 1506
성서선교회	한국성서대학교	서울 노원구 상계7동 205	02)952 - 6321
성공회	성공회대학교	서울 구로구 항동 1 - 1	02)615 - 0005
독립연합	횃불트리니티신학대학원대학교	서울 서초구 양재동 55	02)570 - 7372
초교파	아세아연합신학대학교	서울 서대문구 충정로3가 187	02)362 - 8544
	연세대학교신학대학	서울 서대문구 신촌동 134	02)361 - 2898
	이화여자대학교신학대학원	서울 서대문구 대현동 11 - 1	02)360 - 2195
	성민대학교	충남 천안시 병천면 병천리724 - 4	(041)561 - 8013
	호서대학교	충남 천안시 안서동 산120 - 1	(041)560 - 8114
	강남대학교	경기 용인시 기흥읍 구갈리 산6 - 2	(031)281 - 5500
	배제대학교 신학부	대전 서구 도마2동 439 - 6	(042)520 - 5561
	에스라성경대학원대학교	경기 고양시 덕양구 고양동 292	(031)962 - 9196
	동서대학교	부산 사상구 주례동 산69 - 1	(051)313 - 2001
	한민대학교	충남 논산시 연산면 신양리14 - 2	(041)733 - 6561

4. 한국 교회 무인가 신학교 현황

〈표3-1-10〉 무인가 신학교 현황

번호	교 파 명	숫자
1	장로교	105개
2	감리교	6개
3	성결교	2개
4	오순절교	15개
5	침례교	1개
6	기 타	60개

한국 교회 교단 인정 무인가 신학교는 189개 학교이다. 그중 장로교 105개, 감리교 6개, 성결교 2개, 오순절교 15개, 침례교 1개, 기타 크리스천 치유목회연구원 등 60개 교단 소속이 없는 무인가 신학교가 있다(전국 교회 종합주소록, 2007: 59-75).

한국 교회 성직자 양성교육 문제는 전문적인 교단교육기관과 교단 소속이 없는 무인가 신학교 기관으로 나누어져 있다. 개신교 목시기 될 교육직 요구조건은 매우 다양하다. 많은 교단들이 대학의 학사학위와 이어서 신학대학에서의 공부를 요구한다. 그러나 어떤 교단들은 성경학교, 성경학원에서 훈련받은 사람들에게 안수를 주기도 한다. 일반적으로 교단 규모가 큰 교단들은 각기 자체의 신학교나 신학대학을 통해 그 교단의 신학, 선교정책, 노선을 반영하는 교육을 실시하고 있다. 그리고 이 가운데 많은 학교들이 다른 교단 출신의 학생들에게도 문호를 개방하고 있다.

이상에서 살펴본 바와 같이 한국의 신학교육은 미국 북장로교 선교사인 네비우스의 원칙을 수용하여 지성보다 영성을 강조하고 있다. 이는 미국 북장로교 보수주의 신학에 뿌리를 둔 것인데 이러한 전통은 지금까지 한국 개신교의 주류를 이루고 있다. 그러나 진보적 경향을 가진 한신대학교 신학전문대학원의 경우는 목사 양성에 국한시키지 않고 지도자 훈련이라는 표현을 사용함으로써 교육목적이 훨씬 광범위하였다. 그리고 한국의 신학대학의 교육과정을 살펴보면 신학대학에서 신학과를 졸업한 자에게 B. Th.을 수여한다. 그리고 신학대학원에 입학하여 3년의 교육과정을 이수하면 M. Div.학위를 받는다. M. Div.과정은 신학과 졸업자에게만 입학 자격을 부여하는 것이 아니다. 모든 학과 졸업자에게 다 문호가 개방되어 있다. 따라서 현재 각 교단에서 목회자가 되기 위해서는 신학과 4년에 이어 3년제 신학대학원 과정을 합친 7년제 신학 연계 교육을 마치고 목사후보생으로 소속노회나 지방회의 훈련과정을 거친 다음 총회에서 실시하는 강도사 고시(기장은 준목고시)를 응시하여 합격한 후에 소속노회나 지방회에서 인허를 받고 다시 목사고시를 합격하여야 목사로서 교회에 시무할 수 있게 되는 것이다.

현재 한국에는 전체 인구의 약 1/4에 해당하는 약 1200만 명이라는 기독교인이 존재하고 있으며, 수많은 교회와 교단별 신학대학 및 신학대학원이 있고, 헤아릴 수 없는 무인가 신학교들이 산재해 있다. 신학교육은 영혼을 책임질 목회자를 양성하는 참으로 중요한 교육이다. 한 사람의 목회자가 평생 동안 만나는 수많은 성도들에게 끼치는 영향력은 실로 크고 중요한 것이다. 만일 신학대학원에서 학문과 인격적으로 제대로 준비되지 못한 기형적인 목회자가 배출된다면 그러한 목회자를 만나는 성도들 역시 기형적인 성도가 될 수밖에 없을 것이다. 그 어떤 교육기관보다도 신학대학원은 앞서 가는 교육환경을 위해 끊임없는 개혁과 최상의 교육과정을 개발해 나가야만 하는 것이다. 그러나 이제까지 한국 신학대학과 신학대학원 신학교육은 교회 내부의 문화와 상황을 정확하게 이해할 수 있는 교육을 소홀히 한 것이 사실이다. 이러한 현상을 은준관은 "신학교육을 담당한 전문인들은 '신학'을 신학자들만의 소유물로 전유하고 현행교육 커리큘럼의 구조나 교육 프로그램의 범위를 신학자와 신학교로 제한하고 있다."(은준관, 1983: 35)고 주장하고 있다. 그리하여 목회자들은 목회현장에서 신앙절대주의를 앞세워 신학적 해석을 거부하여 신학교육과 목회현장이 다르게 가고 있는 것이다.

지금부터 한국 신학대학 및 신학대학원의 신학교육은 목회현장의 이론과 신학이론이 어우러지는 교육이 필요하다. 그리하여 이론신학자들과 실천신학자들의 진정한 대화가 절실하게 필요한 때가 되었다. 진정한 대화는 관용을 양육시켜 나가는 것이다. 이것은 미국인의 실용주의에서 비롯된 것이다. 타일러(Mark Tyler)는 이것을 설명하기를 "수정된 실용주의는 서로 다른 이들이 어떻게 대화해 나갈 것인가를 분명하게 제공해 주었다. 그리고 표면적으로 전혀 맞지 않는 관점이나 상황들을 미국인들이 이성, 진리 또는 상황 간의 일치에 대한 대화를 통해 나아갈 수 있도록 조정받게 해 줄 수 있다."(김현숙, 2001: 280 – 281)고 하였다. 진정한 대화를 통해 성숙한 차이점들이 면밀하게 확인되고 존중되고 그리고 성숙한 이해와 변형을 위한 기회로 삼을 수 있다. 이러한 교육목적을 달성하기 위해 주변세계를 볼 수 있는 통찰력과 인식을 가르쳐서 넓은 안목을 가진 영적 지도자로서 모든 지식을 하나님의 계시에 비추어 보아서 비판하고 대안을 찾을 수 있게 교육해야 할 것이다.

제5절 개신교 역사와 세속화

한국 개신교는 교회확장과 개별교회 신도의 성장에 관심을 기울이는 개교회주의와 교세확장이 목표가 되어 물량적인 성장에 치중하는 교회팽창주의는 어떤 바탕 위에서 생겨났으며 어떤 함의를 가지고 있는지를 살펴보고자 한다.

1. 개교회주의

개교회주의의 기원은 18-19세기 서유럽과 영미의 복음주의 부흥운동과 복음전도에 영향을 받았다. 즉 초기 선교사들이 한국 개신교에게 전해 준 복음과 신학이 바로 이와 같은 시기에 크게 영향받은 신학이었다. 바로 이 시기는 모더니즘의 시기로서 18세기 계몽주의의 개인주의, 19세기 산업혁명과 자본주의 문화에 따른 개인주의, 그리고 18-19세기의 낙관론적인 진보사상이 한국 개신교 초기에 크게 영향을 미쳤다. 이러한 개교회주의는 팽창주의, 교회분열, 기복신앙 등과 함께 한국 교회가 지닌 문제점으로 지적되고 있다.

1) 개교회주의의 형성 메커니즘

한국 개신교회가 개교회주의적인 성향을 가진 것은 전통적인 유교문화의 영향이라 할 수 있는 가족주의적 태도의식이라고 말할 수 있다. 가족주의란 사회의 기본 단위를 집으로 생각하고, 집안에서의 인간관계 방식이 외부 사회에까지 확대되는 조직 형태를 말한다(최재석, 1976: 23). 이러한 가족주의적인 전통을 가지고 있는 한국 교회 신도들은 자신이 속한 개별교회를 쉽사리 하나의 가족 단위처럼 이해함에 따라 한국 가족주의의 폐쇄적 전통의 영향을 받아 타 교회에 대하여 무관심하거나 심한 경우 배타적인 태도를 나타낼 수 있다. 이와 같이 한국인의 전통 속에 남아 있는 가족주의적 태도는 개교회주의가 형성되는 마음 밭이 되었던 것이다.

그리고 초기 선교사들의 태도의식이 가장 큰 영향요인으로 작용한 것이다.

처음 한국에 온 선교사들은 교회 확장사업과 사회활동을 동시에 행했지만 사회활동을 교회확장 수단으로 생각하는 경향이었다. 이러한 태도는 당시 한국에 선교사들의 내면적 동기를 살펴보면 당연한 것이었다. 그들은 대체적으로 보수적인 신앙을 가졌고 종말론적인 의식이 강하여 이방인들을 멸망에서 구해야겠다는 열망으로 직접적인 복음전파와 교회 건설에 매진했던 것이다(백낙준, 1973: 101－102). 그중에 1893년 제1회 선교사 공의회에서 결정된 10개조 선교정책으로 구체화되면서 개교회주의적 성격 형성의 바탕이 되었던 네비우스(John L. Nevins)선교정책을 근간으로 하여 만든 선교정책 10개 조항 가운데 7번째의 자급자치(自級自治)의 교회를 만든다는 조항이 가장 중요한 것이었다(김양선, 1971: 73). 네비우스 선교사의 자력전도, 자치제도, 자급운영 선교방법으로 그 중심이념은 한국 교회로 하여금 피선교지로서 의타심이나 경제적 무능력을 배제케 하여 역량 있는 ‘자립하는 교회’로 토착화하는 기초가 되게 하려는 데 목표를 둔 선교방법이다. 초기의 한국 개신교는 이 방안을 채택하므로 그 이후의 선교정책에 직접적이고 깊은 영향을 끼치게 되었으며 교회의 성장을 위해 상당한 공헌을 남겼다(박근원, 1979: 40; 이만열, 1981: 41－80).

그러나 자주와 치리를 지나치게 강조한 결과 교회 안에 계급조직이 생겼고, 이 조직에 의하여 교회의 치리가 좌우되었으며, 교회조직과 예배만을 강조하다가 교회가 교인만의 공동체로서 사회와 별개의 공동체가 되어 사회적 문제에 관심을 두지 않는 경향이 되었다(W. Scott, 1981: 214－225; 한영제, 1989: 225). 그리고 한국 개신교의 조직형태가 영향요인으로 작용하였다. 한국 교회는 집단의 요구에 더 많이 의존해야 하는 교회조직 유형을 가지고 있어 교회 내부지향적인 개교회수의가 나타날 가능성이 높아지게 된 것이다. 프로테스탄트 교회의 교단 조직구조는 한국 교회의 개교회주의 형성을 막을 수 있는 효율적인 구조가 되지 못하고 있다. 한국 교회의 경우 감리교는 감독제 유형이며, 장로교를 비롯한 대부분의 교회가 장로제 유형이다. 장로제 유형의 경우 교단의 총대표는 총회장으로 원칙적으로 총회 기간 동안에 주로 그 임무를 수행하며 매년 새로이 선출된다. 그러므로 이 제도에서는 강력한 중앙집권적 세력이 나타나기가 어렵다. 따라서 교회와 교회 간의 횡적 연결의 힘이 약해지며 교회활동의 실질적인 결정권이 목사와 장로들로 이루어진 개교회의 당회에 있다고 할 수 있다(Roger Mehl, 1970: 154 – 159).

한국 교회는 교단마다 약간의 차이는 있겠지만 개별 교회의 성직자를 임명하는 데 있어서 개교회의 결정이 더 큰 작용을 하는 초빙제를 채택하고 있다. 따라서 개별교회 목사의 지위 안정은 개별교회에 의존하게 되므로 개교회의 문제에만 전념할 가능성이 커진다. 또한 교단은 개교회의 프로그램 작성과 진행에 큰 영향력을 미치지 못하는 형편이다. 한국 교회의 구조 곧 교파 또는 종파형 교회 조직, 장로제 유형이 중심이 되는 교단조직, 자원적 결사체 및 규범적 조직으로서의 교회조직은 신도들의 개인적 관심을 만족시켜 주어야 하며, 개교회의 활동을 상위 기관에서 효과적으로 조절할 수 있는 방법이 많지 않기 때문에 개교회주의가 생겨나는 구조적 요인으로서 작용하고 있다.

또 하나의 요인으로서 환경적 요인을 들 수 있다. 한국 교회가 처한 정치·경제적 환경에서 생겨난 교인들의 의미 있는 공동체에 대한 요구는 한국 교회가 개교회주의적 성향을 가지게 하는 데 중요한 작용을 하였다. 왜냐하면 한국 교인들이 요구한 공동체는 불안감, 상대적 박탈감, 정체 의식의 상실감 등과 같은 심리적인 문제들을 해소하기 위한 방편적 성격이 강하고, 교회 외부에서 생겨난 문제들을 변혁시키기 위한 센터로서의 성격이 약하기 때문이다. 이와 같은 심리적 문제를 해결하기 위한 공동체는 타 교회와의 연계성이 필요하지도 않고 교회 밖의 문제에 대한 관심도 필요하지 않다. 따라서 교회 안의 모든 활동이 개별교회 지향적인 개교회주의가 형성될 가능성이 높아지게 되는 것이다(한완상, 1982: 168－182).

그리고 국가와의 관계가 있어서 영향요인으로 형성되어 작용하였다. 종교와 정치 또는 국가와의 관계에는 여러 가지 유형이 있다. 한국에서는 정교 분리를 원칙으로 한다. 따라서 한국에는 국교가 없으며 영국의 성공회나 독일의 루터교와 같은 준 국교적인 성격을 띤 종교도 없다. 한국의 교회를 포함한 모든 종교 집단들은 세속 정치 집단의 공식적인 비호를 받지 못하기 때문에 교회 조직의 유지를 위한 부담이 전적으로 개교회로 돌아가고 그 결과 교회의 생존을 위한 개교회주의가 나타나기 쉽다. 또한 국가 권력이 개교회주의적 교회 운영을 더 선호한다는 것도 중요한 의미를 가지고 있다(오경환, 1979: 262－295).

또한 한국 사회의 종교적 환경도 영향요인으로 작용하였다. 다종교적 상황이라는 종교적 환경은 각각의 종교들이 경쟁 상황 속으로 빠져든다는 것이다. 더 나아가 같은 종교 내의 교파나 개별 교회들까지도 서로 경쟁하게 된다. 경쟁은 살아남기 위한 경쟁이기 때문에 사뭇 치열해질 수밖에 없다. 개별교회 조직의 생존을 위해 상대 교회보다 좋은 시설과 조건에 힘을 쓰게 되었다. 이러한 경쟁의 상황에서 살아남고 성장하기 위해서는 모든 힘을 집단 내부에 집중시키게 되며 그 결과 개교회주의적 성격이 나타나게 된다. 이러한 개교회주의는 교회 간, 종교 간을 경쟁을 더욱 가열시키는 요인이 되는 것이다.

그리고 한국 교회 지도자들이나 신도들의 공명심이 개교회주의 형성의 추진력이 되기도 했다. 한국 교회가 양적으로 급성장함에 따라 한국 교회는 하나의 시위 집단으로서의 성격을 띠게 되었다.

신도가 많은 큰 교회의 목회자는 교단 내에서의 지위와 권력이 증대될 뿐 아니라 사회에서도 상당한 영예를 누리게 된다. 또한 교회 내에서도 많은 존경을 받고 상당히 큰 물질적인 대우를 받게 된다. 따라서 목회자는 큰 교회의 목사가 되고자 하는 강력한 동기를 간직하기 마련이다.

이상에서 우리는 개교회주의가 형성되는 메커니즘을 한국 교회의 전통, 교회 구성원(신도)의 요구, 교회의 구조, 교회가 처한 환경 등과 관련시켜 살펴보았다. 한마디로 한국 교회는 하나의 조직 단위로서 그 자체가 존속해야 하고 조직을 이루고 있는 구성원인 신도의 욕구에 적응해야 한다는 두 가지의 기본적 요구를 만족시키기 위하여 개교회주의적 성격을 띠게 되었고 이러한 개교회주의를 막을 수 있는 교회 구조가 형성되어 있지 않으며 한국 사회의 주어진 환경은 이러한 개교회주의를 더욱 촉진시켰다고 말할 수 있다.

이러한 개교회주의는 교회 확장과 개별교회 신도의 성장에 관심을 기울이다 보니 모든 교회 내의 자원을 교회 내부로 집중시켜 물적 자원을 예배당 건축 → 사택건축 → 기도원(수련원)건축 → 묘지 건립 등의 순서로 끝없이 교회 내부에 투자하게 되어 규모가 확대된 시설들을 유지·관리하는 데에도 많은 비용이 들게 되었다. 그 결과 신도들의 내적인 성숙을 목적으로 하는 교육과 교회의 사회적인 관심을 표명하는 사회봉사의 영역에는 별로 물질적 자원이 투입되지 못하는 결과를 가져오게 되었다. 그리하여 개교회주의는 신도들로 하여금 자신이 속한 교회에서 강한 공동체적 느낌을 갖게 하여 신도의 증가와 대형교회를 형성시키지만 교회 간의 불균형과 교회의 목적전치(displacement of goal) 현상이 일어날 가능성이 커진다. 목적전치 현상이란 본래의 목적이 수단으로 전락하고, 본래는 목적을 이루기 위한 수단에 불과했던 것이 사실상 목적의 위치를 차지하게 되는 현상을 말한다(노치준, 1989: 60-62). 또한 개교회주의적인 성향은 몇 가지 사회적 결과들을 가져올 수 있다.

첫째는 사회로부터 불신과 반발을 가져올 가능성이 커진다. 개별 교회가 자기의 역량을 오로지 자기 교회에만 한정시키는 행위는 매우 폐쇄적인 성격을 갖게 되며, 그들끼리 모이는 구조(come-structure)는 강해지지만 흩어져 일하는 구조(go-structure)는 약하게 된다. 이러한 교회가 사회봉사나 선교행위를 할지라도 자기 교회의 명성을 나타내려는 데에 급급하게 될 것은 확실하며, 범 교단적인 활동이나 초교파적 모임에는 명목적이고 의례적인 것에 불과하여 결국 비사회성을 띠게 된다. 개교회의 이러한 이기주의 성향은 교회가 적극적으로 사회활동에 참여하여 그 사회를 새롭게 변혁시키려는 시도를 위축시킬 것이다. 사회로부터 도피하여 자기 위주의 공동체적 분위기에 안주한다면 현재뿐 아니라 미래사회에서도 교회는 그 설 자리를 잃게 될 것이다.

둘째, 개교회주의는 사회에 대한 건전한 가치관의 근원지로서의 교회의 역할을 제대로 수행하지 못하도록 만든다.

셋째, 개교회주의는 개별교회 내부지향적으로 만들기 때문에 교회의 사회에 대한 관심을 약하시키는 결과를 가져온다.

넷째, 개교회수의에 빠진 교회들은 연합과 단결이 제대로 되지 않아 사회를 향한 뭉쳐진 힘으로서의 역할을 수행하기가 어려워진다(서정운, 1989: 368-370).

지금까지 살펴본 결과, 한국 교회 메커니즘이 개별교회 중심이었고 또 이것이 성장의 원동력이 되었다는 점은 부인할 수 없다. 그러나 한국 교회는 개교회주의가 지나쳐서 집단 이기주의로 변해 사회에 대한 무관심으로 사회를 이끌 수 있는 정신적 지주로서 사명을 감당하지 못하고 있다. 이제 이로 말미암은 부작용이 나타나기 시작하는 상황 속에서, 개교회주의를 지양하고 서로 협력하는 연합적인 운동의 시향이 설실히 빌요하게 되었다.

2. 교회팽창주의

한국 교회에 대한 초기 선교사들의 큰 관심은 교회 확장과 신도 확보였다. 교회 확장과 신도확보를 위해서 개신교 선교사들은 정치 지배권과의 영향력을 확대할 필요가 있었다. 따라서 1890년대 개신교 선교사들은 조선 왕실과 긴밀한 관계를 가졌으며, 1900년에 들어서면서부터는 친일적인 성격으로 조금씩 바뀌어 가게 된다(이만열, 1998: 201). 한국 개신교가 민족주의 운동이나 끊임없는 사회활동을 하였지만 교회가 외적인 문제에 직접 문제제기를 하면서 국가나 지배 권력과 마찰을 하기보다는 교회내의문제 특히 양적 성장에 초점을 맞추게 된다(노치준, 1995: 37). 특히 1970년대 급속한 양적 성장을 거듭하던 시기에 각 교단마다 비정치화의 전통을 유지하면서 교세확장이 목표가 되어 물량적인 성장에 치중하였다(이재정, 1995: 56－57). 한국 사회가 산업화 과정을 겪으며 여러 가지 부작용을 경험하고 있는데 그 가운데 가장 큰 문제 중의 하나가 팽창주의 문제이다. 팽창주의란 '교회가 외적으로 드러나는 것과 수치로써 측정할 수 있는 것을 중요시하면서 그것을 확장하는 데 가장 많은 관심을 가지는 태도'라고 정의할 수 있다. 자본주의적 경쟁의 논리와 외형적 힘의 확장 논리를 그대로 답습하고 있는 교회성장주의는 교회의 도덕성에 심각한 타격을 가하고 있고, 한국 교회의 위기적 상황이 나타나는 중요한 요인이 되고 있다.

사회학적 관점에 따라서 한국 교회의 팽창주의가 형성되는 데 작용한 사회구조적 조건은 한국 사회의 자본주의적 발달, 경쟁적 다종교사회의 형성, 한국 교회 조직의 특성, 한국 교회의 성장론 등의 네 가지 측면에서 생각할 수 있다.

한국 교회팽창주의 형성의 원인으로서 첫째, 자본주의적 상품생산의 원리를 들 수 있다. 자본주의적 생산이란 한마디로 상품생산이며 따라서 이윤의 추구가 생산의 일차적인 목적이 된다. 이러한 이윤추구의 원리는 인간노동의 가치나 사물의 가치를 평가하는 데에도 직접적인 영향을 준다.

경제가 성장해 가고 사회가 변해 감에 따라 교회의 모습도 점차 대형화되어 가고 있는 추세이다(한승일, 1996: 28). 교환가치가 우선시되는 자본주의 체제의 영향을 받는 한국 교회 역시 물량주의에 빠져 있는 모습을 주위에서 쉽게 찾아볼 수 있다. 즉 목회의 성공 여부를 신도 수, 교회건물의 크기, 연간 예산액수 등과 같이 양적으로 환산할 수 있는 것을 기준으로 평가하는 태도에서 한국 교회의 물량주의적인 태도를 잘 찾아볼 수 있다.

둘째, 다종교사회에의 적응을 들 수 있다. 우리나라의 경우 개신교, 가톨릭, 불교, 유교와 같은 세계종교와 여러 민족계열 종교들이 경쟁하면서 그 어떤 종교도 문화적 우위를 차지하지 못하고 있다. 다종교사회에 있는 한국의 여러 종교들은 교세의 확장과 문화적 헤게모니를 장악하고, 경쟁에서 우위를 차지하기 위해서는 신도 수나 교회당 수의 확장과 같은 교세의 성장에 대한 병적 집착에 사로잡혀 있다. 따라서 종교 간 경쟁의 상황은 각 종교들로 하여금 물량주의적인 확장에 몰두하게 하는 구조적 조건이 된다.

셋째, 한국 교회 조직구조의 특성을 들 수 있다. 교회는 그리스도의 몸이라는 신학적·성경적 정의에 의해 접근할 수 있지만, 또한 교회 역시 인간 사회의 조직체라는 사회학적 정의에 의해서도 접근할 수 있다.

조직을 움직이는 두 가지 중요한 메커니즘은 유지의 메커니즘과 목적성취의 메커니즘이다. 이 두 가지 가운데 일차적으로 추구되는 것이 유지의 메커니즘이다. 설사 조직의 목적성취가 유보된다 해도 조직 그 자체의 유지에 관심을 기울이는 것은 인간 조직이 가진 고유의 속성이라고 할 수 있다. 그리고 조직의 유지에서 중요한 요건이 되는 것은 물질적 자원이며 이러한 물질적 자원의 안정도 확보를 위해서 많은 노력을 기울이는 것이 조직의 속성이라고 할 수 있다. 따라서 인간 사회의 모든 조직은 본질적으로 물량주의적인 성격을 자체 안에 포함한다고 하겠다.

넷째, 교회성장신학의 영향이다. 물량주의로 하여금 도덕적 정당성을 가지게 한 이념이 70년대 이후 한국 교회를 풍미한 교회성장의 신학이라고 할 수 있다. 교회성장론 신학자에 따르면 교회성장에는 4가지 종류가 있다고 한다.

하나는 교인들의 질적인 성장이 이루어지는 내적 성장, 둘은 새 교인을 확보하여 양적 성장을 이루는 확장 성장, 셋은 새로운 교회를 세우는 확대 성장, 끝으로 문화의 장벽을 넘어 선교하는 가교 성장 등이 그 유형이다. 문제는 교회성장론이 구체적인 교회의 정책으로 시도될 때는 주로 외적인 성장에 초점을 맞춘다는 것이다(이원규, 1994: 186 – 187).

이제까지 역사적인 수준에서 논의했던 것을 이하에서는 심층면접을 통하여 목회현장의 소리를 듣고 경험적으로 개교회주의와 교회팽창주의에 대한 분석을 하고자 한다. 연구자는 몇 가지 중요한 사실을 면접을 통해 발견할 수 있었다.

첫째, 목회자들은 설교가 교회성장에 큰 비중을 차지한다고 생각하고 있었다. 이런 생각은 바쁜 생활 속에서 신자가 목회자의 설교를 듣고 스스로 깨닫고 생활에 옮김으로써 문제를 해결할 수 있다는 기대를 포함하고 있었다.

> "나는 70%는 차지한다고 봐요. 왜냐하면 우리가 직접 성도를 만나서 교제를 하고 사랑을 나누고 사실 이런 시간이 없고 심방 자체가 서로 간에 바쁜 시간에 부담스럽고 그래서 근본은 교회 안에 만남인데, 교회 안에서 만남은 설교가 전적으로 중요하다."고 응답

하였다. 반면에 K 목사는 "개인적인 생각은 설교보다 목회자가 얼마나 됨됨이가 되어 있느냐? 그런 면이 더 중요하다고 봅니다." 설교보다는 그 사람의 덕이라든가 이런 것들이 더 장기간의 설교할 수 있는 마인드가 아닌가? 〔설교가 교회성장에 큰 비중을 차지한다고 생각함: 참여자 S〕

둘째, 헌금과 축복과의 관계는 연관이 있다고 밝히고 있었다. 응답자들은 목회경험을 통해서 지금까지 교인들의 삶을 살펴보면서 확신 있게 언급하였다.

우리 교회 교인들이 처음에 가난했고, 제가 개척할 때 제집을 가진 사람이 딱 한 사람밖에 없었는데 …… 그때 당시 셋방 살고 가난하고 열심히 살라고 했던 그 사람들은 지금은 전부 제집을 가지고 잘사는 것을 보면서 나는 물질관계에서는 분명하게 얘기하고 싶은데, 드림으로 복을 받는다. 이것은 나는 누가 뭐래도 그 면에 대해서 철저하게 주장하고 싶어요. …… 〔헌금과 축복과의 관계에 있어서 연관이 있다고 생각함: 참여자 K〕

셋째, 교회의 1년 예산을 어떻게 시출해야 할 것인지 목회자들은 고민하고 있었다. 교회의 규모가 큰 교회의 목회자들은 예배, 선교, 교육, 봉사, 교제의 균형 있는 지출을 원하고 있었다.

지금 교회 본질을 생각하면 예배와 선교와 전도, 사람을 키우는 교육 또 봉사 사회적 봉사도 되고, 하나님께 봉사도 되고, 성도의 결속하는 코이노니아 교제, 다섯 기능이 있는데 저는 우리 교회 예산은 골고루 균형을 이루고 있어요. 앞으로 교회 동향은 사회의 요청되는 교회가 되기 위해서 사회복지 분야도 계속 개발해 나가야 되고, 선교도 개척 때는 재정이 약하고 하니까 자립하는 데 애를 쓰지만 교회가 성장되면서 선교하는 일에 국내 선교하다가 해외 선교도 하고 있지요. 〔교회의 1년 예산을 균형 있게 지출해야 한다고 생각함: 참여자 L〕

넷째, 목회의 성공 여부의 평가에 있어서 물량적으로 판단하는 것이 매우 안타깝게 생각하면서도 현실 속에서 살기 때문에 그로 인하여 압박을 받고 있다고 했다.

> 일단 현실적으로 사례비가 얼마냐 예산이 얼마냐 교회 건축했느냐 기도원이 있느냐 땅을 샀느냐 물량적으로 보기 때문에 일단 거기에 대해서 브레이크를 밟으면서도 또 현실 속에 살기 때문에 압박을 받아요. 〔교회의 규모를 통해 목회의 성공 여부를 판단한다고 생각함: 참여자 L〕

다섯째, 개교회주의가 한국 교회의 성장에 중요하게 공헌한 사실과 교회의 분열과 문제점으로 인정하고 있었으며, 이제는 공교회 차원으로 나아가 하나된 모습을 보여야 한다고 생각하고 있었다.

> 개교회주의가 한국 교회에 공헌을 했다고 생각해요. 자주적이고 독립적인 교회로 한국 교회가 성장할 수 있는 중요한 원인 중의 하나가 개교회주의다. …… 한국 교회가 천주교보다 더 나은 교세를 가지고 있으면서도 대내외적인 힘은 천주교보다 약하다. 그 원인이 개교회중심이다 보니까 집중적 힘이 분산된다. ……한국 교회가 공동체적인 교회로 발전해 계속 개교회주의로 나가다 보니까 수십 개 교단으로 분화되지 않는가? …… 한국 교회는 공동체 공교회 차원에서 같이 마음과 생각을 묶어서 선교도 하고 전도도 하고 묶어서 해 나가야 한다는 생각이 들어요. 〔개교회주의가 이제는 공교회 차원으로 나아가야 한다고 생각함: 참여자 P〕

여섯째, 지도자와 성도들의 관심을 내부로 한정시키는 개교회주의의 단점을 개선하기 위한 방안으로 완전히 성령에 사로잡히면 가능하며, 이럴 때에 양을 위해 사랑하고 섬길 수 있는 목자가 되며 성령 안에서 하나가 되며 문제해결의 길이라고 말하고 있었다.

저는 오직 은혜로 봐요 왜냐하면 이거 완전히 목사들이 군림하
는 자세 성도들 앞에서 마치 자기가 왕 노릇 하려고 하는 생각 자
체가 완전히 성령 안에 사로잡히지 못한 사람들의 자세라고 나는
봐요. 그러기 때문에 성령 안에 거하는 사람은 절대 그럴 수가 없
어요. 정말로 양을 위해서 희생하는 목자, 나에게 맡겨진 양들을
사랑하고 섬기며 살아갈 수 있는 은혜, 이것은 오직 성령 안에서만
가능한 것이에요. 모든 교회가 성령 안에서 하나가 된다면 이것은
사실은 문제될 것이 없는 것이죠. 〔완전히 성령에 사로잡히면 가능
하다고 생각함: 참여자 K〕

인간은 아무리 신념과 의지와 노력으로는 불가능하지만 성령 충
만할 때만이 개선할 수 있다고 힘 있게 강조하였다.

다만 우리가 개선하기 위해서는 인간은 아무리 노력해도 힘들어
요. 인간은 신념과 의지와 노력으로는 불가능한 거고 그러니까 우
리가 성령 충만할 때만이 가능하다고 봐요. 그래서 우리 교인들은
이면에 대해서 강조하고 있죠. 〔인간은 신념과 의지와 노력으로는
불가능하고 성령 충만할 때만이 가능하다고 생각함: 참여자 M〕

일곱째, 개교회주의 단점을 극복하기 위해서는 교단의 목회자들
을 일정한 월급제를 시행해야 서로가 교류할 수 있고 내 교회 내
교회하며 자기교회만 위해서 매달리지 않고 나눌 수 있는 교회가
될 수 있다고 주장하였다.

왜 목회자가 월급제가 안 될까? 고민을 하고 있다. 교회가 커지
면 묘지도 사야 하고 지출이 많아지겠지만 일단 우리 교단이라도
월급제를 하고 싶어요. 목사님들이 너무 차이가 나기 때문에 수준
이 작은 교회와 나눠야 된다. 교류가 없다는 것을 문제로 지적하고
싶다. 예수님은 상처받고 소외받은 과부나 나그네에게 관심을 갖지
않았습니까? 너무 너무 내 교회 내 교회 하다 보니까 문을 열어서

그런 문제를 놓고 기도하고 씨름해야 하는데 그런 문제는 뒤로 제
쳐 놓고 자기교회에만 매달리는 것이 문제지요. 〔교단의 목회자들
을 일정한 월급제를 시행해야 개교회주의 단점을 극복할 수 있다
고 생각함: 참여자 L〕

여덟째, 신학교 교육이 중요하며 아카데미적인 차원보다는 실질
적인 임상교육의 필요성을 강조하였다.

지도자의 의식이 키워져야 한다고 생각해요. 지도자의 의식이 개
혁이 되어 맑고 밝은 의식이 구현돼야 하고 그 의식을 바로 세우
려면 신학교 교육이 연관이 되어져서 해야 한다고 보거든요. 지금
의 신학교 교육은 목회자들의 의식개혁 전체를 100%로 본다면 20
-30%로 정도 영향력이 없다. 목회자의 의식에 관한 교육은 단순
히 펜과 책의 의식교육보다는 실질적인 임상적 적용이 필요하다.
……가슴으로 교인을 만나고 가슴으로 이 사회를 바라보고 가슴으
로 교회를 목회하는 이런 진정한 사람의 마음을 중심으로 한 임상
적인 접근이 필요하다. 〔지도자의 의식교육과 실질적인 임상적 적
용이 필요하다고 생각함: 참여자 K〕

아홉째, 한 영혼이 중요하다는 중심적 사역에 마음을 빼앗기지
않는 것이 중요하다고 하였다.

안타깝다. 목사세계에서 교인숫자에 의해서 목사를 하나의 측정
하는 기반으로 삼고 평가하는 것이 안타깝죠. 그럼에도 불구하고
안타까우면서도 한편으로는 교회 내의 현실적으로 교인이 어느 정
도 있어야 교회가 운영이 되고 대외적인 큰일을 하려고 하면 그런
양가 심리 속에서 자신을 바라보는 거죠. 한 영혼이 중요하다는 중
심적 사역 마음을 잃지 않는 것이 중요하죠. 〔교회가 교세확장에
치중하고 있는 현상이 안타깝게 생각함: 참여자 K〕

이상의 응답자들의 면접을 살펴본 결과 한국 개신교 목회자들의 개교회주의는 한국 교회의 성장에 중요한 공헌을 하고 있었으며, 또한 교회의 분열의 문제점으로 지적되고 있었다. 교회팽창주의는 목회의 성공 여부의 평가에 있어서 물량적으로 판단하는 것이 매우 안타깝게 생각하면서도 현실 속에서 살기 때문에 그로 인하여 압박을 받고 있었다. 이러한 사실에 대한 경험적 분석을 위하여 양적 데이터로 분석하겠다.

제6절 소 결

한국 개신교는 서양에서 분화되어 한국 교회와 밀접하게 관련되어 있다. 개신교는 영국에서 미국으로 전파되었고, 미국의 칼빈주의 선교사인 의사 알렌이 1884년에 최초의 개신교 선교사가 되어 갑신정변 때, 부상당한 민영익을 치료해 주게 되어 당시의 실세들과 친분 관계를 맺게 되었고 선교를 위한 "교두보"를 확보하게 되어 조선사회에 밑바탕을 재구성할 수 있는 변형저 에너지가 되었다. 청일, 러일 전쟁을 거치면서 낡은 전통이 파괴되고 새로운 것을 받아들일 수 있는 토양이 마련되어 개혁적 조선 사람들이 몰려와 시작한 개신교는 자연히 개혁적 세력의 공동체가 개혁운동, 또는 반일 민족 운동의 거점이 되었으며, 합방 전에 나타난 독립협회 운동을 비롯한 여러 개혁 운동과 일제 초기의 여러 반일 민족주의 운동으로 이어지게 되었다.

일제강점기에는 선교사들이 비정치화 전략의 일환으로 실행된 1907년 대부흥운동의 맥을 이어 한국 교회를 점차 민족문제에서 분리시켜 나갈 복음적 보수주의 신앙운동이 일어났다. 해방 이후 복음주의운동은 주로 보수적인 그룹에 의해 전개되었으며, 현실정치 참여는 주로 일제하에 협력했던 진보적인 그룹에 의해 주도되었다. 미군정기에는 미군정 당국과 한국 개신교는 공산주의 세력의 척결이라는 공통의 과제를 공유하게 되었으며, 북한에서 공산정권의 탄압이 가혹해지면서 많은 기독교인들이 월남하여 월남 기독교인들로 인해 남한교회 내의 보수반공화가 촉진되었다. 1930년대 창세기 저자문제와 여권(女權)문제에 대한 도전으로 시작된 신학적 자유주의 물결은 1940년대 김재준 교수가 보수주의 신학사상을 공격하면서 보수-진보신학의 대립이 첨예화되었고, 이는 결국 장로교를 예수교장로회와 기독교장로회로 분열시키는 계기가 되었다. 현재의 상황에서는 다수의 교단이 보수주의 입장에 서 있고 진보주의 입장에 서 있는 교단은 미미한 수준에 이른다.

제4장

경험적 분석을 위한 연구 설계

한국 개신교 신앙의 역사 사회적 귀결들을 종합할 때 오늘날의 특성으로 서술할 수 있다. 한국 교회의 특성은 이념적, 실천적 신앙의 구조상 근본주의 성향이 강하다고 볼 수 있다. 교리와 신앙, 성경에 대한 이해, 신앙적 실천과 도덕생활의 기준, 종교적 배타성, 권위주의 성향, 종말론, 정치의식의 태도 등에서도 근본주의 성향이 강한 편이다. 김성건은 그 근원을 한국의 종교문화적인 전통에서 찾고 있다. 즉 미륵사상, 동학운동, 정감록 등의 메시아적 전통, 영적 무아경의 샤머니즘, 유교의 이분법적 권위주의 전통이 개신교의 신앙구조를 근본주의로 만드는 데 기여했다고 보고 있으며, 초기 미국선교사들의 근본주의 신앙의 영향도 중요한 요인이 되었다. 현대의 개신교 특성은 자본주의체제, 개인주의, 기독교사상과 제도적 특성을 접목의 결과를 다 수렴한 현상수준으로서 교회입장에서 교회팽창주의와 신도입장에서 개별교회주의의 의미로 정리할 때 현재 입장을 실증 경험적으로 분석하면 개교회주의와 교회팽창주의 세속주의 성향으로 바라볼 수 있는 이론적 논의가 가능하다. 목회자들이 생각하는 개교회주의는 매개변인인 교회내부문제와 지역사회의식, 정치 및 사회의식에 영향을 받고, 매개변인인 교회내부문제와 지역사회의식, 정치 및 사회의식은 독립변인인 정치 및 사회의식, 목회자사상, 목회능력에 영향을 받는다.

선행 연구를 살펴보면 노치준의 교회조직에 관한 연구는 한국 교회의 태도에 있어서 전통적인 유교문화의 영향이라는 본 연구의 사회의식에서 전통의식과 교회 내부문제의식에 있어서 교회의 성격과 관련이 있고, 이만열의 "세계 기독교사상과 한국의 기독교"(1989)와 김성건의 "한국 개신교와 근본주의 문제"(1988)는 목회자 사상과 관련이 있다. 한국기독교사회문제연구원의 "기독교 통일의식"(1992)은 통일의식과 본 연구의 정치 및 사회의식에서 통일의식과 관련이 있다. 박창빈의 "한국 교회의사회봉사실태의 전망"(1993)은 본 연구의 지역사회의식과 관련이 있다.

제1절 연구 방법 및 자료수집

1. 개념 정의

1) 개교회주의

교회가 운영하는 데 있어 작용하는 기본적인 원리이며, 교회 중심의 사고와 태도를 말한다. 이는 "교회가 그 목표를 설정하고 활동을 전개하며 교회 내의 인적, 물질적 자원을 사용하는 데 있어서 개별교회 내부의 문제, 특별히 개별교회의 유지와 확장에 최우선권을 부여하는 태도 또는 방침"을 말한다(노치준, 1989: 40).

이러한 개교회주의의 경험적 수준을 측정하기 위하여 다음과 같은 세 문항을 사용하였다. 첫째, '한국 교회의 중요한 현상은 대체적으로 개교회주의이다.' 둘째, '개교회주의는 지도자와 싱도들의 관심을 내부로 한정시킨다.' 셋째, '교회는 교세확장에 관심이 더 많다.'는 세 가지 문항을 확정하여 5점 척도(①아주 그렇지 않다. ②그렇지 않다. ③보통이다. ④그렇다. ⑤아주 그렇다.)를 가지고 개교회주의를 측정하는 데 활용하였다.

2) 교회팽창주의

교회팽창주의란 "교회가 외적으로 드러나는 것과 수치로써 측정할 수 있는 것을 중요시하면서 그것을 확장하는 데 가장 많은 관심을 가지는 태도"라고 정의할 수 있다.

이러한 교회팽창주의의 경험적 수준을 측정하기 위하여 다음과 같은 세 문항을 사용하였다. 첫째, '목회자의 설교가 교회성장에 절대적이다.'라는 문항을 확정하여 5점 척도(①아주 그렇지 않다. ②그렇지 않다. ③보통이다. ④그렇다. ⑤아주 그렇다.)를 사용하였고, 둘째, '목사님 교회에 헌금하는 사람은 그 금액 이상으로 복을 받는다는 말에 그렇다고 생각하십니까? 그렇지 않다고 생각하십니까?'라는 문항을 확정하여 4점 척도(①그렇다. ②그렇지 않다. ③경우에 따라 다르다.(확실치 않다.) ④모름/무응답)를 사용하였으며, 셋째, '귀하는 1년 예산이 다음 중 어느 곳에 많이 책정되어야 한다고 생각하십니까?'라는 문항을 확정하여 7점 척도(①건물 건축, 시설확장, ②전도 및 선교, ③예배 및 설교, ④구제 및 사회봉사, ⑤교역자 생활비, ⑥교육 문화사업, ⑦교회 유지비)를 사용, 이렇게 세 가지 문항을 교회팽창주의를 측정하는 데 활용하였다.

2. 연구 방법

1) 모집단의 선정과 표집

모집단은 연구 주제의 특성상 한국개신교회를 담임하고 목회활동을 하고 있는 목회자로 한정하였다. 목회자의 의식과 교회세속주의 현상인 개교회주의와 교회팽창주의의 상관관계 검토나 목회활동을 매개로 하는 개인의 목회경험을 확인, 다섯 가지 주요 쟁점의식 등이 모두 목회활동을 전제로 하고 있기 때문이다.

표집은 2004년 9월부터 10월 사이에 전국에 위치한 한국 교회의 목회자로 제한하였으며, 설문조사를 실시하여 그중 통계 처리된 287명의 표본을 추출하였다.

표본은 한국 개신교에서 목회활동을 하고 있는 목회자 중에서 표집되었으며, 표본의 수는 대한예수교 장로회(통합)목사 80명, 한국기독교장로회(기장)목사 57명, 대한예수교장로회(합동)목사 41명, 대한예수교장로회(대신)목사 109명, 총 287명이다. 조사 대상이 된 목회자 데이터는 한국 개신교의 대표성 확보를 위해 교회의 대지, 건평, 신도 수를 추가 조사하였으며, 심층면접을 통하여 정보를 업데이트하고 있다. 표본오차는 95% 신뢰수준하에서 ±3.1%이다.

<표4-1-1> 설문지 구성

구분	측정개념 및 변수	척 도	문항 수
의식	한국 교회 보수·진보적인 목사들의 의식과 행동 정치적인 측면 사회적인 측면 통일적인 측면 사회·복지적인 측면 청소년의 문제 계층적인 측면 교회 내부적인 측면	명목	52문항
교회	한국 교회의 특성에 따른 사회참여 의식과 행동 사회봉사에 관한 의식 봉사와 구제를 위한 예산	명목	5문항 3문항
개인	개인배경의 특성에 따른 사회참여 의식과 행동 목회자의 연령 목회경력 월 사례비 사회참여 방법 성직자로서 만족도 성직자의 자격과 품위 교회 분열	명목	8문항

2) 조사도구와 연구 방법

본 연구에서 한국 개신교 목회자들의 의식과 교회세속주의와의 관계를 규명하기 위하여 사용한 조사도구는 설문지이다. 대상자의 일반적 사항으로서 한국 교회 목회자들에 대해서 정치, 사회, 복지, 청소년, 계층, 교회내부문제 부문에 대한 의식을 5점 등간척도(5-point Likert-type scaling method)를 사용, '아주 그렇지 않다 / 그렇지 않다 / 보통이다 / 그렇다 / 아주 그렇다'로 질문하였고, 목회자의 연령·목회경력·사례비 등을 살펴보았으며, 개신교 목회자의 입장에서 생각하고 있는 질문들로 구성되었다. 본 연구 방법은 교회세속주의 현상인 개교회주의와 교회팽창주의를 살펴보기 위한 연구 방법으로 한국 개신교 목회자들의 세속주의와의 상호관계를 연구하기 위해 의식을 조사하여 사회 통계적 실증분석을 하였다. 이를 위한 구체적인 연구 방법은 독립변인 중심으로 가설적 모형을 설정한 다음 이를 규명하기 위하여 연구 대상과 조사도구를 설정하고, 조사 절차에 따라 자료 처리하였다.

본 연구에서 사용한 조사도구는 설문지이며, 독립변인인 한국 교회 목사들의 의식, 한국 교회의 특성, 한국 교회 목사들의 개인적 배경 특성을 조작화하여 구분하였다. 조사절차는 표집 대상처를 연구자와 보조자와 직접 방문하여 설문지를 배포한 자기평가 기입법(self-administration method)으로 응답하도록 하였다. 자료처리는 통계 프로그램 SPSS Windows 12.0 Version을 이용하여 전산 처리하였으며, 빈도분석, 교차분석, 요인분석, 일원변량분석(one-way ANOVA), 회귀분석을 사용하였다.

3) 설문지 항목에 대한 개념 측정

본 연구에서 설문지 항목에 대한 개념을 측정하기 위한 방법은 탐색적 요인분석기법(Exploratory factor analytic technique)을 사용하였다. 탐색적 요인분석이란 변인들이 어떠한 형태로 구성되어 있는가를 알아내어 새로운 개념을 발견해 내는 방법이다(오택섭, 1995). 요인분석에 있어서 요인 추출은 주성분분석(Principle Componant Analysis: PCA)법을 이용하였다. 또한 요인을 회전시키는 방법은 직각회전 방법을 사용하였다. 직각회전 방법은 요인들 간의 상관관계가 없도록 요인을 회전시키는 방법으로 직각회전 방법 중 varimax 방식을 사용하였다. 이는 요인 추출 시 요인 수 및 정보손실을 최소화하는 데 유용하기 때문이다. 이와 같은 방법으로 설문문항에 대한 요인분석을 실시한 결과는 다음과 같다.

제2절 응답자들의 일반적 특성

1. 인구통계학적 특성

최종 분석에 사용된 응답자의 수는 모두 287명이다. 이들의 주요 인구통계학적 특성은 다음과 같다. 응답자의 연령 분포는 40대가 114명(39.7%), 50대가 100명(34.9%), 60대 73명(25.4%)이었다. 개신교 목회자들의 태도의식조사에서 응답자의 연령 분포는 40대가 가장 많고 연령이 높아질수록 분포가 낮아지는 경향이 나타난다. 따라서 본 조사의 응답자 중에서 60대가 25.4%로 낮게 나타난다.

응답자의 목회 경력은 10년 미만 8명(2.7%), 20년 미만 78명

(27.2%), 30년 미만 126명(44%), 40년 미만 44명(15.3%), 50년 미만 16명(5.6%)으로 나타났다. 이와 같은 분포는 목회경력이 많을수록 응답자의 목회활동비율이 높아지는 일반적인 추세를 대체로 반영하고 있는 것으로 여겨진다.

<표4-1-2> 응답자들의 일반적 특성

구 분		N	%
연령	40대	114	39.7
	50대	100	34.9
	60대	73	25.4
경력	10년 미만	8	2.7
	20년 미만	78	27.2
	30년 미만	126	44.0
	40년 미만	44	15.3
	50년 미만	16	5.6
소득	100만 원 이하	23	8.0
	100-200만 원	138	48.1
	200-300만 원	88	30.7
	300-400만 원	23	8.0
	400만 원 이상	11	3.8
계		287	100

응답자의 월평균 사례비의 분포는 '100-200만 원'이라고 답한 응답자가 138명(48.1%)으로 가장 많았다. 이어서 '200-300만'이라고 답한 응답자가 88명(30.7%), '100만 원 이하' 23명(8%), '300-400만 원' 23명(8%), '400만 원 이상' 11명(3.8%), 기타 4명(1.4%)의 순으로 조사되었다.

응답자의 경력별 월평균 사례비의 분포는 '100만 원 이하'라고 답한 응답자가 20년 이하는 43.5%(10/23명), 20년-29년 43.5%(10/23

명), 30년 이상 13.0%(10/23명), '100-200만 원'이라고 답한 응답자
는 20년 이하 응답자는 20년 이하 38.4%(53/138명), 20년-29년
44.2%(61/138명), 30년 이상 38.4%(53/138명), '200-300만 원'이라고
답한 응답자는 20년 이하 19.5%(17/87명), 20년-29년 51.7%(45/87
명), 30년 이상 28.7%(25/87명), '300-400만 원'이라고 답한 응답자
는 20년 이하 26.1%(6/23명), 20년-29년 47.8%(11/23명), 30년 이상
26.1%(6/23명), '400만 원 이상'이라고 답한 응답자는 20년 이하
9.1%(1/11명), 20년-29년 54.5%(6/11명), 30년 이상 36.4%(4/11명)로
조사되었다.

2. 응답자들의 정치의식

응답자들의 정치의식은 대통령 친북적, 수도이전 국민투표, 대미
인식 등 다양한 차원에 걸쳐서 조사하였고, 질문하였다.

1) 연령별 특성

응납사들의 연령별 정지적 특성을 알아보기 위하여 대통령은 친
북성, 수도이 전국민투표 실시여부, 대미관계에 있어서 대미인식에
관한 변인을 설정하여 5점 척도로 물어보았고, 이들이 미치는 영향
을 분석하였다.

(1) 대통령 친북적

'대통령이 친북적인가?'를 묻는 질문에 답한 응답자의 연령별 분
포는 60세 이상이 5점 만점에 3.77로 가장 높은 것으로 나타났으며,
50대, 40대 순으로 나타났다. 연령이 많은 목회자일수록 친북적, 젊

은 목회자일수록 친북적이 아니라고 응답하였다. 그리고 전반적으로 대통령이 친북적이라는 견해가 높았다.

(2) 수도이전 국민투표

'수도이전을 위한 국민투표가 필요한가?'를 묻는 질문에 60세 이상이 5점 만점에 4.15로 가장 높은 것으로 나타났으며, 50대, 40대 순으로 입장차이가 나타났다. 연령이 많은 목회자일수록 국민투표가 필요하다고 응답하였다. 그리고 전반적으로 국민투표가 필요하다는 견해가 높았다.

(3) 대미인식

'미국이 통일의 걸림돌이라고 생각하는가?'를 묻는 질문에 40대가 5점 만점에 3.02로 가장 높은 것으로 나타났으며, 50대, 60세 이상 순으로 입장의 차이가 나타났다. 젊은 목회자일수록 미국이 통일의 걸림돌이 아니라고 응답하였다. 그리고 전반적으로 미국이 통일의 걸림돌이 아니라는 견해가 높은 것으로 보아 미국의 역할을 중요하게 여기는 사람이 많았다.

<표4-1-3> 응답자들의 정치의식의 연령별 특성

연령대별	40대	50대	60세이상	전체평균	F value	유의확률	N
대통령 친북적	2.99	3.33	3.77	3.28	**11.69	0.00	281
수도이전 국민투표	3.27	3.76	4.15	3.71	**8.64	0.00	282
대미인식	3.02	2.34	2.18	2.52	**13.85	0.00	279

2) 경력별 특성

응답자들의 경력별 정치적 특성을 알아보기 위하여 대통령의 친북성, 수도이전 국민투표 실시여부, 대미관계에 있어서 대미인식에 관한 변인을 설정하여 5점 척도로 물어보았고, 이들이 미치는 영향을 분석하였다.

(1) 대통령 친북적

'대통령이 친북적인가?'를 묻는 질문에 답한 응답자의 경력별 분포는 30년 이상이 5점 만점에 3.65로 가장 높은 것으로 나타났으며, 20 – 29년, 20년 이하 순으로 입장의 차이가 나타났다. 목회경력이 많을수록 대통령이 친북적이라는 견해를 가지고 있었으며, 목회경력이 적을수록 대통령이 친북적이라는 견해를 가지고 있었다.

(2) 수도이전 국민투표

'수도이전을 위한 국민투표가 필요한가?'를 묻는 질문에 30년 이상이 5점 만점에 4.00으로 가장 높은 것으로 나타났으며, 20 – 29년, 20년 이하 순으로 입장의 차이가 나타났다. 그리고 목회경력이 많을수록 수도이전 국민투표가 필요하다는 견해를 밝히고 있었다. 전반적으로 목회자들은 수도이전 국민투표가 필요하다는 견해를 밝히고 있었다.

(3) 대미인식

'미국이 통일의 걸림돌이라고 생각하는가?'를 묻는 질문에 20년 이하가 5점 만점에 2.76으로 가장 높은 것으로 나타났으며, 20 – 29

년, 30년 이상 순으로 입장의 차이가 나타났다. 그리고 목회경력이
적을수록 미국이 통일의 걸림돌이라는 견해를 밝히고 있었다.

<표4-1-4> 응답자들의 정치의식 경력별 특성

경력대별	20년 이하	20-29년	30년 이상	전체 평균	F value	유의 확률	N
대통령 친북적	2.99	3.29	3.65	3.71	**4.63	0.01	280
수도이전 국민투표	3.59	3.65	4.00	3.71	*1.77	0.17	281
대미인식	2.76	2.45	2.32	2.52	*13.04	0.50	278

3) 월 사례비별 특성

응답자들의 월 사례비별 정치적 특성을 알아보기 위하여 대통령
은 친북성, 수도이전 국민투표 실시여부, 대미관계에 있어서 대미인
식에 관한 변인을 설정하여 5점 척도로 물어보았고, 이들이 미치는
영향을 분석하였다.

(1) 대통령 친북적

'대통령이 친북적인가?'를 묻는 질문에 답한 응답자의 사례비별
분포는 300만 원-400만 원이 5점 만점에 3.86으로 가장 높은 것으
로 나타났으며, 200만 원-300만 원, 400만 원 이상, 100만 원 이하,
100만 원-200만 원 순으로 입장의 차이가 나타났다. 전반적으로
목회자들은 대통령이 친북적이라는 견해가 높은 것으로 나타났다.
그리고 월 사례비가 많을수록 대통령이 친북적이라는 견해를 밝히
고 있다.

(2) 수도이전 국민투표

‘수도이전을 위한 국민투표가 필요한가?’를 묻는 질문에 300만
원-400만 원이 5점 만점에 4.48로 가장 높은 것으로 나타났으며,
200만 원-300만 원, 400만 원 이상, 100만 원-200만 원, 100만 원
이하 순으로 입장의 차이가 나타났다. 그리고 월 사례비가 많을수
록 수도이전 국민투표가 필요하다는 견해를 밝히고 있다.

(3) 대미인식

‘미국이 통일의 걸림돌이라고 생각하는가?’를 묻는 질문에 400만
원 이상이 5점 만점에 2.73으로 가장 높은 것으로 나타났으며, 100
만 원-200만 원, 100만 원 이하, 200만 원-300만 원, 300만 원-
400만 원 순으로 입장의 차이가 나타났다. 그러므로 월 사례비가
많을수록 미국이 통일의 걸림돌이 아니라는 견해를 밝히고 있다.

〈표4-1-5〉 응답자들의 정치의식의 월 사례비에 따른 특성

월 사례비별	100만 원 이하	100- 200만 원	200- 300만 원	300- 400만 원	400만 원 이상	F value	유의 확률	N
대통령 친북적	3.26	3.03	3.50	3.86	3.45	**3.10	0.02	281
수도이전 국민투표	3.35	3.55	3.82	4.48	3.82	**2.74	0.03	282
대미인식	2.52	2.68	2.37	2.00	2.73	**2.19	0.07	279

지금까지 응답자들의 의식과 태도에 대한 정치적 특성을 살펴본
결과는 다음과 같다. ‘대통령이 친북적인가?’를 묻는 질문에 연령과
목회경력, 월 사례비가 많을수록 대통령이 친북적이라는 견해를 가
지고 있었으며, 연령이 적을수록 친북적이 아니라는 견해를 밝히고

있었다. 전반적으로 응답자들은 대통령이 친북적이라는 견해가 높은 것으로 나타났다. '수도이전을 위한 국민투표가 필요한가?'를 묻는 질문에 연령과 목회경력이 많을수록 국민투표가 꼭 필요하다는 견해였고, 연령과 목회경력이 적을수록 국민투표가 필요하지 않다는 견해였다. 전반적으로 응답자들은 행정수도이전은 국가의 백년대계를 위해 국민들이 깊은 관심사항이므로 국민들의 관심과 협력을 위해 국민투표가 필요하다는 입장이었으며, '미국이 통일의 걸림돌이라고 생각하는가?'를 묻는 대미인식은 연령이 적을수록, 월 사례비가 많은 목회자일수록, 미국을 통일의 걸림돌로 생각하고 있었으며, 연령이 많을수록, 월 사례비가 적은 사람일수록 미국을 통일의 걸림돌로 보지 않았다. 전반적으로 목회자들은 통일에 대한 미국의 역할에 대해 중요하다는 인식을 가지고 있었다.

3. 응답자들의 사회의식

응답자들의 사회의식은 목사장로 결정 집중, 북한지원 동참, 지역사회 봉사생각, 독선배타주의 성향, 물질만능 배금주의 등 다양한 차원에 걸쳐서 조사하였고, 질문하였다. 본 연구에서는 응답자들의 사회적 특성, 즉 연령, 목회경력, 월 사례비 등에 따른 의식과 태도 차이를 살펴보았다.

1) 연령별 특성

응답자들의 연령별 사회적 특성을 알아보기 위하여 계층문제에 있어서 목사장로의 전횡여부, 통일문제에 있어서 북한지원 동참지지도, 한국 교회의 평가에 대하여 지역사회를 위한 봉사생각, 교회 내부문제에 있어서 독선배타주의 성향, 한국 교회의 중요한 현상인

개교회주의 문제, 사회문제에 있어서 한국 사회 물질만능주의 혹은
배금주의 심각성 여부에 관한 변인을 설정하여 5점 척도로 물어보
았고, 이들이 미치는 영향을 분석하였다.

(1) 목사장로 결정 집중

'목사와 장로에게 결정권이 집중되어 있어서 전횡이 생겨날 수
있다.'는 질문에 40대가 5점 만점에 3.82로 가장 높은 것으로 나타
났으며, 50대, 60세 이상 순으로 입장의 차이가 나타났다. 그리하여
계층의 문제에 있어서 한국 교회는 목사와 장로에게 결정권이 집중
되어 있어서 젊은 목회자일수록 목사와 장로의 전횡을 염려하고 있
었다.

(2) 북한지원 동참

'귀하의 교회에서 북한지원 사업에 동참한 적이 있다.'는 질문에
40대가 5점 만점에 3.50으로 가장 높은 것으로 나타났으며, 60세 이
상, 50대 순으로 입장의 차이가 나타났다. 그러므로 젊은 목회자일
수록 북한지원 사업에 동참한 적이 있나는 견해를 밝히고 있었다.

(3) 지역사회 봉사생각

'요즘 교회는 지역사회를 위해 하는 일이 별로 없다.'는 질문에
60세 이상이 5점 만점에 2.53으로 가장 높은 것으로 나타났으며, 50
대, 40대 순으로 입장의 차이가 나타났다. 그리하여 교회가 지역사
회를 위해 하는 일이 별로 없다는 견해를 가지고 있었다.

　　(4) 독선배타주의 성향

'요즘 한국 교회는 독선과 배타주의 성향이 강하다.'는 질문에 40대가 5점 만점에 3.58로 가장 높은 것으로 나타났으며, 60세 이상, 50대 순으로 입장의 차이가 나타났다. 그리하여 젊은 세대의 응답자 일수록 교회가 독선배타주의 성향이 강하다는 견해를 밝히고 있다.

　　(5) 물질만능 배금주의

'한국 사회는 물질만능주의 혹은 배금주의가 심각하다.'는 질문에 40대가 5점 만점에 4.27로 가장 높은 것으로 나타났으며, 60세 이상, 50대 순으로 입장의 차이가 나타났다. 젊은 목회자일수록 한국 사회는 물질만능주의 혹은 배금주의가 심각하다는 견해였다. 그리고 전반적인 응답자들은 한국 사회가 물질만능주의 혹은 배금주의가 심각하다는 견해를 밝히고 있다.

〈표4-1-6〉 응답자들의 사회의식의 연령별 특성

연령대별	40대	50대	60세 이상	전체 평균	F value	유의확률	N
목사장로 결정 집중	3.82	3.36	3.31	3.49	***6.73	0.00	279
북한지원 동참	3.50	3.40	3.44	3.44	*0.30	0.74	279
지역사회 봉사생각	2.24	2.34	2.53	2.36	*2.31	0.10	281
독선배타 주의 성향	3.58	3.37	3.56	3.48	*0.96	0.43	275
물질만능 배금주의	4.27	4.24	4.25	4.25	*0.70	0.59	281

2) 경력별 특성

응답자들의 경력별 사회적 특성을 알아보기 위하여 계층문제에 있어서 목사장로의 전횡여부, 통일문제에 있어서 북한지원 동참지지도, 한국 교회의 평가에 대하여 지역사회를 위한 봉사생각, 교회 내부문제에 있어서 독선배타주의 성향, 한국 교회의 중요한 현상인 개교회주의 문제, 사회문제에 있어서 한국 사회 물질만능주의 혹은 배금주의 심각성 여부에 관한 변인을 설정하여 5점 척도로 물어보았고, 이들이 미치는 영향을 분석하였다.

(1) 북한지원 동참

'귀하의 교회에서 북한지원 사업에 동참한 적이 있다.'는 질문에 30년 이상이 5점 만점에 3.52로 가장 높은 것으로 나타났으며, 20 - 29년, 20년 이하 순으로 입장이 차이가 나타났다. 목회경력이 많을수록 북한지원 사업에 동참하였다고 응답하였다. 전반적으로 북한지원 사업에 동참한 것으로 나타났다.

(2) 지역사회 봉사생각

'요즘 교회는 지역사회를 위해 하는 일이 별로 없다.'는 질문에 30년 이상이 5점 만점에 2.42로 가장 높은 것으로 나타났으며, 20년 이하, 20 - 29년 순으로 입장의 차이가 나타났다. 목회경력이 많을수록 교회는 지역사회를 위해 하는 일이 별로 없다고 생각하고 있었다. 전반적으로 교회는 지역사회를 위해 하는 일이 별로 없다는 견해가 높은 것으로 나타났다.

(3) 목사장로 결정 집중

'목사와 장로에게 결정권이 집중되어 있어서 전횡이 생겨날 수 있다.'는 질문에 20년 이하가 5점 만점에 3.31로 가장 높은 것으로 나타났으며, 20－29년, 30년 이상 순으로 입장차이가 나타났다. 목회경력이 적을수록 한국 교회 목사와 장로의 전횡을 걱정하는 견해였다. 전반적으로 한국 교회 목사와 장로의 전횡이 있을 수 있다는 견해에 동감하였다.

(4) 독선배타주의 성향

'요즘 한국 교회는 독선과 배타주의 성향이 강하다.'는 질문에 30년 이상이 5점 만점에 3.55로 가장 높은 것으로 나타났으며, 20년 이하, 20－29년 순으로 입장의 차이가 나타났다. 목회경력이 많을수록 한국 교회가 독선과 배타주의 성향이 강하다는 견해였다. 전체 응답자의 평균 5점 만점에 3.49로서 한국 교회가 독선과 배타주의 성향이 강하다는 견해를 밝히고 있었다.

(5) 물질만능 배금주의

'한국 사회는 물질만능주의 혹은 배금주의가 심각하다.'는 질문에 30년 이상이 5점 만점에 4.35로 가장 높은 것으로 나타났으며, 20년 이하 순으로 입장의 차이가 나타났다. 목회경력이 많을수록 한국 사회의 물질만능주의 혹은 배금주의가 심각성을 인식하고 있었다. 전반적으로 한국 교회의 목회자들은 물질만능주의 혹은 배금주의가 심각하다는 견해를 밝히고 있었다.

〈표4-1-7〉 응답자들의 사회의식의 경력별 특성

경력대별	20년 이하	20-29년	30년 이상	전체평균	F value	유의확률	N
북한지원 동참	3.36	3.47	3.52	3.45	*0.61	0.61	278
지역사회 봉사생각	2.34	2.33	2.42	2.35	**0.24	0.78	280
목사장로 결정집중	3.31	3.22	2.97	3.19	**2.32	0.10	278
독선배타 주의성향	3.51	3.45	3.55	3.49	*0.40	0.67	274
물질만능 배금주의	4.34	4.14	4.35	4.25	**2.56	0.08	280

3) 월 사례비에 따른 특성

응답자들의 월 사례비별 사회적 특성을 알아보기 위하여 계층문제에 있어서 목사장로의 전횡여부, 통일문제에 있어서 북한지원 동참지지도, 한국 교회의 평가에 대하여 지역사회를 위한 봉사생각, 교회내부문제에 있어서 독선배타주의 성향, 한국 교회의 중요한 현상인 개교회주의 문제, 사회문제에 있어서 한국 사회 물질만능주의 혹은 배금주의 심각성 여부에 관한 변인을 설정하여 5점 척도로 물어보았고, 이들이 미치는 영향을 분석하였다.

(1) 북한지원 동참

'귀하의 교회에서 북한지원 사업에 동참한 적이 있다.'는 질문에 300만 원-400만 원이 5점 만점에 3.83으로 가장 높은 것으로 나타났으며, 200만 원-300만 원, 100만 원-200만 원, 400만 원 이상, 100만 원 이하 순으로 입장의 차이가 나타났다. 월 사례비가 많을수록 동참하였다고 응답하였다. 전반적으로 응답자가 시부하는 교회에서 북한지원 사업에 동참한 일이 있었다는 견해를 나타났다.

(2) 지역사회 봉사생각

'요즘 교회는 지역사회를 위해 하는 일이 별로 없다.'는 질문에 100만 원 이하가 5점 만점에 2.52로 가장 높은 것으로 나타났으며, 100만 원-200만 원, 200만 원-300만 원, 400만 원 이상 순으로 입장의 차이가 나타났다. 월 사례비가 적을수록 교회가 지역사회를 위해 하는 일이 별로 없다는 견해였다. 전체 응답자의 평균은 5점 만점에 3.56으로서 이는 지역사회 봉사에 대한 의식이 깨어 있어 어느 정도 적극적으로 봉사하고 있었다.

(3) 목사장로 결정 집중

'목사와 장로에게 결정권이 집중되어 있어서 전횡이 생겨날 수 있다.'는 질문에 300만 원-400만 원이 5점 만점에 3.55로 가장 높은 것으로 나타났으며, 400만 원 이상, 200만 원-300만 원, 100만 원-200만 원, 100만 원 이하 순으로 입장의 차이가 나타났다. 전체 응답자들은 목사장로 결정권이 집중되어 있다는 견해에 대하여 긍정하고 있었다. 이는 한국 교회의 구성원 가운데 높은 비율을 차지하는 여신도가 교회운영에 있어서 소외되고 있음을 보여주고 있는 것이며, 교회의 계층 간에 갈등 요소로 나타나고 있다는 사실이다.

(4) 독선배타주의 성향

'요즘 한국 교회는 독선과 배타주의 성향이 강하다.'는 질문에 100만 원 이하가 5점 만점에 3.78로 가장 높은 것으로 나타났으며, 100만 원-200만 원, 200만 원-300만 원, 400만 원 이상, 300만 원

-400만 원 순으로 입장의 차이가 나타났다. 월 사례비가 적을수록 한국 교회가 독선과 배타주의 성향이 강하다는 견해였다. 전반적으로 한국 교회는 독선과 배타주의 성향이 강하다는 견해를 나타냈다. 이는 목회자들의 독선과 배타주의가 교회와 교회 간의 비관용성, 편견, 배타성, 차별 등과 같은 문제로 나타나고 있다고 하겠다.

(5) 물질만능 배금주의

'한국 사회는 물질만능주의 혹은 배금주의가 심각하다.'는 질문에 300만 원-400만 원이 5점 만점에 4.48로 가장 높은 것으로 나타났으며, 100만 원-200만 원, 200만 원-300만 원, 100만 원 이하, 400만 원 이상 순으로 입장의 차이가 나타났다. 전체 응답자의 평균 5점 만점에 4.25로서 한국 교회 목회자들은 물질만능 배금주의에 대해 긍정하고 있었다. 이는 교회가 질적으로 거듭나야 하며 앞으로의 교회는 물량적 성장을 지양하고 참으로 거듭난 신자를 양육하는 질적 성장 지향의 교회가 되어야 한다는 사실을 말해 주고 있다고 하겠다.

<표4-1-8> 응답자들의 사회의식의 월 사례비에 특성

월 사례비별	100만 원 이하	100 - 200만 원	200 - 300만 원	300 - 400만 원	400만 원 이상	F value	유의 확률	N
북한지원 동참	2.78	3.39	3.64	3.83	3.18	***5.85	0.00	281
지역사회 봉사생각	2.52	2.43	2.24	2.22	2.27	**1.05	0.38	275
목사장로 결정 집중	2.74	3.18	3.24	3.55	3.27	**2.02	0.09	279
독선배타 주의 성향	3.78	3.47	3.46	3.36	3.45	*0.96	0.43	275
물질만능 배금주의	4.17	4.24	4.24	4.48	4.09	*0.70	0.59	281

지금까지 응답자들의 사회적 의식과 태도에 대한 특성을 살펴본 결과는 다음과 같다. 목사장로 결정 집중에 대하여 젊은 목회자일수록, 목회경력이 적을수록, 월 사례비가 적을수록 한국 교회의 목사와 장로의 전횡을 염려하고 있었다. 이는 교회 목사와 장로의 계급, 계층적 지위가 높아지고 있다는 견해이며, 교회의 장로의 비중이 점점 높아 가고 있다는 것과 한국 교회의 구성원 가운데 높은 비율을 차지하는 여신도가 교회운영에 있어서 소외되고 있음을 보여주고 있다는 것이라고 생각된다.

북한지원 동참여부는 젊은 목회자일수록, 목회경력이 많을수록, 월 사례비가 많은 목회자일수록 북한지원 사업에 동참한 적이 있다는 견해를 밝히고 있었다. 그리고 월 사례비가 적은 목회자일수록 동참 비율이 낮았다.

지역사회 봉사생각은 연령과 목회경력이 많을수록, 교회가 지역사회를 위해 하는 일이 별로 없다는 견해를 가지고 있었으며, 월 사례비별가 적을수록 지역사회 봉사생각이 높은 것으로 나타났다. 그리고 지금까지 한국 교회는 교회 중심적인 경향이 강하여 지역사회의 문제에 대한 앎과 관심이 부족한 것이 사실이었으나 대부분의 목회자들은 지역사회 봉사생각에 대한 의식에 있어서 깨어 있어 어느 정도 적극적으로 봉사하고 있었다.

독선배타주의 성향에 견해에 대해서는 연령이 젊고 목회경력이 많을수록, 월 사례비가 적을수록 독선과 배타주의 성향이 강하다는 견해를 밝히고 있었다. 이는 그동안 한국 교회가 문화적 폐쇄성과 보수성의 문제로서 타 종교에 배타성뿐만 아니라 같은 기독교 안에서도 다른 신앙을 가진 교인들에 대해서도 배타적 태도를 가진다는 보수성을 보여주고 있는 현상이라고 생각된다. 또한 목회자들의 독선과 배타주의 성향에 기인하여 한국 교회가 분열의 아픔을 겪고 있으며, 교회와 교회 간의 비관용성, 편견, 배타성, 차별 등과 같은 문제가 나타나고 있는 것이다.

한국 사회의 물질만능 혹은 배금주의의 심각성에 대하여 젊은 목회자와 목회경력이 많을수록 심각하다는 견해였다. 그리고 전반적인 응답자들은 한국 사회가 물질만능주의 혹은 배금주의가 심각하다는 견해에 동감하고 있었다.

4. 교회의 성향과 사회의식

응답자들의 교회의 성향적 특성을 살펴보기 위하여 북한지원 동참지지도, 사회봉사 사회참여, 사회구제봉사, 교회봉사 필요 없다, 봉사구제예산에 따른 의식과 태도를 질문하였다. 이는 응답자가 속해 있는 교회의 성향에 따라 다르게 나타나기 때문이다.

1) 북한지원 동참

'귀하의 교회에서 북한지원 사업에 동참한 적이 있다.'라는 질문에 진보교단이 5점 만점에 3.80으로 그렇다는 견해가 가장 높았으며, 중도교단, 보수교단 순으로 입장의 차이가 나타났다.

2) 사회봉사 사회참여

'나는 사회봉사와 사회참여에 적극적이다.'라는 질문에 진보교단이 5점 만점에 3.64로 견해가 가장 높았으며, 중도교단, 보수교단 순으로 입장의 차이가 나타났다. 그리하여 진보교단의 응답자들은 사회봉사와 사회참여에 적극적이라는 견해를 나타내고 있었다.

3) 사회구제 봉사

‘교회 재정을 선교, 사회구제 및 봉사를 위해 쓴다.’라는 질문에
진보교단이 5점 만점에 3.78로 그렇다는 견해가 가장 높았으며, 중
도교단, 보수교단 순으로 입장의 차이가 나타났다. 그리하여 진보교
단의 응답자들은 교회 재정을 선교, 사회구제 및 봉사를 위해 쓴다
는 견해를 나타내고 있었다.

4) 교회봉사

‘사회문제 해결을 위해 교회가 사회봉사 사업에 적극 나설 필요
는 없다.’는 교회봉사에 대한 질문에 진보교단이 5점 만점에 3.41로
그렇다는 견해가 가장 높았으며, 중도교단, 보수교단 순으로 입장의
차이가 나타났다. 이러한 결과는 진보교단에 속한 교회가 사회참여
의식은 높지만 실제적인 사회참여에 소극적이라는 사실을 말해 주
고 있었다.

5) 봉사예산

‘교회의 봉사와 구제를 위해 책정해 놓은 예산에 대하여 어떻게
생각하십니까?’라는 질문에 진보교단이 5점 만점에 3.47로 그렇다는
견해가 가장 높았으며, 보수교단, 중도교단 순으로 입장의 차이가
나타났다. 이러한 결과에 의하면 봉사 구제예산에 대하여 보수교단
에 속해 있는 교회와 진보교단에 속해 있는 교회와 거의 동등한 입
장에서 봉사 구제예산을 생각하고 있었다.

〈표4-1-9〉 교회성향과 사회의식

보수 중도 진보	보수	중도	진보	전체평균	F value	유의확률	N
북한지원 동참	3.26	3.53	3.80	3.45	*8.24	0.00	283
사회봉사사회참여	3.42	3.54	3.64	3.50	*1.79	0.00	285
사회구제봉사	3.68	3.71	3.78	3.71	**0.38	0.00	284
교회봉사	3.07	3.16	3.41	3.16	*3.98	0.00	284
봉사구제예산	3.44	3.38	3.47	3.43	**0.22	0.00	283

지금까지 연구 결과에 의하면 진보교단에 속해 있는 교회가 보수교단에 속해 있는 교회보다 사회문제 해결에 적극적인 의식을 가지고 있었다. '사회문제 해결을 위해 교회가 사회봉사 사업에 적극 나설 필요는 없다.'는 교회봉사에 대한 질문에 응답한 결과를 볼 때 진보교단에 속한 교회가 사회참여의식은 높지만 실제적인 사회참여에 소극적이라는 사실을 말해 주고 있었다. 그리고 그동안 한국 교회가 신앙의 구조의 문제로서 이웃에 대한 사랑의 차원이 간과되고, 사회봉사의 기능을 외면하고 있었다는 비판이 있었지만 목사들의 의식은 사회에 대한 관심, 구제와 봉사와 같은 사회참여에 관해서 적극성을 띄고 있었다.

5. 교단별 정치·사회의식

응답자들의 교단별 분포는 합동 14.0%(40명), 대신 38.2%(109명), 통합 28.1%(80명), 기장 19.6%(56명)였다. 응답자의 교단별 특성은 개교회주의 등 다양한 차원에 걸쳐서 조사하였으며, 대통령 친북성, 수도이전 국민투표, 대미인식, 한국 교회의 지역사회를 위한 봉사생각, 목사장로의 전횡여부, 독선과 배타주의 성향, 한국 교회의 중요한 현상인 개교회주의 문제에 관한 변인을 설정하여 5점 척도로 물어보았고, 이들이 미치는 영향을 분석하였다.

1) 대통령 친북적

'대통령이 친북적인가?'를 묻는 질문에 대한 응답자들의 교단성향
에 따른 차이에 있어서는 보수교단이 5점 만점에 3.58로 그렇다는
견해가 가장 높은 것으로 나타났으며, 중도교단, 진보교단 순으로
입장의 차이가 나타났다.

2) 수도이전 국민투표

'수도이전을 위한 국민투표가 필요한가?'를 묻는 질문에 대한 응
답자들의 교단성향에 따른 차이에 있어서는 보수교단이 5점 만점에
4.04로 그렇다는 견해가 가장 높은 것으로 나타났으며, 중도교단,
진보교단 순으로 입장의 차이가 나타났다. 그러므로 보수교단 응답
자들이 수도이전 국민투표에 대해 필요하다는 견해를 밝히고 있다.

3) 대미인식

'미국이 통일의 걸림돌이라고 생각하는가?'를 묻는 질문의 대미인
식에 대한 응답자들의 교단성향에 따른 차이에 있어서는 진보교단
이 5점 만점에 3.58로 그렇다는 견해가 가장 높은 것으로 나타났으
며, 중도교단, 보수교단 순으로 입장의 차이가 나타났다.

4) 지역사회 봉사생각

'요즘 교회는 지역사회를 위해 하는 일이 별로 없다.'는 질문에
보수교단이 5점 만점에 2.38로 가장 높은 것으로 나타났으며, 진보교
단, 중도교단 순으로 입장의 차이가 나타났다. 이러한 결과를 보면

교회가 지역사회를 위하여 봉사하고 있다는 사실을 알 수 있었다.

5) 목사장로 결정 집중

'목사와 장로에게 결정권이 집중되어 있어서 전횡이 생겨날 수 있다.'는 질문에 응답자들의 교단성향에 따른 특성에 있어서는 진보교단이 5점 만점에 3.66으로 가장 높은 것으로 나타났으며, 중도교단, 보수교단 순으로 입장의 차이가 나타났다. 진보교단이 긍정적 견해가 높았고, 보수교단이 부정적 견해가 높았다.

6) 독선과 배타주의

'요즘 한국 교회는 독선과 배타주의 성향이 강하다.'는 질문에 진보교단이 5점 만점에 3.64로 가장 높은 것으로 나타났으며, 보수교단, 중도교단 순으로 입장의 차이가 나타났다. 보수교단 응답자를 보면 긍정적 견해가 높았고, 부정적 견해가 낮았다. 중도교단과 진보교단 응답자들도 긍정적 견해가 높았고, 부정적 견해가 낮았다. 전반적으로 응답자들은 요즘 한국 교회는 독선과 배타성이 강하다는 견해에 대한 찬성이었고, 반대하는 견해가 낮았다. 특이사항은 보수교단이 긍정적 견해가 높았고, 진보교단이 중간이었으며, 중도교단이 낮았다.

7) 개교회주의

한국 교회의 중요한 현상인 개교회주의에 대하여 질문하였다. 개교회주의 현상에 대한 응답자들의 교단성향에 따른 특성에 있어서는 중도교단이 5점 만점에 3.63으로 가장 높은 것으로 나타났으며,

보수교단과 진보교단은 같은 입장이었다. 보수교단 응답자를 보면 긍정적 견해가 높았고, 부정적 견해가 낮았다. 중도교단과 진보교단 응답자들도 긍정적 견해가 높았고, 부정적 견해가 낮았다.

<표4-1-10> 교단별 정치·사회의식

보수 중도 진보	보수	중도	진보	전체평균	F value	유의확률	N
대통령 친북적	3.58	3.55	2.14	3.29	***11.69	0.00	285
수도이전국민투표	4.04	3.84	2.66	3.71	***8.64	0.00	286
대미인식	2.18	2.41	3.58	2.52	***13.85	0.00	283
지역사회봉사생각	2.38	2.30	2.37	2.35	**0.22	0.00	285
목사장로결정 집중	2.93	3.36	3.66	3.19	**14.21	0.00	283
독선배타주의 성향	3.49	3.39	3.64	3.49	*1.53	0.22	279
개교회주의	3.55	3.63	3.55	3.57	**0.22	0.80	282

(1) 보수교단의 특성

<표4-1-11> 보수교단의 특성

보수	40대		50대		60대		계	
부정	6	14.3	5	8.5	7	16.7	18	12.6
중간	11	26.2	16	27.1	12	28.6	39	27.3
긍정	25	59.5	38	64.4	23	54.8	86	60.1
계	42	100.0	59	100.0	42	100.0	143	100.0

<표4-1-11>에 의하면 연령대별 보수교단 응답자들의 한국 교회의 중요한 현상인 개교회주의 현상에 대해 50대와 40대, 60세 이상과 차이가 나타났고, 긍정적 견해는 50대가 가장 높게 나타났다. 전반적으로 보수교단에 속해 있는 응답자들의 긍정적 견해가 높게 나타났고 부정적 견해는 낮게 나타났다. 이는 보수주의자들은 여타의식에 있어서도 보수적인 태도와 성향을 나타내고 있는 바와 같이

교회성장을 위해 보수성향을 고수하고 있는 것으로 사료된다.

(2) 중도교단의 특성

〈표4-1-12〉 중도교단의 특성

중도	40대		50대		60대		계	
부정	4	23.5	7	17.5	1	5.3	12	15.8
중간	1	5.9	8	20.0	4	21.1	13	17.1
긍정	12	70.6	25	62.5	14	73.7	51	67.1
계	17	100.0	40	100.0	19	100.0	76	100.0

<표4-1-12>에 의하면 중도교단 응답자들의 한국 교회의 중요한 현상인 개교회주의에 대해 60세 이상과 40대와 50대가 차이가 나타났고, 긍정적 견해는 60세 이상이 가장 높게 나타났다. 전반적으로 중도교단에 속해 있는 응답자들의 긍정적 견해가 높게 나타났고 부정적 견해는 낮게 나타났다.

(3) 진보교단의 특성

〈표4-1-13〉 진보교단의 특성

진보	40대		50대		60대		계	
부정	4	12.9	2	13.3	1	11.1	7	12.7
중간	6	19.4	4	26.7	3	33.3	13	23.6
긍정	21	67.7	9	60.0	5	55.6	35	63.6
계	31	100.0	40	100.0	9	100.0	55	100.0

<표4-1-13>에 의하면 진보교단 응답자들의 한국 교회의 중요한 현상인 개교회주의에 대해 40대와 50대, 60대 이상과 차이가 나타났고, 긍정적 견해는 40대가 가장 높게 나타났다. 전반적으로 진보

교단에 속해 있는 응답자들의 긍정적 견해가 높게 나타났고 부정적 견해는 낮게 나타났다.

전반적인 응답자들의 견해는 보수교단에서는 긍정적인 견해는 50대가 높았고, 60세 이상은 낮았다. 중도교단에서는 긍정적인 견해는 40대가 높았고, 50대가 낮았다. 진보교단에서는 긍정적인 견해는 40대가 높았고, 60세 이상은 낮았다. 응답자들은 한국 교회의 중요한 현상인 개교회주의에 대하여 긍정하여 인과관계가 있었다. 특이한 사항은 중도교단에 속한 응답자들이 긍정적 견해가 높았으며, 보수교단에 속한 응답자들이 긍정적 견해가 낮았다. 응답자의 응답에 의하면 한국 교회의 메커니즘이 교회성장이라는 교회의 대명제와 맞물려서 한국 교회의 개교회주의라는 특징으로 나타났다고 볼 수 있었다.

교단성향을 분석해 보니 대통령이 친북적이라는 견해는 보수교단이 가장 높았고, 진보교단은 대통령이 친북적이 아니라는 견해가 높았다. 수도이전 국민투표에 대한 응답자들의 교단성향에 따른 차이는 보수교단이 긍정적 견해가 높았고, 진보교단이 부정적 견해가 높았다.

미국이 통일에 대하여 걸림돌이라는 대미인식에 대한 응답자들의 교단성향에 따른 차이는 진보교단이 가장 높은 것으로 나타났으며, 중도교단, 보수교단 순으로 입장의 차이가 나타났다. 전반적으로 한반도에서 미국의 통일 역할이 걸림돌이라고 생각하고 있는 사람들이 적었고, 미국의 역할을 중요하게 여기는 사람들은 많았다.

응답자들은 목사와 장로에게 결정권이 집중되어 있어 전횡이 생겨날 수 있다는 질문에 대하여 전반적으로 찬성하는 의견이 높았고, 반대하는 의견이 낮았다. 특이사항은 진보교단이 긍정적 견해가 높았고, 보수교단이 부정적 견해가 높았다.

요즘 한국 교회는 독선과 배타성이 강하다는 질문에 대하여 전반적으로 찬성하는 의견이 높았고, 반대하는 의견이 낮았다. 특이사항은 보수교단이 긍정적 견해가 높았고, 진보교단이 중간이었으며, 중도교단이 낮았다.

개교회주의 현상에 대한 교단성향에 따른 차이에 있어서는 중도교단이 가장 높게 나타났으며, 보수교단, 진보교단은 같은 입장이었다. 교단성향에 따른 개교회주의 현상에 관한 인과관계에 대해 분석해 보니 응답자들은 한국 교회의 중요한 현상인 개교회주의에 대하여 인과관계가 있었다. 특이한 사항은 중도교단에 속한 응답자들이 긍정적 견해가 높았으며, 보수교단에 속한 응답자들이 긍정적 견해가 낮았다. 응답자의 응답에 의하면 한국 교회의 메커니즘이 교회성장이라는 교회의 대명제와 맞물려서 한국 교회의 개교회주의라는 특징으로 나타났다고 볼 수 있었다.

제3절 소 결

지금까지 응답한 개신교 목회자들이 어떤 의식을 가지고 있으며, 당면한 사회를 어느 정도 의식하고 있는지를 조사·분석하였다. 그 결과 얻은 주요 결론을 요약하면 다음과 같다.

정치의식에 있어서 현재 대통령이 친북적이라는 견해가 연령과 목회경력, 월 사례비가 많을수록 높게 나타났으며, 대미인식에서 통일에 대한 미국의 역할을 연령이 많을수록, 월 사례비가 적은 사람일수록 중요하게 인식하고 있었다.

사회의식에 있어서 젊고 목회경력이 적은 목회자일수록, 한국 교회의 목사와 장로의 전횡을 염려하고 있었다. 북한지원 동참여부는 젊고 목회경력과 월 사례비가 많은 목회자일수록 북한지원 사업에 동참한 적이 있다는 견해를 밝히고 있었다. 지역사회 봉사생각은 연령과 목회경력이이 많을수록, 교회가 지역사회를 위해 하는 일이 별로 없다는 견해를 가지고 있었으며, 월 사례비별가 적을수록 지역사회 봉사생각이 높은 것으로 나타났다. 연령이 젊고 목회경력이 많은 목회자와 월 사례비가 적은 목회자는 요즘 한국 교회가 독선과 배타주의 성향이 강하다는 견해를 밝히고 있었다. 이는 그동안 한국 교회가 문화적 폐쇄성과 보수성의 문제로서 타 종교에 배타성뿐만 아니라 같은 기독교 안에서도 다른 신앙을 가진 교인들에 대해서도 배타적 태도를 가진다는 보수성을 보여주고 있는 현상이라고 생각된다. 또한 젊은 목회자와 목회경력이 많을수록 한국 사회가 물질만능주의 혹은 배금주의가 심각하다는 견해를 가지고 있었다.

교회의 성향과 사회의식에 있어서, 진보교단에 속해 있는 교회가 보수교단에 속해 있는 교회보다 사회참여의식은 높았지만 실제적인 사회참여에 있어서는 소극적이라는 사실을 말해 주고 있었다. 그리고 그동안 한국 교회가 신앙의 구조 문제로서 이웃에 대한 사랑의 차원이 간과되고, 사회봉사의 기능을 외면하고 있었다는 비판이 있었지만 목사들의 의식은 사회에 대한 관심, 구제와 봉사와 같은 사회참여에 관해서 적극성을 띄고 있었다.

교단성향을 분석해 보니 현재 대통령이 친북적이라는 견해와 수도이전 국민투표를 실시해야 한다는 견해가 보수교단이 높았다. 개교회주의 현상에 관한 인과관계에 대해 분석해 보니 인과관계가 있었으며, 중도교단은 한국 교회의 중요한 현상은 대체적으로 개교회주의라는 견해에 대해 가장 많이 긍정하였다.

한국 교회의 물량주의 현상에 관한 인과관계를 살펴보면, 물량주의 현상의 여부는 인지된 신도 수와 교회예산에 직접적인 영향을 미치고 있으며, 또한 교회의 건물 크기에 직접적인 인과관계가 나타났다. 그리고 개교회주의는 교회성장이라는 교회의 대명제와 맞물려서 한국 교회의 특징이 되었고, 한국 교회의 성장에 공헌을 하였으나 이러한 현상으로 인하여 교회와 그 교회의 담임목회자를 외형적인 모습을 보고 평가한다는 것에 문제점이 있는 것이다. 그러므로 한국 교회는 물량적 성장을 지양하고 질적 성장을 이루어야한다. 이를 위해서는 먼저 개별교회 이기주의를 버리고 교육에 다양하고 집중적인 관심과 투자를 아끼지 말아야 할 것이다.

제5장

개교회주의와 교회팽창주의: 경험적 분석

　본 연구는 개신교 목회자들의 의식과 교회세속주의와의 관계를 규명하는 데 그 목적이 있으며, 이를 규명하기 위하여 관계모형을 중심으로 설정한 가설, 첫째, 개신교 목회자들의 정치, 사회, 지역 및 교회내부여건의 강함 정도에 따른 개교회주의 추진인식의 차이, 둘째, 개신교 목회자들의 교회팽창주의의 강약에 따른 정치, 사회, 지역 및 교회내부여건의 차이, 셋째, 개신교 목회자들의 개교회주의와 교회팽창주의의 배경요인에 따른 차이, 넷째, 목회능력, 신앙사상, 교회의 크기에 따른 개신교 목회자들의 의식구조의 차이, 다섯째, 정치, 사회, 지역사회의식의 정도에 따른 개신교 목회자들의 교회 내부문제의식의 차이에 따른 교회팽창주의와 개교회주의 현상에 관한 인과관계를 중심으로 통계 처리하여 결과를 도출하였다. 구체적인 내용은 다음과 같다.

제1절 분석틀과 가설

　연구 가설1. 개교회주의 강하고 약함은 교회 목회자들의 정치, 사회, 지역 및 교회내부여건에 따라 차별화된다. 인과적이고 시공간적으로 사회의식과 지역의식, 교회 내부의식보다 조금 거리가 있는 것과 삼차적인 거리가 있는 영향력이 있다는 것을 논리화하여 이 관계를 설정했다. 이 틀에 의해서 본 연구는 인과적으로 보다 구체화하여 진술하면 아래와 같이 진술할 수 있다.

1-1. 개교회주의는 목회자 교회 내부문제인식의 강약에 따라 개교회추진인식 강조가 다르게 나타날 것이다.
1-2. 개교회주의는 목회자들의 사회, 지역, 사회의식의 강함 정도에 따라 개교회 추진인식 강조가 다르게 나타날 것이다.
1-3. 개교회주의는 목회자의 정치사상의 강함 정도에 따라 개교회 추진인식 강조가 다르게 나타날 것이다.

가설2. 교회팽창주의의 강하고 약함은 목회자들의 정치, 사회, 지역 및 교회 내부 여건에 따라 차별화된다.

> 2-1. 교회팽창주의 강하고 약함은 정치와 통일의식에 따라 차별화된다.
> 2-2. 교회팽창주의 강하고 약함은 사회와 지역, 사회의식에 따라 차별화된다.
> 2-3. 교회팽창주의 강하고 약함은 목회자의 교회운영에 관련된 내부문제의식에 따라 차별화된다.

가설3. 개교회주의와 교회팽창주의는 목회자들의 배경요인에 따라 다르게 나타날 것이다.

가설4. 개신교 목회자들의 의식구조는 목회자들의 독립요인인 목회능력, 신앙사상, 교회의 크기에 따라 영향을 받을 것이다.

> 4-1. 개신교 목회자들의 의식구조는 목회능력의 정도에 따라 다르게 나타날 것이다.
> 4-2. 개신교 목회자들의 의식구조는 신앙사상의 정도에 따라 다르게 나타날 것이다.
> 4-3. 개신교 목회자들의 의식구조는 교회의 크기의 정도에 따라 다르게 나타날 것이다.

가설5. 개신교 목회자들의 교회 내부문제인식은 정치, 사회, 지역 사회식의 정도에 따라 다르게 나타날 것이다.

> 5-1. 개신교 목회자들의 교회 내부문제인식은 그들의 정치, 통일의식의 정도에 따라 다르게 나타날 것이다.
> 5-2. 개신교 목회자들의 교회 내부문제인식은 그들의 사회, 지역사회의식의 정도에 따라 다르게 나타날 것이다.
> 5-3. 개신교 목회자들의 교회 내부문제인식은 그들의 독립요인에 따라 다르게 나타날 것이다.

제2절 변수의 구성과 측정

독립변수로 목회능력, 신앙사상, 교회규모 등을 살펴보고 매개변수로서 목회자들의 정치, 통일, 사회, 지역의식, 교회 내부문제의식 정도를 살펴보고자 한다. 그리고 종속변수인 개교회주의, 교회팽창주의에 대한 그들의 인식 정도를 서술하고자 한다.

1. 독립변수

다중회귀분석 시 독립변수 간의 다중공선성이 존재할 가능성과 전반적인 변수 간의 관계를 알아보기 위하여 피어슨 상관관계(Pearson's correlation coefficient)를 확인하였다. 독립변수 간 상관관계는 <표5−1−1>과 같다.

<표5−1−1> 독립변수 간 상관관계

	교회의 규모	목자 연경사	보수더미
교회의 규모	1	.207**	−.073
목자 연경사	.207**	1	.015
보수더미	−.073	0.15	

*p<0.05　　**p<0.01

1) 목회능력

첫 번째 독립변수인 목회능력(목자 연경사)은 p<.01 수준에서 유의미한 것으로 나타났다. 그러나 상관관계는 그렇게 높지 않은 것으로 나타났다. 목자 연경사를 변수들 간의 상관관계를 넣어서 요인 분석하니까 세 개가 합쳐져서 목회자들의 능력이라는 개념으로

축약하였다. 목회능력은 목회자의 개인적인 특성으로서 연령(0.2), 경력(0.3), 사례비(0.5)를 의미하는 개념이다. 이를 도식으로 정리하면 (b3×0.5)＋(b2×0.3)＋(b1×0.2)/100으로 표시할 수 있다. 목회자의 개인적인 특성은 인물, 카리스마, 리더십, 명성도, 사모의 친화력, 여성 신도의 인기 등을 생각해서 우호적인 점수를 주었다. 그리고 학력은 객관적으로 평가하였다.

2) 신앙사상(보수더미)

두 번째 독립변수인 신앙사상을 실질적으로 측정할 때는 앞에서 살펴본 것처럼, 교단성향의 실질적인 빈도 분포를 살펴보면 보수, 중도, 진보로 본다고 하였으나 이 샘플은 보수, 중도, 진보라는 압도적이고, 맹목적으로 축약한 것을 보수인가 아닌가의 더미변수(가변수화)로 환원하였다. 보수더미는 보수인가 아닌가를 구별하였으며 보수성향을 0으로 표시하였고, 기타1은 중도성향과 진보성향을 표시하였다. 실질적으로 한국 개신교의 전체적인 교단 현황은 보수주의 교단이 지배적이지만 후발 교단이 들어와서 획일적 보수성향의 변화를 가져왔기 때문에 왜 더미변수로 만들었느냐는 설명은 진보가 무시할 정도로 작기 때문이다. 개별노선과 맞물려 보수인가 아닌가로 환원하였다.

3) 교회의 규모

세 번째 독립변수인 교회의 규모(교회의 객관적 규모)는 신도 수, 교회의 건물 크기(대지, 건평), 교회의 예산액수는 얼마인가를 파악하기 위하여 실제적인 교회규모를 조작하기 위해서 일인당 건평과 내지를 합해서 교회의 실질적 내적 규모를 나타내는 깃에 활용하고

자 했는데 성도 수와 대지 평수의 상관계수는 연관관계가 있기 때문에 일인당 교회규모라는 개념으로 설정하여 조작하였다. 보수더미와 교회규모의 상관계수는 −.073으로 나타났다.

(1) 조직규모

교회의 조직규모를 파악하기 위하여 상관관계와 t−test를 하였다. <표5−1−2>를 보면 조직규모와 일인당 건평, 대지는 p<.01 수준에서 유의미한 것으로 나타났다. 그러나 상관관계는 그렇게 높지 않은 것으로 나타났다. 일인당 건평, 대지와 일인당 예산1은 유의미하지 않은 것으로 나타났다. 일인당 예산과 성도 수는 유의미한 것으로 나타났다. 성도 수와 예산1은 유의미한 것으로 나타났으며, 예산1(.923)은 높은 상관관계가 나타났다. 예산1과 건평1은 유의미한 것으로 나타났다. 건평1과 대지1은 유의미한 것으로 나타났으며, 대지1(.408)은 높은 상관관계가 나타났다.

〈표5−1−2〉 교회조직규모 간의 상관관계

	조직규모	일인당 건평 대지	일인당 예산1	성도 수	예산1	건평1	대지1
조직규모	1						
일인당 건평대지	.090**	1					
일인당 예산1	.301**	−.011	1				
성도 수	−.297**	−.271**	−.124*	1			
예산1	−.269**	−.287**	.015	.923**	1		
건평1	.031	.076	−.132	.350**	.392**	1	
대지1	−.204**	−.189**	−.077	.784**	.898**	.408**	1

*p<0.05　　**p<0.01

2. 매개변수

본 책의 연구를 위한 종속변수인 개교회주의와 교회팽창주의를 매개하는 변수들은 다음과 같다. 1차 매개요인으로 정치의식의 정치사상과 통일의식의 통합주의와 인도주의이며, 2차 매개요인으로는 사회의식의 전통의식과 사회문제의식, 지역의식의 지역문제의식과 봉사참여성과 봉사영역성이며, 3차 매개요인으로는 교회 내부문제의식의 교회성격과 지역 기여성과 사회관심, 그리고 교회분열이다. 이를 구체적으로 살펴보면 아래와 같이 설명될 수 있다.

1) 정치, 통일의식

일제강점기 어두운 식민통치 아래서 억압과 핍박, 해방 후 철저한 과거청산을 하지 못한 채 닥쳐온 분단과 한국전쟁, 군부독재와 민주주의의 저발전, 불합리한 정당 및 선거제도, 결선투표(two-ballot system)도 없는 상황에서 단순다수(simple majority)에 의존하여 전권을 장악하는 내동령세, 4강에 둘러싸여 남북이 내걸하고 있는 항시적인 긴장과 전쟁상태, 지역적 균열에 기반을 누는 정당제제, 경제, 교육, 문화 등 모든 분야에서의 지역갈등의 심화, 경제성장에 맞지 않는 정치발전의 부재, 대규모 이농현상과 도시의 빈민층 형성으로 인한 도농격차의 심화, 비뚤어진 교육열과 사교육비의 과다지출, 국민경제의 생산성 저조와 과소비 풍조의 만연 등 산적해 있는 국내문제와 남북통일과 세계화를 향한 방향설정 등의 대외적인 문제를 생각하며(김용기, 1996: 10), 경제발전의 토대가 서구사회에 비해 취약할 수밖에 없었던 민주주의와 정치발전, 안보위기가 계속되고 있는 현실, 한 사회의 정치문화란 그 사회의 정치체제에 기초를 두는 것이다. 다르게 말하면, 그것은 그 사회 구성원의 정치적 태도, 기술,

가치를 통칭하는 개념이다. 이러한 정치적 태도와 가치를 경험적으로 연구함으로써 한 정치체제의 모습을 보다 깊숙이 그리고 정확히 파악할 수 있을 것이다. 종교적 신앙과 정치적 신념 간의 상호 작용을 이해함으로써 우리는 하나의 정치체제가 어떠한 문화적 기반을 가지고 있는지를 알 수 있는 것이다(Merkl, 1970: 194-204).

정치의식의 정치사상에 있어서 행정수도이전에 대해 국민투표 필요여부, 정치적 결정, 정치 부패도덕성, 자이툰 부대의 이라크 파병여부, 현재 대통령의 친북성여부, 국가보안법 폐지여부, 미국의 통일에 대한 역할에 관한 설문이 합해져서 요인분석으로 나타났다. 이론의 성향을 볼 때 전체적으로 정치의식의 정치사상에서 요인 I 에 높은 부하량(0.598)을 나타내고 있는 항목은 수도이전 국민투표, 대통령 친북적1, 국가보안법 폐지찬반1, 3개 항목으로서 모두 정치사상을 설명하는 문항들이다. 요인 II 에 높은 부하량(1.000)을 나타내고 있는 항목은 정치부패도덕성 1개 항목으로서 정치도덕성을 설명하는 문항이다. 이들 항목들이 요인과 상호 관련성이 있는 것으로 판단할 수 있다.

〈표5-1-3〉 정치의식의 정치사상에 대한 요인분석

문 항	요인 I (정치사상)	요인 II (정치도덕성)
수도이전 국민투표	1.000	.199
정치적 결정	-.244	.070
정치부패도덕성	.199	1.000
이라크 파병찬반	.408	.084
대통령 친북적1	-.654	-.165
국가보안법 폐지찬반1	.598	.107
대미인식1	.491	.005
고유 값 분산% 누적%	3.231 46.160 46.160	1.126 16.088 62.248

통일의식에 있어서는 금강산관광, 북한기아 돕기, 북한지원동참, 탈북자식량난민, 교차승인 평화체제, 대북포용 정책유지, 교류협력 인도주의에 관한 설문이 합해져서 요인분석으로 나타났다. <표5−1 −4>에 의하면, 요인1에 높은 인자 부하량(.728 이상)을 보이고 있는 문항은 금강산 관광, 교차승인 평화체제, 대북포용 정책유지의 3개 문항이다. 이들을 합하여 통합주의라고 하고, 요인Ⅱ에 높은 인자 부하량(.589 이상)을 보이고 있는 문항은 북한기아 돕기, 북한지원동참, 탈북자식량난민, 교류협력 인도주의 4개 문항으로 되어 있다. 이를 인도주의라고 하였다.

〈표5−1−4〉 통일의식에 대한 요인분석

문 항	요인Ⅰ (통합주의)	요인Ⅱ (인도주의)
금강산관광	.757	−.110
북한기아 돕기	.404	.594
북한지원동참	.116	.589
탈북자식량난민	−.114	.701
교차승인 평화체제	.728	.308
대북포용 정책유지	.789	.256
교류협력 인도주의	.252	.610
고유 값 분산% 누적%	2.592 37.030 37.030	1.122 16.024 53.054

2) 사회, 지역의식

우리나라는 19세기에 본격화된 근대 국민국가의 형성과 민족주의 이데올로기의 산물이 아닌 19세기 이전 수세기에 걸쳐 집단적 정체성을 공유해 온 '원초적 민족'이며, 민족과 국가의 일체성이 대단히 오랜 세월 동안 유지되어 왔다는 특이성을 갖고 있다. 고대로부터 전래해 온 토속신앙과 1884년 9월 미국의 장로교선교사 알렌(H. Allen)이 미공사관의 공의로 합법적으로 입국하여 개신교가 전래된 지 120년 만에 하나님을 믿는 사람들이 인구의 4분의 1인 천오십만 명에 이른다. 일본제국주의 침략과 북한 공산주의 침략에도 불구하고 단일민족으로서 한민족의 전통과 문화를 계승하며, '농자천하지 대본'이라는 생각을 가지고 근면성과 강건한 노동으로 폐허에서 일어난 민족이다. 근면한 품성과 개척정신은 세계에서 손꼽는 발전도 상국으로 성장하여 의식주의 해결은 물론 중소기업의 성장을 가능케 했고, 수년 동안 연평균 10%를 넘는 성장률을 과시하기도 했다. 최근은 반도체 부분에서 세계의 첨단을 걷기도 하고 있으며, 여러 부문에서 괄목할 만한 발전을 하였다(김용기, 1996: 248－261).

<표5－1－5>에 의하면 외부세계의 거부감, 도덕성붕괴, 물질만능 배금주의, 권위주의 유교전통, 사회 구조적 문제, 사회 해체적 문제에 관한 설문이 합해져서 요인분석으로 나타났다. 요인1에 높은 인자 부하량(－.593 이상)을 보이고 있는 문항은 외부세계의 거부감, 도덕성붕괴, 물질만능 배금주의, 권위주의 유교전통 4개 문항으로 구성되어 있다. 이를 합하여 이론적으로 전통주의라고 하고, 요인Ⅱ에 높은 인자 부하량(0.803 이상)을 보이고 있는 문항은 사회 구조적 문제, 사회 해체적 문제, 2개 문항으로 구성되어 있다. 이를 합하여 이론적으로 사회문제의식이라고 하였다.

<표5-1-5> 사회의식에 대한 요인분석

문 항	요인Ⅰ. 전통의식	요인Ⅱ. 사회문제의식
사회 구조적 문제		.803
사회 해체적 문제		.827
외부세계의 거부감	−.593	
도덕성붕괴	.775	
물질만능 배금주의	.804	.143
권위주의 유교전통	.637	.237
고유 값	2.235	1.196
분산%	37.258	19.932
누적%	37.258	57.189

지역의식에 있어서 봉사참여 적극성, 봉사영역 광역성, 노인 이해성, 노인프로그램, 청소년 이해성에 관한 설문이 합해져서 요인분석으로 나타났다. <표5-1-6>에 의하면, 요인Ⅰ에 인자 부하량(.334 이상)을 보이고 있는 문항은 봉사참여 적극성, 봉사영역 광역성, 노인 이해성, 노인프로그램, 청소년 이해성의 문항으로 구성되어 있다.

<표5-1-6> 지역의식에 대한 요인분석

문 항	요인Ⅰ. 지역의식
봉사참여 적극성	.495
봉사영역 광역성	.334
노인 이해성	.741
노인프로그램	.703
청소년 이해성	.717
고유 값	1.915
분산%	38.297
누적%	38.297

3) 내부교회 문제인식

목회자들은 특수한 사회 기능을 수행하고 있다. 어떤 방식으로든지 인간과 신의 세계 사이에서 중재자로 일하는 특징이 있으므로 "중재자"란 용어로 서술하고, 그들의 활동을 "중재"라는 용어로 서술해도 무리가 없을 것이다. 중재인들이 존재하기 위한 첫 번째 필요한 사회적 선행 조건은 초자연적인 힘이나 세력들의 실재를 믿는 신앙이다. 이 신앙은 여러 가지 방식으로 설명할 수 있겠지만 어떻게 표현하든지 간에 일상생활에서의 인간 경험의 한 부분인 자연적 능력과는 다른 초자연적인 능력에 대한 인식이 이 신앙에 반드시 포함되어야 한다. 초자연적인 세력의 세계는 어떤 면에서 정상적인 인간 세계와 구별되어야 하고 그래서 두 세계 사이에는 간격이 있게 된다.

둘째로, 만약 중재자가 초자연적인 힘을 믿는 사회에 존재한다면, 그때 그 사회는 초자연적인 힘이 이 세상의 일에 영향을 미칠 수 있으며, 또한 인간의 행위에 의해 초자연적인 힘도 직접적인 영향을 받을 수 있음을 믿어야 한다. 만약 초자연적 힘이 통상적인 인간 활동에 개입할 수 없다면 그때 그 힘은 이 세상과 직접 교통할 수 없고 따라서 중재자도 필요 없게 된다.

셋째로, 중재자들은 자신들을 긍정적으로 보아주고, 그들의 특별한 활동을 고무해 주거나 최소한 용납해 주는 곳에서만 존속할 수 있다.

중재자들은 인간 세계와 초자연 세계 사이의 연결점으로서 종교적 기능뿐만 아니라 중요한 사회적 기능들을 가지고 있다. 중재자는 주변적 중재자와 중앙의 중재자로 분류한다. 주변적 중재자는 첫째, 사회의 주변에 있는 사람이 중재자가 됨으로써 그들의 지위가 향상될 수 있다. 두 번째는 사회의 변혁을 촉진시키는 것이다.

때로는 전통적 가치를 재주장하여 사회변동을 막으려고 하며 급격한 변화를 겪고 있는 사회 속에서 보수적인 목소리를 낸다.

마지막 기능은 사회의 안정을 유지하는 것이다. 주변적인 중재가 있음으로, 억눌리고 권력 없던 개인들을 자신들의 요구불만을 알리고, 경감시키기 위해 노력을 기울이게 된다. 이와 반대로 중앙의 중재자들은 기존사회 질서를 유지하고 사회변동의 속도를 조절하는 데 관심이 있다(Robert R. Wilson, 최종진 역, 2004: 93-113).

<표5-1-7>에 의하면 목회자들의 교회 운영과 관련된 내부문제 인식이 독선배타주의 성향, 소외된 이웃관심, 지역사회를 위한일1, 사회통합을 위한 가치관, 문화매개 통해 만남, 성 불평등 구조의 변화, 교회 정통성, 섬기는 교회우선, 개인보다 공동체, 자질 없는 성직자, 교회 간 마찰1에 관한 설문이 합해져서 요인분석으로 나타났다. 요인Ⅰ에 높은 인자 부하량(.600 이상)을 보이고 있는 문항은 독선배타주의 성향, 소외된 이웃 관심, 지역사회를 위한일1의 3개 문항이다. 이를 합하여 이론적으로 지역기여성이라고 하고, 요인Ⅱ에 높은 인자 부하량(.571 이상)을 보이고 있는 문항은 사회통합을 위한 가치관, 문화매개 통해 만남, 성 불평등 구조의 변화의 3개 문항이며, 이를 합하여 이론적으로 사회적 관심이라고 하고, 요인Ⅲ에 높은 인자 부하량(.571 이상)을 보이고 있는 문항은 교회 정통성, 섬기는 교회 우선, 개인보다 공동체의 3개 문항으로 구성되어 있다. 이를 합하여 이론적으로 교회성격이라고 하였다. 요인Ⅳ에 높은 인자 부하량(.571 이상)을 보이고 있는 문항은 자질 없는 성직자, 교회 간 마찰1의 2개 문항으로 구성되어 있다. 이를 합하여 이론적으로 교회분열이라고 하였다.

그리하여 내부교회 문제인식은 요인Ⅰ은 지역 기여성, 요인Ⅱ는 사회적 관심, 요인Ⅲ은 교회성격, 요인Ⅳ는 교회분열의 개념으로 축약정리가 된다.

〈표5-1-7〉 내부교회 문제인식에 대한 요인분석

문 항	요인 I (지역기여성)	요인 II (사회적 관심)	요인 III (교회성격)	요인 IV (교회분열)
교회정통성		−.223	.674	
독선배타주의 성향	−.681	.305		
사회통합을 위한 가치관	.109	.655		
문화매개 통해 만남		.615		
성 불평등 구조의 변화	−.435	.571		
소외된 이웃관심	.600	.252	.306	
섬기는 교회우선		−.160	.578	
개인보다 공동체		.230	.533	
지역사회를 위한일1	.669	.190	−.140	
목회자 자질문제				.127
자질 없는 성직자				−.819
교회 간 마찰1				.839
고유 값 분산% 누적%	1.790 17.899 17.899	1.437 14.375 32.273	1.374 13.738 46.011	1.170 14.628 56.819

교회성격은 사회의식의 전통의식과 정치의식의 정치사상의 변수들이 교회성격에 영향을 미치는 것으로 나타났다. 교회성격은 정통성, 섬김 우선, 공동체 강조가 강할수록 성장해야 한다고 주장한다. 교단성향의 보수인가 아닌가의 기울기 영향 정도의 큰 차이가 나타나지 않는다. 지역의식이 작용이 되고 교회 내부문제의식이 그다음의 원인으로 영향을 미친다. 두 가지는 수치적으로 유효하다. 그 외의 다른 변수들은 교회성격에 영향을 미치지 않는 것으로 나타났다.

사회적 관심은 교회분열과 연관이 있는데 지역사회를 인식하여 봉사영역이 넓으면 넓을수록, 목회능력이 약하면 약할수록, 사회참여를 하지 않을수록 교회분열의 특성을 가지고 있음을 의미한다. 실제로 교회인식에 있어서 인도주의적일수록, 교단성향이 보수주의가 아닐수록, 목회능력이 작을수록 지역사회 기여의 특성을 가지고

있음을 의미한다. 목회자의 지역사회 기여가 달라지고 있는 것으로
보인다. 평균적으로 정치사회의식, 통일의식, 지역사회의식, 교회내
부의식 정도로 나타난다.

3. 종속변수

본 책의 연구를 위한 종속변수인 개교회주의와 교회팽창주의를
개교회 논리로 설명하였는데 실제 측정해 보니 개교회주의는 개별
교회의 중요성인 한국 교회 중요현상, 지도자와 성도 등의 개교회
주의 (내부) 주의환기에 관한 개교회주의, 교세확장에 관한 설문이
합해져서 그것들에 대한 개교회주의 조작적 개념은 요인분석결과
통계적으로 타당성을 가지고 있었다.

〈표5-1-8〉 개교회주의와 교회팽창주의(설비확장강조)에 대한 요인분석

문 항	개교회주의	설비확장강조
한국 교회 중요현상	.838	
개교회주이	.687	
설교가 성장 절대적	-.114	.659
교세확장	.732	
헌금액에 따른 축복		.607
건축시설 확장순위		.632
고유 값	1.734	1.208
분산%	28.908	20.140
누적%	24.908	49.049

교회팽창주의(설비확장강조)는 설교가 성장 절대적, 헌금액에 따
른 축복, 건축시설 확장순위에 관한 설문이 합해져서 그것들에 대
한 교회팽창주의의 조작적 개념은 요인분서결과 통계저으로 타당성

을 가지고 있었다.

<표5-1-8>에 의하면, 개교회주의에 높은 인자 부하량(.687 이상)을 보이고 있는 문항은 한국 교회 중요현상, 개교회주의, 교세확장의 3개 문항이다. 이를 합하여 이론적으로 개교회주의라고 하고, 설비확장강조에 높은 인자 부하량(.607 이상)을 보이고 있는 문항은 설교가 성장 절대적, 헌금액에 따른 축복, 건축시설 확장순위의 3개 문항이며, 이를 합하여 이론적으로 교회팽창주의라고 하였다. 그리고 양적 방법을 보완하기 위하여 질적 방법으로 심층면접을 통하여 목회자들의 내면 심리상황을 파악해 보니 교회팽창주의 변인인 설교가 성장 절대적이라고 응답하였다.

제3절 변수들 간의 관계성 검토

바론과 케니(1986)의 매개변수 분석법에 따라, 통계적으로 유의미한 독립변수의 β 값이 줄어드는 정도를 비교함으로써 개교회주의와 교회팽창주의와의 매개변수 효과를 최종적으로 측정할 수 있다.

바론과 케니는 첫째, 독립변수가 종속변수에 영향을 미치고, 둘째, 독립변수가 매개변수에 영향을 미친다면, 셋째, 독립변수와 매개변수를 동시에 투입하는 회귀식에서 매개변수가 종속변수에 유의미한 영향을 미치면서 동시에 독립변수의 종속변수에 대한 영향력이 감소되면 매개모델이 성립한다고 하였다. 또한 그들은 매개변수의 효과를 완전매개와 부분매개로 구분하였다. 완전매개 효과란 독립변수가 종속변수에 직접적으로 영향을 주지 않고 오로지 매개변수를 통해서만 영향을 주는 것이고, 부분매개 효과란 독립변수가 종속변수에 직접적으로 영향을 주는 관계와 매개변수를 통해서 영향을 주는 관계가 동시에 있는 경우를 말한다. 완전매개 관계가 성립되기 위해서는 위의 세 번째 단계 분석에서 매개변수가 통제되었을 때 독립변수가 종속변수에 미치는 효과가 유의하지 않아야 하며, 완전매개 관계가 성립하면 β 값 비교는 불필요해진다고 하였다 (Baron & Kenny, 1986).

1. 독립요인과 매개요인과의 관계

1) 독립요인과 1차 매개요인과 관계

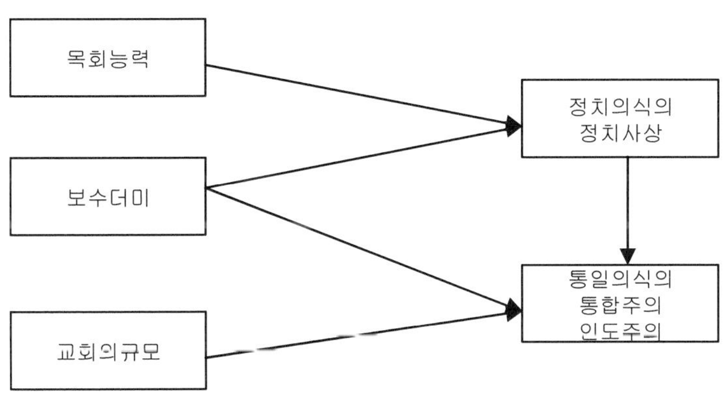

그림1. 독립요인과 1차 매개요인과 관계

목회능력은 정치의식의 정치사상에 직접적인 영향을 미치고 있으며, 정치의식의 정치사상은 통일의식에 영향을 끼친다.

목회자들의 사상은 정치의식의 정치사상과 통일의식의 통합주의와 인도주의에 직접적인 영향을 미치고 있다.

교회의 규모는 통일의식의 통합주의와 인도주의에 직접적인 영향을 미치고 있다.

2) 독립요인과 2차 매개요인과 관계

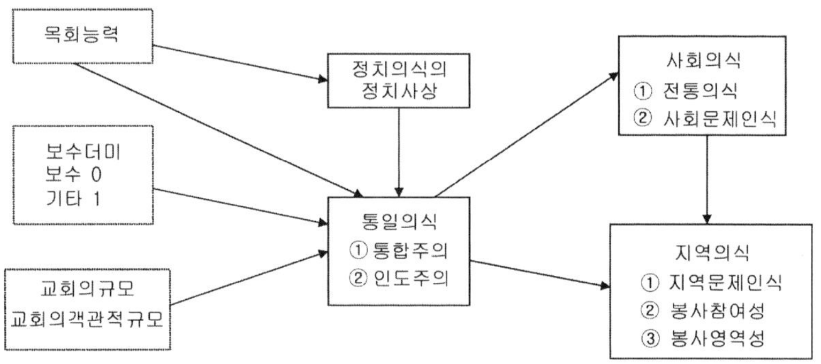

그림2. 독립요인과 2차 매개요인과 관계

목회자들의 목회능력은 정치의식의 정치사상과 통일의식에 직접적인 영향을 미치고 있으며, 정치의식의 정치사상과 통일의식은 연관되어 있다. 이러한 직간접적으로 영향을 받는 통일의식은 사회의식과 지역의식에 직접적인영향을 미친다.

목회자들의 신앙사상은 통일의식에 직접적인 영향을 미치고 있다. 이러한 직접적으로 영향을 받는 통일의식은 사회의식과 지역의식에 직접적인 영향을 미친다.

교회의 규모는 통일의식에 직접적인 영향을 미치고 있다. 이러한 직접적인 영향을 받은 통일의식은 사회의식과 지역의식에 영향을 미친다. 그리고 사회의식은 지역에 직접적인 영향을 미친다.

3) 독립요인과 3차 매개요인과 관계

목회자들의 목회능력은 정치의식의 정치사상과 통일의식에 직접적인 영향을 미치고 있다. 정치의식의 정치사상은 통일의식과 3차 매개요인인 내부교회문제인식에 직접적인 영향을 미치고, 통일의식은 사회의식과 지역의식에 연관이 되어 있다. 이러한 통일의식에 직간접인 영향을 받은 지역의식은 교회내부의식에 직접적인 영향을 미치고 있다.

목회자들의 사상은 교회내부인식과 통일의식에 직접적인 영향을 미치고 있다. 통일의식은 사회의식과 지역의식에 연관되어 있다. 이러한 지역의식은 교회내부인식에 직접적인 영향을 미친다.

교회의 규모는 통일의식에 직접적인 영향을 미치고 있으며, 통일의식은 2차 매개요인인 사회의식과 지역의식과 연관되어 있다. 이러한 직간접적으로 통일의식에 의해 영향을 받는 지역의식은 직접적으로 교회내부인식에 영향을 미치고 있다.

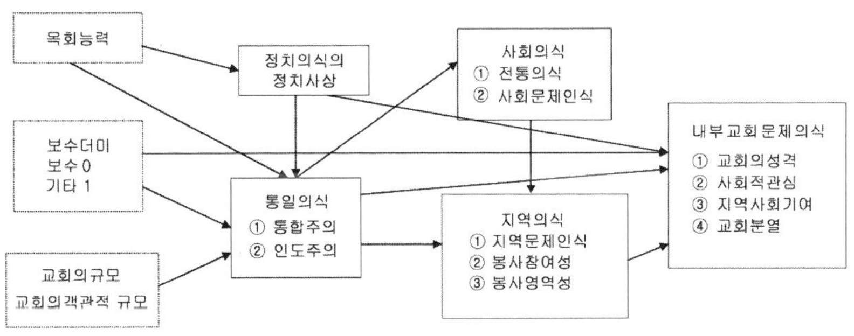

그림3. 독립요인과 3차 매개요인과 관계

2. 매개변수들 간에 관계

매개변수를 다섯 가지 범주로 나눈다. 첫째는 정치의식의 정치사상, 둘째는 통일의식, 셋째는 사회의식, 넷째는 지역의식, 다섯째는 교회 내부문제의식으로 나눈다. 상관관계에 있어서 정치의식의 정치사상은 통일의식이 통합인도주의의 배경이 되어 지역의식에 영향을 준다. 정치의식과 통일의식은 같은 차원의 다른 범주이다. 사회의식은 지역의식과 다르게 정치사상과 별 관계가 없다. 단지 통일의식은 통합주의와 인도주의가 관련이 있다.

통일의식의 통합주의와 인도주의는 사회의식에 영향을 주고 사회의식은 지역의식에 영향을 준다. 목회능력은 정치의식의 정치사상과 통일의식에 영향을 주고, 통일의식은 사회의식과 지역사회의식과 교회 내부문제의식에 영향을 준다. 그리고 교회 내부문제의식이 개교회주의에 제일 많은 영향을 준다.

3. 개교회주의와 교회팽창주의에 대한 영향요인과의 관계

1) 교회팽창주의에 대한 영향요인과의 관계

교회팽창주의 영향을 미치는 변수로 목회능력, 정치의식의 정치사상, 통일의식, 사회의식, 지역사회의식, 교회 내부문제의식으로 나타났다.

목회능력은 정치의식의 정치사상과 통일의식에 직접적인 영향을 미치고 있으며 이러한 의식들은 2차 매개요인인 사회의식과 지역의식과 연관되어 있다. 정치통일의식과 전반적인 사회의식은 교회 내부문제의식에 직간접적인 영향을 끼치고 있으며 이는 분석을 통해서 살펴보았다. 이러한 직간접적으로 정치사회의식에 의해 영향을 받는 교회 내부문제의식은 직접적으로 교회팽창주의 결과로 나타난다.

신앙사상(보수더미)은 통일의식과 교회팽창주의에 직접적인 영향을 미치고 있으며, 통일의식은 2차 매개요인인 사회의식과 지역의식과 연관되어 있다.

지역의식은 교회 내부문제의식에 직접적인 영향을 끼치고 있으며 이는 분석을 통해서 살펴보았다. 이러한 직간접적으로 신앙사상에 의해 영향을 받는 교회 내부문제의식은 직접적으로 교회팽창주의 결과로 나타난다.

교회의 규모는 통일의식에 직접적인 영향을 미치고 있으며, 통일의식은 2차 매개요인인 사회의식과 지역의식과 연관되어 있다. 이러한 직간접적으로 통일의식에 의해 영향을 받는 교회 내부문제의식은 직접적으로 교회팽창주의 결과로 나타난다.

정치의식의 정치사상은 통일의식에 직접적인 영향을 미치고 있으며, 통일의식은 2차 매개요인인 사회의식과 지역의식과 연관되어 있다. 이러한 직간접적으로 통일의식에 의해 영향을 받는 교회 내부문제의식은 직접적으로 교회팽창주의 결과로 나타난다.

통일의식은 사회의식과 지역의식에 직접적인 영향을 미치고 있으며, 지역의식은 3차 매개요인인 교회 내부문제의식과 연관되어 있다. 이러한 직간접적으로 지역의식에 의해 영향을 받는 교회 내부문제의식은 직접적으로 교회팽창주의 결과로 나타난다.

사회의식은 지역의식에 직접적인 영향을 미치고 있으며, 교회 내부문제의식과 연관되어 있다. 이러한 직간접적으로 영향을 받는 교회 내부문제의식은 직접적으로 교회팽창주의 결과로 나타난다.

지역의식은 교회 내부문제의식에 직접적인 영향을 미치고 있으며, 이렇게 직접적으로 영향을 받는 교회 내부문제의식은 직접적으로 교회팽창주의 결과로 나타난다. 그리고 교회 내부문제의식의 교회성격은 직접적으로 교회팽창주의 결과로 나타난다.

2) 개교회주의에 대한 영향요인과의 관계

개교회주의 영향을 미치는 변수로 목회능력, 교회의 규모, 정치의식의 정치사상, 통일의식, 사회의식, 지역사회의식, 교회 내부문제의식으로 나타났다.

목회능력은 교회의 규모와 상관관계를 맺고 있고, 정치의식의 정치사상과 교회분열에 직접적인 영향을 미치고 있으며, 이러한 의식들은 1차 매개요인인 통일의식의 인도주의와 2차 매개요인인 사회의식의 전통의식과 사회문제의식과 지역의식의 지역문제의식과 봉사영역 광역성과 연관되어 있다. 정치통일의식과 전반적인 사회의식은 교회 내부문제의식에 직간접적인 영향을 끼치고 있으며 이는 분석을 통해서 살펴보았다. 이러한 직간접적으로 정치사회의식에 의해 영향을 받는 교회 내부문제의식의 사회적 관심과 교회분열은 직접적으로 교회팽창주의 결과로 나타난다.

신앙사상(보수더미)은 정치사상과 인도주의와 사회적 관심, 봉사영역 광역성에 직접적인 영향을 미치고 있으며, 정치사상은 인도주의와 지역문제의식과 봉사영역 광역성과 연관되어 있다. 이러한 직간접적으로 신앙사상에 의해 영향을 받는 교회분열은 직접적으로 개교회주의 결과로 나타난다.

교회의 규모는 통일의식의 인도주의에 직접적인 영향을 미치고 있으며, 통일의식의 인도주의는 전통의식과 지역문제의식과 봉사영역 광역성과 연관되어 있다. 이러한 직간접적으로 교회의 규모에 의해 영향을 받는 교회분열과 사회적 관심은 직접적으로 개교회주의 결과로 나타난다.

정치의식의 정치사상은 인도주의에 직접적인 영향을 미치고 있으며, 통일의식의 인도주의는 전통의식과 사회문제인식, 지역문제의식과 봉사영역 광역성과 연관되어 있다. 이러한 직간접적으로 교회의 규모에 의해 영향을 받는 교회분열과 사회적 관심은 직접적으로 개교회주의 결과로 나타난다.

통일의식의 인도주의는 전통의식과 사회문제인식, 지역문제의식과 봉사영역 광역성에 직접적인 영향을 미치고 있으며, 교회분열과 사회적 관심과 연관되어 있다. 이러한 직간접적으로 인도주의에 의해 영향을 받는 교회분열과 사회적 관심은 직접적으로 개교회주의 결과로 나타난다.

전통의식은 사회문제인식과 지역문제의식, 사회적 관심에 직접적인 영향을 미치고 있으며, 봉사영역 광역성과 교회분열과 연관되어 있다. 이러한 직간접적으로 영향을 받는 인도주의에 의해 영향을 받는 교회분열과 사회적 관심은 직접적으로 개교회주의 결과로 나타난다.

사회문제인식은 사회적 관심에 직접적인 영향을 미치고 있으며, 교회분열과 연관되어 있다. 이러한 직간접적으로 사회문제인식에 의해 영향을 받는 교회분열과 사회적 관심은 직접적으로 개교회주의 결과로 나타난다.

지역문제의식은 봉사영역 광역성에 영향을 미치고 있으며, 교회분열과 연관되어 있다. 이러한 직간접적으로 지역문제의식에 의해 영향을 받는 교회분열은 직접적으로 개교회주의 결과로 나타난다.

봉사영역 광역성은 교회분열에 영향을 미치고 있다. 이렇게 직접적으로 봉사영역 광역성에 의해 영향을 받는 교회분열은 직접적으로 개교회주의 결과로 나타난다.

사회적 관심은 교회분열에 영향을 미치고 있다. 이렇게 직접적으로 사회직 관심에 의해 영향을 받는 교회분열과 사회적 관심은 직접적으로 개교회주의 결과로 나타난다.

3) 변수들 간의 상관관계

교회세속주의의 개교회주의와 교회팽창주의에 미치는 요인이 무엇인지 분석하기에 앞서, 변수들 간의 다중공선성(multicollinearity)의 위험이 있는지를 파악하기 위해 회귀분석에 포함될 독립변수 간의 상관관계를 분석하였다.

분석결과 <표5-1-9>에서 보는 바와 같이, 변수들 간의 상관관계를 보면 .80 이상 되는 경우는 없다. 그리고 아이겐 값 분할방법 (eigenvalues de-composition methed)을 사용하여 다중공선성 문제를 추가적으로 검토하였다. 일반적으로 아이겐 값이 0.5 이하이면 심각한 다중공선성이 존재하는 것으로 간주되는데(kleinbaum, kupper and muller 1988) 분석결과 아이겐 값이 .05 이하인 경우는 없는 것으로 나타났다.

<표5-1-9>에서 상황변수와 개교회주의 간의 상관관계를 보면 제외한 모든 상황변수들과 개교회주의 간의 관계가 통계적으로 유의미하고 관계의 방향도 예측과 일치하고 있다. 즉 목자 연경사, 보수더미, 교회규모, 전통의식, 통합주의, 인도주의, 봉사영역적극성, 교회성격, 내부갈등과 사회참여, 설교의 현실참여, 설비확장강조1은 개교회주의와 정의 상관관계를 맺고 있으며, 정치사상, 봉사영역 광역성, 교회분열은 부적으로 상관되고 있다.

<표5-1-9> 상관관계 도표

구 분	목 자 연경사	보수 더미	교회의 규모	정치 사상	전통 의식	통합 주의	인도 주의	봉사 참여 적극성	봉사 영역 광역성	교회 성격	교회 분열	내부갈등과 사회참여	설교의 현실참여	개 교회주의	설비 확장 강조1
목자 연경사	1														
보수 더미	.015	1													
교회의 규모	.207**	−.073	1												
정치사상	.238**	−.310**	.100	1											
전통의식	−.027	.030	−.048	−.003	1										
통합주의	−.271**	.159**	−.025	−.488**	.140*	1									
인도주의	.024	.191**	.127*	−.135*	206**	.384**	1								
봉사참여 적극성	.002	.055	−.012	.072	.041	.103	.232**	1							
봉사 영역 광역성	−.092	.190**	.027	−.144*	.047	.201**	.167**	.105	1						
교회성격	.101	−.102	.040	.182**	172**	.058	.080	.010	−.089	1					
교회분열	−.158*	.039	−.039	−.023	−.070	.059	−.003	.059	.197**	−.041	1				
내부갈등과 사회참여	−.038	.216**	−.051	−.193**	255**	.133*	.176**	.061	.175**	.056	−.139*	1			
설교의 현실참여	−.082	.174**	.038	−.183**	.220	.266**	.421**	.346**	.282**	.092	−.063	.232**	1		
개교회주의	.042	.054	.042	−.118	309**	.138*	.112	−.107	.002	.133*	−.197**	.314**	.054	1	
설비확장강조1	.005	−.183**	.101	.058	−.063	−.006	−.012	−.020	−.167**	.147*	−.083	.000	.001	.075	1

제4절 가설들의 검증

1. 개교회주의 추진인식의 차이

1) 개신교 목회자들의 교회 내부문제의식의 강약에 따른 개교회 추진인식 강조의 차이

> 가설 1-1. 개교회주의는 목회자 교회 내부문제인식의 강약에 따라 개교회 추진인식 강조가 다르게 나타날 것이다.

본 연구 가설 1-1은 "개교회주의는 목회자 교회 내부문제의식의 강약에 따라 개교회 추진인식 강조가 다르게 나타날 것이다."였다. 한국 개신교 목회자들의 교회 내부문제인식의 강약에 따른 개교회 추진인식 강조의 차이를 알아보기 위하여 회귀분석을 실시한 결과이다.

교회 내부문제의식의 교회성격이 개교회주의에 미치는 영향이 .089이고, 사회적 관심이 개교회주의에 미치는 영향이 .210이다. 그리고 교회분열이 개교회주의에 미치는 영향이 −.139이다. 교회 내부문제의식의 교회성격과 사회적 관심이 개교회주의에 미치는 영향이 정적으로 영향을 미치고 있다. 반면에 교회분열이 개교회주의에 미치는 영향이 부적으로 영향을 미치고 있다. 교회 내부문제의식의 교회성격이 강하면 강할수록 개교회주의적이고, 사회적 관심이 작으면 작을수록 개교회주의에 긍정적인 태도를 보임을 알 수 있다. 그리고 교회분열이 많으면 많을수록 개교회주의에 부정적인 태도를 보임을 알 수 있다.

2) 목회자들의 사회, 지역사회의식의 강함 정도에 따라
개교회 추진인식 강조의 차이

가설 1-2. 개교회주의는 목회자들의 사회, 지역사회의식의 강함 정도에
따라 개교회 추진인식 강조가 다르게 나타날 것이다.

본 연구 가설 1-2는 "개교회주의는 목회자들의 사회, 지역사회의식의 강함 정도에 따라 개교회 추진인식 강조가 다르게 나타날 것이다."였다. 한국 개신교 목회자들의 사회, 지역사회의식의 강약에 따른 개교회 추진인식 강조의 차이를 알아보기 위하여 회귀분석을 실시한 결과이다.

사회의식의 전통의식이 개교회주의에 미치는 영향이 .203이고, 지역의식의 지역문제의식이 개교회주의에 미치는 영향이 .067이다. 사회의식의 전통의식과 지역의식의 지역문제의식이 개교회주의에 미치는 영향이 정적으로 영향을 미치고 있다. 사회의식의 전통의식이 강하면 강할수록 개교회주의적이고, 지역의식의 지역문제의식이 크면 클수록 개교회주의에 긍정적인 태도를 보임을 알 수 있다.

3) 개신교 목회자들의 정치사상의 강함 정도에 따른
개교회 추진인식 강조의 차이

가설 1-3. 개교회주의는 목회자의 정치사상의 강함 정도에 따라 개교회
추진인식 강조가 다르게 나타날 것이다.

본 연구 가설 1-3은 "개교회주의는 목회자의 정치사상의 강함 정도에 따라 개교회 추진인식 강조가 다르게 나타날 것이다."였다. 한국 개신교 목회자들의 정치사상의 강함 정도에 따른 개교회 추진

인식 강조의 차이를 알아보기 위하여 회귀분석을 실시한 결과이다.

　　정치의식의 정치사상이 교회성격에 미치는 영향이 .170이고, 교회의 성격이 개교회주의에 미치는 영향이 .089이다. 정치의식의 정치사상이 통일의식의 통합주의에 미치는 영향이 −.357이고, 통일의식의 통합주의는 개교회주의에 미치는 영향이 .070이다. 정치의식의 정치사상이 통일의식의 통합주의에 영향을 미치고, 통합주의가 인도주의에 미치는 영향이 .322이다. 그리고 인도주의는 지역사회문제인식에 미치는 영향이 .153이고, 개교회주의에 미치는 영향이 .067이다.

　　정치의식의 정치사상과 교회성격, 통일의식의 인도주의가 개교회주의에 미치는 영향이 정적으로 영향을 미치고 있다. 반면에 정치의식의 정치사상이 통일의식의 통합주의에 부적으로 영향을 미치고 있다. 그러므로 정치의식의 정치사상의 수준이 높을수록 교회성격에 대해 정적인 태도를 보임으로 교회의 성격이 개교회주의에 미치는 영향이 정적으로 영향을 미치게 됨을 알 수 있다. 정치의식의 정치사상의 수준이 낮으면 통일의식의 통합주의를 강조하지 않고, 개회주의를 강조하게 된다. 정치사상은 통합주의, 인도주의, 지역사회문제인식을 거쳐서 개교회주의에 영향을 미치게 된다.

2. 개신교 목회자들의 교회팽창주의의 강약에 따른 차이

1) 개신교 목회자들의 교회팽창주의의 강약에 따른
　　정치와 통일의식의 차이

2−1. 교회팽창주의 강하고 약함은 정치와 통일의식에 따라 차별화된다.

본 연구 가설 2-1은 "교회팽창주의 강하고 약함은 정치와 통일의식에 따라 차별화된다."였다. 한국 개신교 목회자들의 교회팽창주의의 강약에 따른 정치와 통일의식의 차이를 알아보기 위하여 다중회귀분석을 실시한 결과이다.

정치의식의 정치사상이 교회성격에 미치는 영향이 .170이고, 교회의 성격이 교회팽창주의에 미치는 영향이 .116이다. 통일의식의 인도주의는 봉사참여 적극성에 미치는 영향이 .177이고, 봉사참여 적극성이 지역사회기여에 미치는 영향이 .199이다. 정치의식의 정치사상이 교회성격에 미치는 영향이 정적으로 영향을 미치고 있으므로 정치의식의 정치사상의 수준이 높을수록 교회성격에 대해 정적인 태도를 보임으로 교회의 성격이 교회팽창주의에 미치는 영향이 정적으로 영향을 미치게 됨을 알 수 있다.

통일의식의 인도주의는 지역문제의식에 미치는 영향이 .170이고, 지역문제의식이 봉사영역 광역성에 미치는 영향 .130이다. 봉사영역 광역성이 교회팽창주의에 미치는 영향이 -.133이다. 통일의식의 인도주의는 지역문제의식과 봉사영역 광역성에 정적으로 영향을 미치게 됨을 알 수 있다. 반면에 봉사영역 광역성이 교회팽창주의에 미치는 영향이 부적으로 영향을 미치고 있다. 그러므로 봉사영역 광역성의 수준이 낮을수록 교회팽창주의에 부정적인 태도를 보임을 알 수 있다.

2) 개신교 목회자들의 교회팽창주의의 강약에 따른 사회와 지역사회의식의 차이

2-2. 교회팽창주의 강하고 약함은 사회와 지역사회의식에 따라 차별화된다.

본 연구 가설 2-2는 "교회팽창주의 강하고 약함은 사회와 지역사회의식에 따라 차별화된다."였다. 한국 개신교 목회자들의 교회팽창주의의 강약에 따른 정치와 통일의식의 차이를 알아보기 위하여 다중회귀분석을 실시한 결과이다.

사회의식의 전통의식이 교회성격에 미치는 영향이 .161이고, 교회의 성격이 교회팽창주의에 미치는 영향이 .116이다. 지역의식의 지역문제의식이 지역사회기여에 미치는 영향이 .165이다. 지역의식의 봉사참여 적극성이 지역사회기여에 미치는 영향이 .199이고, 봉사영역 광역성이 지역사회기여에 미치는 영향이 .144이다. 사회의식의 전통의식이 교회성격에 미치는 영향이 정적으로 영향을 미치고 있고, 교회성격이 교회팽창주의에 미치는 영향이 정적으로 영향을 미치게 됨을 알 수 있다. 그러므로 사회의식의 전통의식의 수준이 높을수록 교회팽창주의를 강조하는 태도를 보임을 알 수 있다.

3) 개신교 목회자들의 교회팽창주의의 강약에 따른 교회운영에 관련된 내부문제의식의 차이

2-3. 교회팽창주의 강하고 약함은 목회자의 교회운영에 관련된 내부문제 의식에 따라 차별화된다.

본 연구 가설 2-3은 "교회팽창주의 강하고 약함은 목회자의 교회운영에 관련된 내부문제의식에 따라 차별화된다."였다. 한국 개신교 목회자들의 교회팽창주의의 강약에 따른 정치와 통일의식의 차이를 알아보기 위하여 회귀분석을 실시한 결과이다.

교회 내부문제의식의 교회성격이 교회팽창주의에 미치는 영향은 .116이다. 교회 내부문제의식의 교회성격이 교회팽창주의에 정적으로 영향을 미치고 있다.

교회팽창주의에 영향을 미치는 교회 내부문제의식에 있어서 첫 번째 요인인 교회성격은 두 가지 변수, 즉 전통의식, 정치사상으로 구성되어 있다. 이를 구체적으로 살펴보면, 교회성격에 영향을 미치는 사회의식의 하위변수 중 전통의식과 정치의식의 정치사상은 정적으로 영향을 미치고 있었다. 기여도를 나타내는 β 값을 보면, 정치사상(.170), 전통의식(.161) 순으로 영향을 미치는 것으로 나타났다. 교회성격은 정통성, 섬김 우선, 공동체강조가 강할수록 성장해야 한다고 주장한다.

3. 개신교 목회자들의 개교회주의와 교회팽창주의의 배경요인에 따른 차이

본 연구 가설 3은 "개교회주의와 교회팽창주의는 목회자들의 배경요인에 따라 다르게 나타날 것이다."였다. 이와 같은 가설을 검증하기 위하여 본 연구에서 배경변수로 설정한 정치 및 사회의식, 지역사회의식, 교회내부문제 등에 따른 의식과 태도 차이를 검증하였다.

통계처리방법은 요인분석과 그에 따른 디중회귀분석을 실시하였다. 이를 분석한 결과는 다음과 같다.

독립변수인 신앙사상(보수더미)이 개교회주의에 직접적으로 영향력을 끼치지 않고, 보수더미가 교회 내부문제의식과 통일의식에 영향을 끼치고, 교회 내부문제의식의 사회적 관심이 개교회주의에 미치는 영향은 .210이고, 교회분열이 개교회주의에 미치는 영향은 −.139이다. 사회의식의 전통의식이 개교회주의에 미치는 영향은 .203이다. 교회 내부문제의식의 사회적 관심과 사회의식의 전통의식이 개교회주의에 정적인 영향을 미치고 있다. 반면에 교회분열이 개교회주의에 부적으로 영향을 미치고 있다. 이러한 연구 결과는 목회자가 개교회주의에 치우치게 하는 가장 중요한 변수는 사회적 관심과 전통의식이라고 볼 수 있다.

독립변수인 신앙사상이 교회팽창주의에 미치는 영향은 -.141이다. 지역의식의 봉사영역 광역성이 교회팽창주의에 미치는 영향은 -.133이다. 교회 내부문제의식의 교회성격이 교회팽창주의에 미치는 영향은 .116이다.

교회 내부문제의식의 교회성격이 교회팽창주의에 정적으로 영향을 미치고 있다. 반면에 독립변수인 신앙사상과 지역의식의 봉사영역 광역성이 교회팽창주의에 부적으로 영향을 미치고 있다. 그러므로 교회성격이 정통성, 섬김 우선, 공동체강조가 강할수록 성장해야 한다고 교회팽창주의를 주장한다. 그리고 신앙이 보수가 아닐수록 교회팽창주의를 강조하지 않고, 봉사영역 광역성이 작으면 작을수록 교회팽창주의를 강조하지 않는다.

4. 개신교 목회자들의 의식구조의 차이

본 연구 가설 4는 "개신교 목회자들의 의식구조는 목회자들의 독립요인인 목회능력, 신앙사상, 교회의 크기에 따라 영향을 받을 것이다."였다. 한국 개신교 목회자들의 목회능력의 정도에 따른 차이를 알아보기 위하여 다중회귀분석을 실시한 결과이다.

1) 목회능력에 따른 개신교 목회자들의 의식구조의 차이

4-1. 개신교 목회자들의 의식구조는 목회능력의 정도에 따라 다르게 나타날 것이다.

본 연구 가설 4-1은 "개신교 목회자들의 의식구조는 목회능력의 정도에 따라 다르게 나타날 것이다."였다. 한국 개신교 목회자들의 목회능력의 정도에 따른 차이를 알아보기 위하여 다중회귀분석을 실시한 결과이다.

목회능력이 정치의식의 정치사상에 미치는 영향이 .228이고, 목회능력이 교회분열에 미치는 영향이 -.137이다. 목회능력이 통합주의에 미치는 영향이 -.189이다. 목회능력이 교회분열과 통합주의에 부적으로 영향을 미치는 반면에 목회능력이 정치의식의 정치사상에 정적으로 영향을 미친다.

목회능력이 교회분열에 부적 영향을 미치고 있으므로 목회능력이 탁월할수록 교회분열에 대해 부정적인 태도를 보임을 알 수 있다. 목회능력이 통합주의에 부적 영향을 미치고 있으므로 목회능력이 탁월할수록 통합주의에 대해 강조하지 않는다는 사실을 알 수 있다. 반면에 목회능력이 탁월할수록 정치사상을 강조한다는 사실이다. 그리고 정치의식과 통일의식에 영향을 줄 수 있는 원인은 목회자의 능력이다. 목회자의 능력은 교회팽창주의에 유효하다.

2) 신앙사상의 정도에 따른 개신교 목회자들의 의식구조의 차이

4-2. 개신교 목회자들의 의식구조는 신앙사상의 정도에 따라 다르게 나타날 것이다.

본 연구 가설 4-2는 "개신교 목회자들의 의식구조는 신앙사상의 정도에 따라 다르게 나타날 것이다."였다. 한국 개신교 목회자들의 신앙사상의 정도에 따른 정치와 통일의식의 차이를 알아보기 위하여 다중회귀분석을 실시한 결과이다.

신앙사상이 정치의식의 정치사상에 미치는 영향이 -.298이고, 신앙사상이 교회 내부문제의식에 미치는 영향이 −.189이다. 신앙사상이 봉사영역 광역성에 미치는 영향이 .160이다. 신앙사상이 정치의식의 정치사상과 교회 내부문제의식에 부적으로 영향을 미치는 반면에 신앙사상이 봉사영역 광역성에 정적으로 영향을 미친다.

신앙사상이 정치의식의 정치사상에 부적 영향을 미치고 있으므로 신앙사상이 수준이 높을수록 정치의식의 정치사상에 대해 부정적인 태도를 보임을 알 수 있다.

신앙사상이 교회 내부문제의식에 부적 영향을 미치고 있으므로 신앙사상이 수준이 높을수록 교회 내부문제의식에 대해 부정적인 태도를 보임을 알 수 있다.

신앙사상이 봉사영역 광역성에 정적으로 영향을 미치고 있기 때문에 신앙사상이 수준이 높을수록 봉사영역 광역성에 대해 긍정적인 태도를 보임을 알 수 있다.

3) 교회의 규모에 따른 개신교 목회자들의 의식구조의 차이

<table>
<tr><td>4−3. 개신교 목회자들의 의식구조는 교회의 크기의 정도에 따라 다르게 나타날 것이다.</td></tr>
</table>

본 연구 가설 4−3은 "개신교 목회자들의 의식구조는 교회의 크기의 정도에 따라 다르게 나타날 것이다."였다. 한국 개신교 목회자들의 교회의 크기의 정도에 따른 차이를 알아보기 위하여 회귀분석을 실시한 결과이다.

교회의 규모는 통일의식의 인도주의에 미치는 영향력이 .147이다. 교회의 규모는 통일의식의 인도주의에 정적인 영향을 미치고 있기 때문에 교회의 규모가 크면 클수록 인도주의적이다. 그리고 교회의 규모가 교회팽창주의에 직접적으로 영향력을 끼치지 않고, 교회의

규모가 통일의식에 영향을 끼치고, 통일의식은 교회 내부문제의식
과 지역의식에 영향을 끼치고, 다시 지역의식은 교회 내부문제의식
에 영향을 끼쳐서 교회팽창주의의 교회 내부문제의식 변수만이 유
의하게 나타났다. 이러한 연구 결과는 목회자가 교회팽창주의에 치
우치게 하는 가장 중요한 변수는 교회 내부문제의식이라고 볼 수
있다.

교회의 규모가 개교회주의에 직접적으로 영향력을 끼치지 않고,
교회의 규모가 통일의식의 인도주의에 영향을 끼치고, 통일의식의
인도주의는 개교회주의의 중요한 변수만이 유의하게 나타났다. 이
러한 연구 결과는 목회자가 교회의 규모가 크면 클수록 북한동포
돕기에 참여하게 되고 이러한 결과는 개교회주의에 치우치게 하는
중요한 변수로 작용하는 결과를 가지고 온다는 사실을 알 수 있다.

5. 개신교 목회자들의 교회 내부문제의식의 차이

본 연구 가설 5는 "개신교 목회자들의 교회 내부문제의식은 정치,
사회, 지역사회식의 정도에 따라 다르게 나타날 것이다."였다. 한국
개신교 목회자들의 교회 내부문제의식에 따른 정치와 통일의식의
차이를 알아보기 위하여 회귀분석을 실시한 결과이다.

1) 정치, 통일의식의 정도에 따른 개신교 목회자들의
교회 내부문제인식의 차이

5-1. 개신교 목회자들의 교회 내부문제의식은 그들의 정치, 통일의식의 정도에 따라 다르게 나타날 것이다.

본 연구 가설 5-1은 "개신교 목회자들의 교회 내부문제의식은 그들의 정치, 통일의식의 정도에 따라 다르게 나타날 것이다."였다. 한국 개신교 목회자들의 교회 내부문제의식에 따른 정치와 통일의식의 차이를 알아보기 위하여 회귀분석을 실시한 결과이다.

정치의식의 정치사상이 교회성격에 미치는 영향이 .170이고, 지역사회기여에 -.111이다. 통일의식의 인도주의는 지역사회기여에 .225 미치는 영향이다. 정치의식의 정치사상이 교회 내부문제의식의 지역사회기여에 부적 영향을 미치고 있으므로 정치의식의 정치사상의 수준이 높을수록 지역사회기여에 대해 부정적인 태도를 보임을 알 수 있다. 반면에 정치의식의 정치사상이 교회성격에 정적인 영향을 미치고 있기 때문에 정치의식의 정치사상의 수준이 높을수록 교회성격에 긍정적이 되고, 통일의식의 인도주의는 지역사회기여에 정적인 영향을 미치고 있기 때문에 통일의식의 인도주의 수준이 높을수록 지역사회기여에 대해 긍정적인 태도를 보임을 알 수 있다.

2) 사회, 지역사회의식의 정도에 따른 개신교 목회자들의 교회 내부문제인식의 차이

> 5-2. 개신교 목회자들의 교회 내부문제의식은 그들의 사회, 지역사회의식의 정도에 따라 다르게 나타날 것이다.

본 연구 가설 5-2는 "개신교 목회자들의 교회 내부문제의식은 그들의 사회, 지역사회의식의 정도에 따라 다르게 나타날 것이다."였다. 한국 개신교 목회자들의 사회, 지역사회의식의 정도에 따른 차이를 알아보기 위하여 회귀분석을 실시한 결과이다.

사회의식의 전통의식이 교회성격에 미치는 영향이 .161이고, 전통의식이 사회적 관심에 미치는 영향이 .165이다. 사회의식의 사회문제의식이 교회성격에 미치는 영향이 .131이다. 사회의식의 전통의식은 지역문제의식에 영향을 미치고, 지역문제의식의 교회성격에 미치는 영향이 .223이다.

지역의식의 지역문제의식은 봉사참여 적극성에 미치는 영향이 .228이며, 지역의식의 지역문제의식은 봉사영역 광역성에 미치는 영향이 .130이다. 지역의식의 봉사참여 적극성은 교회 내부문제의식의 지역사회기여에 미치는 영향이 .199이다. 지역의식의 봉사영역 광역성은 교회 내부문제의식의 지역사회기여에 .141의 영향력을 미치는 것으로 나타났다.

사회의식의 전통의식이 교회성격과 사회적 관심과 지역문제의식에 영향을 미치고, 사회의식의 사회문제의식이 교회성격, 지역의식의 지역문제의식은 봉사참여 적극성과 봉사영역 광역성, 지역의식의 봉사참여 적극성은 교회 내부문제의식의 지역사회기여, 지역의식의 봉사영역 광역성은 교회 내부문제의식의 지역사회기여에 정적으로 영향을 미치고 있었다. 그러므로 사회의식의 전통의식과 사회문제의식이 강할수록 교회성격이 강하고, 지역사회봉사와 지역사회에 기여에 헌신한다는 사실을 알 수 있었다.

3) 독립요인에 따른 개신교 목회자들의
교회 내부문제의식의 차이

5-3. 개신교 목회자들의 교회 내부문제의식은 그들의 독립요인에 따라 다르게 나타날 것이다.

본 연구 가설 5-3은 "개신교 목회자들의 교회 내부문제인식은 그들의 독립요인에 따라 다르게 나타날 것이다."였다. 한국 개신교 목회자들의 독립요인에 따른 차이를 알아보기 위하여 회귀분석을 실시한 결과이다.

목회능력이 교회분열에 미치는 영향이 −.137이고, 보수더미는 사회적 관심에 미치는 영향이 −.189이다. 목회능력이 교회 내부문제의식의 교회분열에 부적 영향을 미치고 있으므로 목회능력이 높을수록 교회분열에 대해 부정적인 태도를 보임을 알 수 있다. 보수더미는 사회적 관심에 부적 영향을 미치고 있으므로 신앙사상이 높을수록 사회적 관심에 대해 부정적인 태도를 보임을 알 수 있다.

제5절 교회팽창주의와 개교회주의에 관한 인과적 분석

본 절에서는 이론적 검토를 통하여 예측된 개신교 목회자들의 교회세속주의 현상인 교회팽창주의와 개교회주의가 실제로 어떻게 나타나고 있는지를 경험적인 자료를 통해 확인하고, 목회능력, 신앙사상, 교회의 규모, 정치의식의 정치사상, 통일의식, 사회의식, 지역사회의식, 교회 내부문제의식 등이 교회세속주의의 형성에 어떻게 작용하였는가를 살펴보고자 한다.

1. 다중회귀분석

1) 개교회주의

본 연구 가설 1은 "개교회주의 강하고 약함은 교회목회자들의 정치, 사회, 지역 및 교회내부여건에 따라 차별화된다."였다. 이와 같은 가설을 검증하기 위하여 본 연구에서 배경변수로 설정한 정치 및 사회의식, 지역사회의식, 교회내부문제 등에 따른 의식과 태도 차이를 검증하였다.

개교회주의에 미치는 변수들의 영향을 확인하기 위하여 다음과 같은 회귀 모형을 구성한 후, 다중회귀분석을 실시하였다.

$$y(\text{개교회주의}) = X_1(\text{교회성격}) + X_2(\text{교회분열}) +$$
$$X_3(\text{내부갈등과 사회참여}) + X_4(\text{지역문제의식}) +$$
$$X_5(\text{전통의식 }) + X_6(\text{통합주의 }) + (\text{상수})$$

이 회귀 모형은 99.9% 유의 수준에서 통계적으로 유의미하며, 개교회주의에 미치는 변수들의 영향에 대해 17.5%의 설명력을 갖는 것으로 나타났다.

〈표5-1-10〉 개교회주의에 관한 회귀분석

영향변수	회귀계수(Beta)	F 값	R^2
(상수)		9.914**	.175
교회성격	.089		
교회분열	-.139**		
내부갈등과 사회참여	.210**		
지역문제의식	.067		
전통의식	.203**		
통합주의	.070		

개교회주의 여섯 가지 변수, 즉 교회성격, 교회분열, 내부갈등과 사회참여, 지역문제의식, 전통의식, 통합주의에 통계적으로 유의한 영향을 미치는 것으로 나타났다. 이를 구체적으로 살펴보면, 개교회주의에 영향을 미치는 교회성격, 내부갈등과 사회참여, 지역문제의식, 전통의식, 통합주의는 정적으로 영향을 미치는 것으로 밝혀졌으

며, 교회분열은 부적으로 영향을 미치고 있었다.

개교회주의의 여섯 가지 요인의 상대적 기여도를 나타내는 β 값을 보면, 내부갈등과 사회참여(.210), 전통의식(.203), 교회성격(.089), 통합주의(.070), 지역문제의식(.067), 교회분열(−.139) 순으로 영향을 미치는 것으로 나타났다.

결과를 요약하면 교회 간 분열이 클수록 개교회주의를 지향하지 못하게 한다. 그리고 전통의식의 변수가 개교회주의에 영향을 미치는 것으로 나타났다. 그 외의 다른 변수들은 나머지와 관련지어 영향을 줄지언정 행위체계에 관련이 없다.

2) 교회팽창주의

본 연구 가설 2는 "교회팽창주의의 강하고 약함은 목회자들의 정치, 사회, 지역 및 교회내부여건에 따라 차별화된다."였다. 이와 같은 가설을 검증하기 위하여 본 연구에서 배경변수로 설정한 정치와 통일의식 및 사회의식과 지역사회의식, 교회내부문제 등에 따른 의식과 태도 차이를 검증하였다.

교회팽창주의에 미치는 변수들의 영향을 확인하기 위하여 다음과 같은 회귀 모형을 구성한 후, 다중회귀분석을 실시하였다. 이를 분석한 결과는 다음과 같다.

$$y(교회팽창주의) = X_1(보수더미) + X_2(봉사영역 \ 광역성) +$$
$$X_3(교회성격) + (상수)$$

이 회귀 모형은 99.9% 유의 수준에서 통계적으로 유의미하며, 교회팽창주의에 미치는 변수들의 영향에 대해 6%의 설명력을 갖는 것으로 나타났다.

⟨표5-1-11⟩ 교회팽창주의에 관한 회귀분석

영향변수	회귀계수(Beta)	F 값	R²
		6.177**	.064**
보수더미	−.141*		
봉사영역 광역성	−.133*		
교회성격	.116*		

교회팽창주의 세 가지 변수, 즉 보수더미, 봉사영역 광역성, 교회성격에 통계적으로 유의한 영향을 미치는 것으로 나타났다.

이를 구체적으로 살펴보면, 교회팽창주의에 영향을 미치는 교회 내부문제의 교회성격은 정적으로 영향을 미치는 것으로 밝혀졌으며, 독립변수의 보수더미, 지역의식의 하위변수 중 봉사영역 광역성은 부적으로 영향을 미치고 있었다.

설비확장강조1에 대한 교회팽창주의 두 가지 요인의 상대적 기여도를 나타내는 β 값을 보면, 교회성격(.116), 봉사영역 광역성(−.133), 보수더미(−.141) 순으로 영향을 미치는 것으로 나타났다.

결과를 요약하면, 교회성격이 강하면 강할수록, 봉사영역 광역성이 약하고, 교단성향이 보수주의가 아닐수록 교회팽창주의 특성을 가지고 있음을 의미한다. 교회설비확장1과 관련된 287명의 목회자들이 케이스가 모여지지 않았으며, 287명의 이질적 값을 낼 수밖에 없었다. 그러나 합하면 평균적으로 표시할 수 있다. 떨어져 나온 것은 세 변수 교회팽창주의 분산도 2.5%로 설명해 준다. 교회팽창주의는 교회성격과 교회 내의 문제의식의 한 범주인 지역의식, 봉사의 광역성, 보수인가 아난가의 변수에 의해서 설명될 수 있다. 상대적으로 볼 때 교회팽창주의 요인변수들은 개신교 목회자들의 교단성향에 영향을 받고 큰 차이는 아니지만 비슷한 영향을 받는다.

개신교 목회자들의 봉사영역의 광역성에 따라 교회팽창주의를 강조할 수 있다. 또한 보수주의가 아닌 중도주의와 진보주의 교단일수록 팽창주의를 강조한다. 봉사영역이 좁을수록 팽창주의를 강조하고, 넓을수록 팽창주의를 강조하지 않는다.

2. 경로분석

분석틀에 근거해 개신교 목회자들의 의식이 교회의 세속주의에 어떻게 작용하고 있는지를 경로분석을 실시함으로써 파악하였다. 경로모형의 종속변수로는 교회팽창주의, 개교회주의 등 교회의 세속주의를 활용하였다. 그리고 개교회주의에 관련된 요인들을 다시 종합적으로 분석하였다.

1) 개교회주의

목회능력, 보수더미, 교회의 규모, 정치사상, 인도주의, 전통의식, 사회문제의식, 지역문제의식, 봉사영역 광역성, 사회적 관심, 교회분열과 개교회주의 요인으로 경로모형을 구성하고, 각각의 변수에 대한 회귀분석을 통해 경로계수를 추정하였다(<그림4>).

목회능력이 교회규모 사이의 상관관계는 .207로 나타났다. 목회능력이 정치사상에 미치는 영향은 −.298이고, 목회능력이 교회분열에 미치는 영향은 −.137이다. 보수더미가 정치사상에 미치는 영향은 .228이고, 보수더미가 사회적 관심에 미치는 영향은 .123이며, 보수더미가 인도주의에 미치는 영향은 .173이다. 보수더미가 봉사영역 광역성에 미치는 영향은 .160이다.

교회의 규모가 인도주의에 미치는 영향은 .147이다. 정치사상이 인도주의에 미치는 영향은 −.081이고, 인도주의가 전통의식에 미치는 영향은 .161이다. 인도주의가 사회문제의식에 미치는 영향은 .191이고, 인도주의가 지역문제의식에 미치는 영향은 .153이다. 전통의식이 개교회주의에 미치는 영향은 .203이고, 전통의식이 사회적 관심에 미치는 영향은 .165이다. 전통의식이 사회문제의식에 미치는 영향은 .188이다.

사회문제의식이 사회적 관심에 미치는 영향은 .131이며, 지역문제의식이 봉사영역 광역성에 미치는 영향은 .130이다. 봉사영역 광역성이 교회분열에 미치는 영향은 .199이고, 사회적 관심이 개교회주의에 미치는 영향은 .210이다. 사회적 관심이 교회분열에 미치는 영향은 -.164이다. 교회분열4)이 개교회주의에 미치는 영향은 -.139이다.

이 결과에 따르면 매개변수인 사회의식의 전통의식이 강하면 강할수록 개교회주의적이며, 사회적 관심이 크면 클수록 개교회주의이며, 교회분열이 작으면 작을수록 개교회주의적이다.

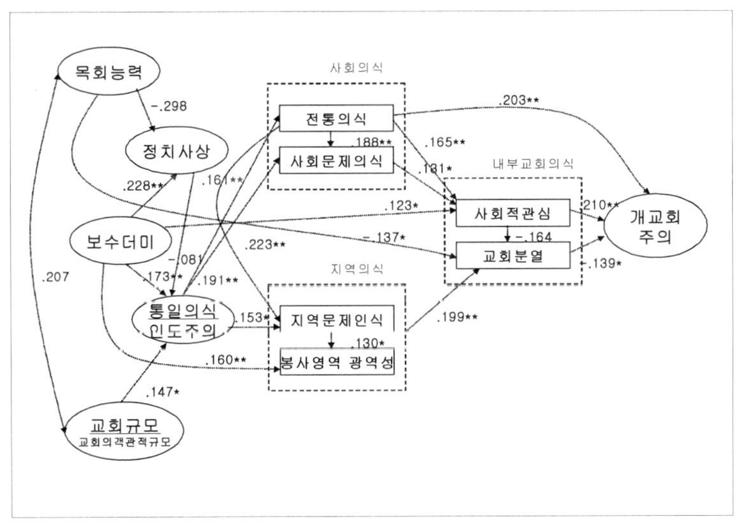

그림4. 개교회주의에 대한 경로모델

---

4) 교회분열에 미치는 변수늘에 관해서는 부록을 참조할 것.

2) 교회팽창주의

목회능력, 보수더미, 교회의 규모, 정치사상, 인도주의, 전통의식, 지역문제의식, 봉사영역 광역성, 교회성격과 교회팽창주의요인으로 경로모형을 구성하고, 각각의 변수에 대한 회귀분석을 통해 경로계수를 추정하였다(<그림5>). 경로분석(path analysis)이란 몇 개의 변수 간에 어떠한 방향성을 가진 인과모형을 설정하고 각 변수를 연결하는 경로(path)의 영향도를 정량적으로 추정하는 것이다(노형진, 2001).

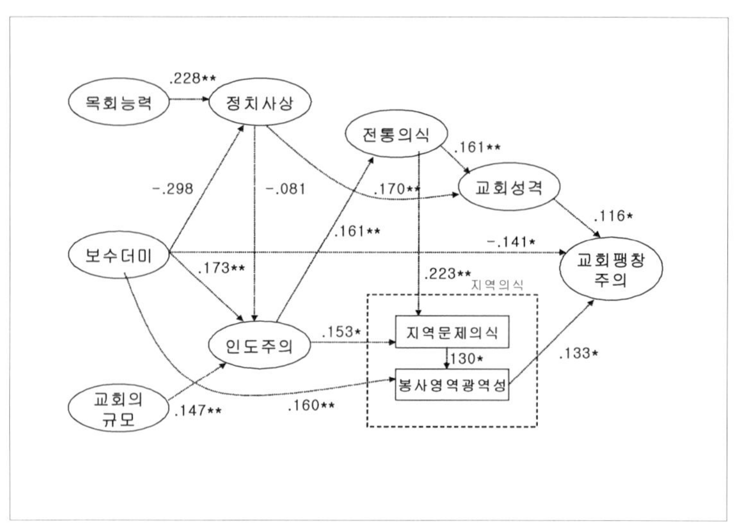

그림5. 교회팽창주의에 대한 경로모델

목회능력이 정치사상에 미치는 영향은 .228이다. 보수더미가 정치사상에 미치는 영향은 −.298이고, 보수더미가 인도주의에 미치는 영향은 .173이며, 보수더미가 교회팽창주의에 미치는 영향은 −.141이고 보수더미가 봉사영역 광역성에 미치는 영향은 .160이다.

교회의 규모가 인도주의에 미치는 영향은 .147이다. 정치사상이 인도주의에 미치는 영향은 −.081이고, 정치사상이 교회성격에 미치는 영향은 .170이다. 인도주의가 전통의식에 미치는 영향은 .161이고, 인도주의가 지역문제의식에 미치는 영향은 .153이다. 전통의식이 지역문제의식에 미치는 영향은 .223이고, 전통의식이 교회성격에 미치는 영향은 .161이다. 봉사영역 광역성이 교회팽창주의에 미치는 영향은 .133이고, 교회성격이 교회팽창주의에 미치는 영향은 .116이다. 이 결과에 따르면 독립변수인 보수더미가 직접적인 영향요인으로 작용하여 보수가 아닐수록 교회팽창주의로 가고, 교회성격과 봉사영역 광역성이 교회팽창주의에 직접적인 영향요인으로 작용하였다.

제6절 소　결

　지금까지 연구 결과, 목회자들 의식에 있어서 교회세속주의 현상인 개교회주의와 교회팽창주의가 현저하게 나타나고 있으며, 목회능력, 교회의 규모, 정치의식의 정치사상, 통일의식, 사회의식, 지역의식, 교회 내부문제의식과 상관관계를 가지고 있는 것으로 밝혀졌다. 특히 사회의식과 교회 내부문제의식과 상관성이 많은 것으로 나타나고 있는데, 이러한 사실들은 개교회주의 현상에 사회의식과 교회 내부문제의식이 일정한 영향력을 행사하고 있음을 의미한다. 그리고 목회자가 개교회주의에 치우치게 하는 가장 중요한 변수는 사회적 관심과 전통의식이라고 볼 수 있다. 개교회주의는 교회분열이 없고, 사회적 관심이 작으면 작을수록, 그리고 전통의식이 강하면 강할수록 개교회주의적인 특성을 나타내고 있었다. 또한 교회 간 분열이 크면 클수록 개교회주의를 지향하지 못하게 하였다.

　목회자들의 정치사상의 수준이 낮으면 통일의식의 통합주의를 강조하지 않고, 개회주의를 강조하게 된다. 정치사상은 통합주의, 인도주의, 지역사회문제인식을 거쳐서 개교회주의에 영향을 미치게 되었다. 그리고 전통의식과 지역문제의식의 변수가 개교회주의에 직접적인 영향을 미치는 것으로 나타났다. 그 외의 다른 변수들은 나머지와 관련지어 영향을 줄지언정 행위체계에 관련이 없었다.

목회자가 교회팽창주의에 치우치게 하는 가장 중요한 변수는 교회 내부문제의식이라고 볼 수 있었다. 그리고 교회팽창주의에 영향을 미치는 요인은 교회성격이었고, 교회성격은 전통의식, 정치사상의 변수로 구성되어 있었다. 교회팽창주의는 목회자들의 교단성향에 영향을 받고 있었으며, 중도주의와 진보주의 교단과 교회성격이 강하면 강할수록 팽창주의를 강조하였다. 그리고 목회자들의 봉사영역이 좁을수록 팽창주의를 강조하였다. 그리고 목회능력이 탁월할수록 정치사상을 강조하였으며, 목회자의 능력은 교회팽창주의에 유효하였다.

제6장

결 론

제1절 분석적 함의

이상의 연구의 결과들에 근거한 한국 개신교 목회자들의 의식과 교회의 세속주의에 대하여 다음과 같은 함의를 제시할 수 있다.

첫째, 목회자의 능력은 교회팽창주의에 유효하다. 목회자의 능력은 목회자의 연령, 경력, 사례비를 합한 것이다. 이것이 교회성장주의, 개교회주의 노선을 결정짓는 것이 아닌가 생각한다. 목회자의 능력은 정치의식과 통일의식에 영향을 줄 수 있는 원인이 되며 개교회주의에는 직접적인 영향을 미치지 않았다.

둘째, 목회자의 신앙사상은 내부교회의식, 지역의식, 정치사상, 통일의식에 영향을 주고 개교회주의는 정치사상과 통일의식과 별 관계없다. 그러나 내부교회의식과 사회의식과는 관계가 있었다. 내부교회문제와 목회자나 교파 간의 분열의식이 강할수록 개교회주의에 부정적 관계를 맺는다. 교단성향은 개신교회가 한국 사회에 뿌리를 내리기까지의 사회역사의 맥락을 고려하여 보수인가 또는 아닌가, 즉 중도나 진보노선인가를 이분법적인 성향으로 판단하였다.

셋째, 교회가 가지고 있는 객관적인 규모가 교회팽창주의를 강조하지만 직접적인 연관으로 나타나지 않고 단지 교회규모에 비추어서 통일문제에 자료를 제시하고 있다. 교회의 규모는 성도 수와 성도 일인당 예산 규모와 부동산 규모로 측정하였다.

넷째, 목회능력, 신앙사상, 교회의 규모는 정치의식, 사회의식, 통일의식 세 가지 측면을 고려할 때 정치의식과 통일의식은 상관관계가 있었다. 필자는 정치의식이 통일의식에 영향을 주는 명확한 답변을 할 수 있는 논거를 갖지 못했다. 재미있는 것은 인식체계에서는 사회문제의식의 경우 정치의식과 사회의식과는 아무런 관계가 없다. 그러나 인도주의, 팽창주의, 생존주의, 통일에 대한 관심은 어느 정도 표현되어 있다. 그리고 표현된 정치, 통일의식으로서의 통합적인 성향은 교회 내부문제의식에 범주요소들과 긍정적이든지 부정적이든지 상당한 관계성을 표현한 것으로 나타난다. 한국적인 상황에서 남한 사회의 제반 상황에서 상위개념인 정치사상일 것이다. 정치사상은 구체적으로 이야기하기는 어렵다. 그렇지만 일반적으로 고려할 때 정치사상은 현실의 상황에서 통합적 정치의식으로 판단할 수밖에 없는 문제의식으로 조작화될 수 있을 것이다. 정치의식은 통일의식에 영향을 주고 통일의식이 정치의식에 영향을 줄 수 있다.

다섯째, 개신교 목회자들의 통일의식은 남북한 민족의 통합주의 인간생존의 본질적 가치를 추구하는 인도주의 사상으로 표현되고 있다. 통일의식은 정치사상과 무관하지 않지만 범주상 구별될 수밖에 없는 당면과제로서 개신교 목회자들의 가치의식을 지배하고 있다고 간주하였다. 보편적으로 나타나는 개신교 지도자들의 통일의식은 인도주의 사상으로 표현되고 있다. 개신교 목회자들이 가지고 있는 정치, 사회, 통일, 지역의식이 무엇이든 간에 이들의 개별속성은 목회자들의 교회 내의 문제와 연결되어 있으며 그 결과는 간접적으로 설교를 통한 교회팽창주의와 개별교회의 성장주의로 일반화될 수밖에 없을 것이다.

여섯째, 개신교회는 역사적 요인들과 환경적인 요인들이 개교회주의를 더욱 촉진시켰다고 말할 수 있다. 개교회주의 현상에 관한 인과관계에 대해 분석해 보니 개신교회는 역사적 요인들이 개교회주의가 형성되는 메커니즘으로 작용하였으며, 이러한 개교회주의를 막을 수 있는 교회 구조가 형성되어 있지 않으며, 자유경쟁체제의 구조 속에서 능력 있는 목회자가 신자들을 끌어오는 행태가 지속되어 기독교의 본질인 공동체보다는 개별교회 중심으로 가고 있었다. 이러한 한국 사회의 주어진 환경은 개교회주의를 더욱 촉진시켰다고 말할 수 있다. 이제 한국 개신교회와 목회자는 개교회의 입장에서 공동체적인 교회의 연합과 일치를 도모해야 하며, 교회가 존재해야 할 목적과 사명을 위해 이제 개개인의 영혼 구원을 위해 힘쓰는 반면 사회에 대한 책임과 사명도 충실히 이행하는 성실한 자세를 가져야 한다.

일곱째, 개교회주의와 교회팽창주의는 기독교사상과 모순된 난해한 개념이 섞여 하늘의 보상보다 땅의 성공을 기대하는 기복적인 풍토가 전개되면서 부의 대한 정당화작업을 개신교가 해 왔다. 목회자들의 개인적 내면적 동기인 신념체계나 태도의식을 고찰해 보니 가톨릭의 교회 지상주의에 대한 반발로 일어난 프로테스탄트교회의 종교적 개인주의 전통이 작용하여 기독교사상은 예수 믿는 자는 이 세상의 것보다 저 세상의 것을 중요시해야 하는데 개교회주의와 교회팽창주의는 기독교사상과 모순된 난해한 개념이 섞여 불법적인 정치권력과 야합하여 정치권력의 정당화에 기여하였고, 대기업을 하는 장로들과 부와의 공존과 동조라는 맥락을 가져왔다고 볼 수 있다. 이렇게 세속화에 대한 정당화를 용인하고 일침을 가하지 못함으로 광야 외치는 자의 소리가 되지 못한 그 자체가 세속화되어 온 것이다.

여덟째, 한국 개신교의 내부문제인식에 있어서 교회의 분열을 살펴보면 세속화의 문제가 하나의 중요한 요인으로 작용하여 세속화의 수용여부에 따라 교회의 성격이나 행동구조가 다르게 나타났다. 세속화의 수용을 인정하는 진보교단과 목회자들은 사회참여와 역사에 대한 관심이 증대되는 모습을 볼 수 있고, 세속화를 거부하는 보수교단과 목회자들은 기독교의 전통을 더욱 강하게 보수하려고 하였다.

아홉째, 한국 개신교회는 성장 메커니즘과 자본주의정신에 따른 자유경쟁논리와 업적주의가 작용하여 교회가 세속화되어 가고 있었다. 성장 메커니즘과 자본주의정신에 따른 자유경쟁논리와 업적주의가 작용하여 신자와 목회자들은 교회를 하나의 연합체처럼 여기므로 공조관계를 이루다 보니 각종 폐단과 불평등이 발생하여 대형교회는 갈수록 팽창하고 영세소형교회는 자영업자가 도산하고 문을 닫는 것처럼 하나 둘씩 문을 닫고 있다.

신자들은 자녀교육과 시설의 편리함과 자신을 드러내지 않기 위해 대형교회를 선호하게 되었고, 교회가 세속화되어 감으로 인하여 사회에 대해서 빛과 소금의 직분을 감당치 못하게 되었다. 교회가 세속화를 탈피하지 못하고 교회의 규모에 의해서 평가되고 교인의 질적 성숙을 이루지 못하고 있었다. 교회가 자본주의의 지배로 나타난 결과 빛과 소금의 사명을 감당치 못하고 교회가 갈수록 사회에 대한 영향력이 약해질 수밖에 없다. 전반적으로 한국 교회의 목회자들은 물질만능주의 혹은 배금주의에 대해 긍정하고 있었다. 이러한 물량주의는 내적인 것보다는 외적인 것을 중시하게 되어 교회가 사업체, 목회자는 사업가나 CEO로 인정하여 목회자 능력이나 교회의 규모인 팽창한 결과로 평가하고 있다. 교회 내에서도 교회 팽창주의, 양적 성장, 물적인 헌신에만 관심을 두게 하는 현상을 초래하였다. 한국 교회 목회자들이 긍정하는 것처럼 한국 교회는 팽창주의에 대하여 인과관계가 있었다. 이제 교회가 지역사회의 공동체로서 더 나아가서 사회에 기여를 하는 기독교 본래의 정신으로 돌아가야 한다.

우리가 최종적으로 살펴보는 것에 대하여 설명하고자 하는 것은 교회팽창주의강요와 집단의 소속을 무시하고 개별교회 성장과 어려운 난국의 뜻을 갑론을박하며 나누어 가질 수 있는 연역적인 논리체계 구축의 필요성을 느낀다. 결국 개신교의 선교적 역할을 감당하고 있는 목회자들은 보다 직접 종교적으로 체감할 수 없는 먼 것의 요인으로부터 지금 당장 이곳에서 뿌리를 내리고 올바른 신의 위임과 현실의 가치를 조화시킬 수 있는 교육체계가 갖춰져야 할 필요가 있을 것이다. 실체적으로 개신교 목회자들은 외적 조건과 허용여부와 관계없이 그들이 진리이념을 설교하고 이론도 실천할 수 있는 가장 중요한 당면의 조직인 예수님의 몸으로 불리는 교회 내의 제반사항의 관계성에 논리와 실천이 집정되는 것은 당연하다고 본다.

개신교 목회자들이 현실적 실체로서 동일시할 수밖에 없는 교회 내의 실상에 대한 문제의식은 종교적 교리 확장과 현실적인 중생의 개념을 아울러 확신에 가까운 믿음의 실상을 실천적으로 적용시킬 수 있는 길을 모색하는 것이 타당하다고 볼 수 있다. 결국 신념과 믿음의 실체로서 개신교 목회자들은 전통을 답습하기도 하고 현실을 수용하기도 하면서 교회 내 조직의 운영체계를 합리적으로 개선하기 위하여 전통적인 개신교 논리의 가치와 관행과 현실적인 교회 조직의 실력자와 자유로운 가치를 추구하는 교인들의 이해관계를 통합적으로 추출해 내려는 노력을 기울일 수밖에 없을 것이다. 모든 교회의 주체가 크게 거부감 없이 수용할 수 있는 현실적인 생존의 논리에 근거한 세력팽창주의와 주체의식 확보라고 간주될 수 있다. 그러나 세력 확장이라는 것은 이념의 동일노선과 실체적 지원세력이 결합될 때 가능한 것으로 나타난다.

이념과 현실은 가치와 물질의 결합인바 여건상 지원체계가 획일화되었을 때는 효과를 발휘할 수 있지만 가치주장의 분열과 권력과 물질의 유리가 되었을 때에는 실질적 팽창주의는 효과를 발휘할 수 없는 개연성이 높다. 따라서 현실 타협적인 개신교의 적응 능력은 만족할 만한 것은 아닐지라도 체계유지와 팽창을 이루었으면 다음을 위하여 팽창주의를 유보하거나 반대 개념으로 폄하할 수 있는 가능성도 높다.

반면에 개별교회에 성장주의, 즉 개교회주의는 인간의 자유사상을 신적인 이념사상과 유한할 수밖에 없는 인간의 영속사상을 통합한 것으로서 나의 주체를 동일시하는 내가 속한 교회의 성장은 인간의 가치와 목적을 달성할 수 있는 자유사상의 실체사상, 즉 개별교회의 성장과 동일시할 수 있는 근거를 제시해 준다. 이런 논리에 입각할 때 내가 속한 교회의 성장은 자신의 자유사상과 이념은 실체적으로 기대로 하여 통합의식으로 표현할 수 있는 교회의 성장, 즉 개별교회 성장주의와 나 자신의 자유사상과 신앙사상을 동일시할 수 있을 것이다.

그러므로 한 종파를 이끌고 있는 개혁사상의 전통적인 개신교 목회자들은 외향적인 교회의 팽창주의에 대한 해석보다는 개인의 가치체제를 중시하는 개별적 신앙 관념의 성장과 인간의 특수성을 부각할 수 있는 개별적 미분화된 속성의 자유주의 사상을 대변할 수 있는 개교회주의 원리의 논리와 실천을 강조할 수밖에 없다고 본다. 따라서 역사적 흐름으로 판단할 수 있는 종교이념의 인간의 자유사상의 과학적 탐구사상을 비추어 생각할 때 인간이 완결된 존재로 지향하는 종교적 이념체계는 개인적 존재의 자유사상을 대변할 수 있는 신앙의 개별주의 성장노선을 지향할 수밖에 없을 것이다.

제2절 연구의 한계와 향후 과제

본 연구는 한국 개신교 의식을 주제로 한 선행연구들이 정치의식과 통일의식에 있어서 예측이나 실태조사를 신자들을 대상으로 한 것과 달리 한국 개신교 목회자들을 대상으로 목회자들의 의식의 실태를 구체적으로 파악할 수 있는 경험적인 자료를 축적했다는 점에서 여타 연구들과 구별될 수 있다고 본다.

그리고 경험적인 자료의 분석을 통해 정치의식은 통일의식에 영향을 준다는 것, 정치의식과 통일의식에 영향을 줄 수 있는 원인은 목회자의 능력이라는 것이다. 목회자의 능력은 교회팽창주의에 유효하다는 것과 교회의 객관적인 규모가 교회팽창주의를 강조하지만 직접적인 연관으로 나타나지 않고 통일문제에 자료를 제시하고 있다는 것이다.

사회문제의식의 경우 인도주의, 팽창주의, 생존주의, 통일에 대한 관심은 어느 정도 표현되어 있다는 것이다. 개신교 목회자들의 통일의식은 남북한 민족의 통합주의 인간생존의 본질적 가치를 추구하는 인도주의 사상으로 표현되고 있다. 개신교 목회자들의 개교회주의 가치추구는 직접적인 연계 고리로서 교회 내부문제의식과 전통의식의 일차적으로 영향을 받으며 교회 내부문제의식은 그들이 속한 한계적인 지역적 범위 때문인지 몰라도 지역사회의 의식구조와 그들이 관심을 갖고 사회의식의 영향을 받을 수밖에 없을 것이라는 사실이다.

정치사상은 현실의 상황에서 통합적 정치의식으로 판단할 수밖에 없는 문제의식으로 조작화될 수 있을 것이라는 점 등을 확인함으로써 개신교 목회자들의 의식과 교회세속주의의 현실에 기초한 이론화의 기틀을 마련했다는 점에서도 의미를 부여할 수 있다.

이러한 점과 함께 본 연구는 표집의 대표성에 소정의 약점을 가진다는 한계성이 있다. 개신교 목회자들을 대상으로 하였지만 한국 개신교의 주요교단인 장로교 보수교단인 대신과 합동, 중도교단인 통합, 진보교단인 기장교단에서 표본을 추출하였기 때문에 본 연구에 사용된 표본이 실제 한국 개신교 목회자들의 의식과 교회의 세속주의를 대표한다고 보기에는 다소 무리가 따른다. 특히 장로교 목회자들만을 대상을 표집을 함으로써 기타 개신교단의 목회자들이 원천적으로 분석에서 배제될 수밖에 없었다.

표집 과정의 또 다른 한계는 본 연구의 대상자들이 각 교단의 총회 대의원들을 주로 하였다는 점이다. 그리하여 총회 대의원이 아닌 목회자들과 여성목회자들과 전도사들의 의식에서는 본 조사와는 다른 결과가 나올 수 있을 것이라는 예상을 버릴 수 없다.

본 연구는 체계적인 이론 연구를 토대로 하여 도출된 가설을 검증한 것이 아니라 연구자가 경험하고 목회활동에 참여하여 관찰한 결과에 준거해 조사를 기획하고, 그러한 조사 결과를 통해 일반화를 시도하고자 한 일종의 탐색적 개척 연구라고 할 수 있다. 따라서 축적된 자료의 체계적인 분석을 통해 개신교 목회자들의 의식과 교회의 세속주의 적응에 관한 이론화 작업을 추진하는 것이 추후의 과제가 될 것이다.

그리고 사회학적 변수들에 대한 후속 연구가 필요할 것과 본 연구의 특성이 한국 교회의 목회자들을 대상으로 하였기 때문에 면접법과 관찰법 등과 같은 질적 방법으로 한국 교회의 목회자들의 내면 심리상황을 보다 구체적이고 심도 있게 분석하는 것도 연구의 가치가 있을 것이라고 생각하였다.

참고문헌

강명숙(1997), "1920－30년대 초 한국기독교인의 사회주의 인식에 관한 연구", 숙명여대 대학원 석사학위논문.

강인구(1986), "1920년대 반기독교운동을 통해 본 기독교", 『한국기독교사 연구』

강인철(1994), "한국개신교회의 정치사회적 성격에 관한 연구: 1945－1960", 서울대학교 박사학위논문.

______(1994), "해방 후 한국의 '종교적 시장상황'의 구조적 특징", 『경제와 사회』, 6월호.

고용수(2003), 『장로회신학대학교요람』, 장로회신학대학교 기획과.

고재식(2001), 『한신대학교요람』, 한신대학교 기획처.

권진관(1990), "1920－30년대 급진주의 시대에 있어서의 민중과 교회", 『기독교사상』, 11월호.

그리스도교 철학연구소 편저(1989), 『현대사회와 종교』, 서광사.

기독교대한감리회 본부 역사자료부(1995), 『사진으로 읽는 한국 감리교회역사』, 도서출판 기독교대한감리회 유지재단.

김곤주(1999), "한국 교회의 문제점에 관한 고찰", 아양대학교 신학대학원 석사논문.

김홍수 편(1987), 『일제하 한국기독교와 사회주의』, 한국기독교역사연구소.

김광수(1984), 『한국 기독교 전래사』, 한국기독교연구원.

김광웅(1996), 『방법론 강의: 기초·원리·응용』, 박영사.

김성건(1988), "한국개신교와 근본주의문제(1)", 『기독교 사상』, 9월호.

김성준(1993), 『한국기독교사』, 기독교문화사.

김양선(1971), 『한국기독교사 연구』, 기독교문사.

김영실(2000), 『안양대학교요람』, 안양대학교 교무과.

김영한(1998), “기조강연”,『한국 교회 성장둔화 분석과 대책』, 숭실대
　　　학교출판부.
______(1991), “이천 년대와 한국 기독교”,『이천 년대를 바라보는 한국
　　　기독교』한국 기독교문화연구소편, 총신대출판부.
______(1983), “한국적 기독교 문화형성의 과제”,『풀빛목회』제30호, 4
　　　월호.
김용기(2001),『이스라엘의 정치와 사회』, 도서출판 글터.
김용복(2001), “일본개혁, 보수화, 그리고 동아시아”,『역사 비평』봄호.
______(1970), “종교와 사회발전”,『기독교사상』, 1월호.
김윤환(1995),『독립운동총서』6, 민문고.
김원식(1982),『한국 기독교 백년의 허와 실』, 도서출판 들소리.
김의원(2003),『총신대학교요람』, 총신대학교.
김인수(1998),『한국 기독교회의 역사』, 쿰란출판사.
김종서(1998), “개화기 사회문화 변동과 종교인식”,『한국문화』제28집,
　　　서울대학교 한국문화연구소.
김철규(2003),『한국의 자본주의 발전과 사회변동』, 고려대학교 출판 부.
김철규 · 장경섭(1998), “한국 발전모델의 재검토 : 사회적 지속가능성
　　　을 중심으로”, 비교사회연구회.
김호기(2000), “한국 시민운동의 반성과 전망”,『경제와 사회』, 겨울호,
　　　제48호.
노길명(1983), “한국 그리스도교의 성격 형성과 사회개발사업”,『아세아
　　　연구』, Vol.XXVI, No.1, 고려대학교 아세아문제연구소.
노치준(1998),『한국 개신교사회학』, 도서출판 한울.
______(1995),『한국의 교회조직』, 민영사.
______(1995), “한국 교회의 물량주의 어떻게 극복할 것인가”,『월간목
　　　회』229호, 9월호.
______(1992), “일제하 한국 YMCA의 기독교사회주의 사상 연구”, 김흥
　　　수 편,『일제하 한국기독교와 사회주의』, 한국기독교역사연구소.
______(1984), “한국 교회 재정구조의 사회학적 연구”,『기독교사상』

307호, 1월호.

류대영(2003), "1980년대 이후 보수교회 사회참여의 신학적 기반", 『한국기독교와 역사』18.

______(2004), "2천 년대 한국 개신교 보수주의자들의 친미 반공주의 이해", 『경제와 사회』, 여름호(통권 제62호).

민경배(1984), 『대한예수교 장로교 백년사』, 대한예수교 장로회 총회교육부.

______(1993), 『한국기독교회사』, 연세대학교출판부.

______(1990), 『한국기독교 사회운동사』, 대한기독교출판사.

박봉랑(1983), 『신의 세속화』, 대한기독교서회.

박아론(1979), "박형룡, 그의 생애와 신학", 『크리스챤 신문』 1979년 1월 17일.

박노자(2002), 『사회비평』 2002년, 봄호.

박영민(1993), 『정보사회로 가는 길』, 한국통신.

박영신(1991), "기독교와 사회발전", 『한국 교회와 사회』, 이원규 편, 나 단.

박정신 (2003), 『한국 기독교사 인식』, 혜안.

박진빈(2003), "미국의 보수화와 군산복합체 – 신남부의 힘", 『역사비평』, 가을호.

박창환(1997), 『디아코니아와 한국 교회』, 디아코니아 예수봉사단자료집 7집.

박형룡(1967), "한국 교회의 신학적 전통", 『신학지남』 제43권 3집.

부루스 커밍스(2003), "한국 반미주의의 구조적 기반", 『역사비평』 봄호. 마포삼열(1916), 『장로회신학교요람』, 야소교서회.

서광선(1982), 『한국 교회 성령운동의 현상과 구조』, 대화출판사.

서명원(1966), 『한국 교회 성장사』, 이승익 역, 대한기독교서회.

설대위(1998), 『예수병원 100년사: 꺼지지 않는 사람의 불씨』, 오용 · 김민철 역, 예수병원.

손규태(1995), "한국 교회의 신보수주의의 사회적 효과들", 『신학 사상』, 제91집, 한국 신학연구소.

손인수,(1971),『한국 신학사상사』, 연세대학교 출판부.

손장권, 최석만(1997), "태국의 발전 – '위로부터 개혁'의 공과, 비교 사회.

송길섭(1987),『한국 신학사상사』, 대한기독교출판사.

안점식(2004), "한시대의 위대한 설교자 휫필드",『신학정론』, 제42호 5월호

양영진(1989), "종교집단에 대한 일고찰: 베버와 뒤르깽의 비교",『한국사회학』, 제23호.

오경환(1990),『종교사회학, 개정판』, 서광사.

오영섭(2002), "1930년대 전반 洪川의 십자가당 사건과 기독교 사회주의",『한국민족운동사연구』33.

오택섭(1995),『사회과학 데이터 분석법』, 학현사.

은준관(1983), "목회현장과 신학교육",『기독교사상』, 대한기독교서회.

유동식(1982),『한국 신학의 광맥』, 전망사.

윤경숙(2003), "중국 사회주의 국가에서의 기독교 교회의 발전과 특성", 서울대학교 대학원 박사학위논문.

윤병석(1975),『3 · 1운동사』, 정음사.

윤인진(2000), "소수 차별의 메커니즘",『사회비평』, 제25권 8월호.

______(2004),『코리안 디아스포라: 재외한인의 이주 · 적응 · 정체성』, 고려대학교출판부.

이만규(1988),『조선교육사』Ⅱ, 거름 출판 .

이만열(1991), "한국 기독교와 미국의 영향",『한국기독교와 민족의식 한국기독교사 연구논고』, 지식 산업사.

______(1985),『아펜젤러 – 한국에 온 첫 선교사』, 연세대학교 출판부.

______(1991), "한국 기독교와 미국의 영향",『한국기독교와 민족의식 한국 기독교사 연구논고』, 지식 산업사.

______(1986),『한국기독교와 민족운동』, 보성사.

______(1993),『한국기독교사 특강』, 서울: 기독교문사.

______(1984), "한국 기독교 사회운동" — 한말 · 일제하를 중심으로 —『기독교사상』, 7월호.

______(1984), “한국 기독교 사회운동” ― 한말·일제하를 중심으로 ― 『기독교사상』, 7월호.

이명준(1998), “한국 교회의 교파 분열에 대한 사회학적인 연구”, 감리교 신학대학교신학대학원 석사학위논문.

이성희(1997), 『미래사회와 미래교회』, 기독교서회.

이수인(2001), “한국의 국가, 시민사회와 개신교의 정치 사회적 태도 변동”, 이화여자대학교대학원 박사학위논문.

이원규(1987), 『종교의 세속화』, 대한 기독교 출판사.

______(1998), 『한국 교회 무엇이 문제인가』, 감신.

______(1996), 『한국 교회의 사회학적 이해』, 서진.

______(1994), 『한국 사회개혁의 과제와 전망』, 샛길.

______(1994), 『한국 교회 현실과 전망』, 성서연구사.

______(1990), 『종교다원주의와 신학적 과제』 한국기독교학회 편, 대한 기독교서회.

______(1987), 『종교의 세속화』, 대한기독교 출판사.

이은봉(1981), “한국 사회와 교회성장”, 『기독교사상』, 9월호.

이정복(1995), 『정보화 사회와 윤리』, 소화.

이종성(1979), “박형룡과 한국장로교회”, 『신학사상』25, 여름호.

이종윤(1997), “목회자가 주이야 교회가 부흥한다.”, 『월긴목회』, 1월호.

이준식(1993), “일제 침략기 기독교지식인의 대미인식과 반기독교운동”, 『역사와 현실』10.

이진구(2000), “개신교와 성장주의 이데올로기”, 삼인, 『당대비평』 12호, 9월호.

이흥탁(1981), 『사회학 원론』, 법문사.

임대식(2002), “역사적 맥락에서 본 ‘노풍’”, 『역사비평』 2002년 가을호.

임번장(1998), 『스포츠 사회학 개론』, 동화문화사.

임종원, 박형진, 강명수(2001), 『마케팅조사방법론』, 법지사.

임춘복(1999), 『크레인 가족의 한국선교』, 한국장로교출판사.

임희섭(1995), 『정보사회와 우리』, 소화.

임희숙(2000), "근본주의 연구의 최근동향과 그 기독교 교육학적 함의", 『신학사상』110, 10월호.

장기천(1997), "한국 교회 성직세습의 문제",『기독교사상』466호, 10월호, 대한기독교서회.

장종현(1994), "한국 대도시 교회 행정의 구조 및 운영개선에 관한연구", 단국대학교 대학원 박사학위논문.

장창진(1994), "일제하 민족문제논쟁과 반종교운동 1920년대 사회주의자들의 반기독교 운동을 중심으로", 서울대학교 석사학위논문.

장하구(1962), "한국선교 70년의 결산",『사상계』.

정재식(1982),『종교와 사회변동』, 연세대학교 출판부.

조대엽(1995), "한국의사회운동연구",『경제와 사회』제27호 가을호, 한국산업 사회학회.

조창연(2001), "한국 교회의 사회 참여 연구", 숭실대학교 기독교학 대학원 석사학위논문.

지원용(1989),『한국루터교사』, 컨콜디아사.

최순양(1998), "한국 교회의 목회현장에서 여성배제에 대한 사회학적인 연구", 감리교신학대학교 신학대학원.

최장집(1990), "6공 보수주의에 대한 하나의 비판",『사상』가을호(9월), 사회과학원.

______(2002),『민주화 이후의 민주주의 한국 민주주의의 보수적 기원과위기』, 후마니타스.

30년사 편찬위원회(1981),『기독교대한 하나님의 성회 30년사』, 종려문화사,

한국기독교교회협의회70년 역사편찬위원회(1994),『하나 되는 교회 그리고 세계』, 대한기독교서회.

한국기독교사회문제연구원(1982), "비기독교인의 교회 및 기독교인에 대한여론조사", 한국기독교사회문제연구원.

한국기독교사회문제연구원(1982), "한국 교회100년 종합조사 연구", 한국기독교사회문제연구원.

한국기독교사회문제연구원(1994), "21C의 한국 교회와 기독교인의 통일 의식", 한국기독교사회문제연구원.

한국갤럽조사연구소(1989), "한국인의 종교와 종교의식", 한국갤럽조사 연구소.

한경철(1984), 『한국 교회성장 어디까지 왔나』, 삼영서관.

항선명(1982), 『종교학 개론』, 종로서적.

홍덕률(2003), "'한국적 보수'의 위기-구조적 요인과 전망", 『황해문화』 봄호.

홍정수(1989), 『감리교 교리와 신학』, 세계 신학 연구원.

Allen, Robert C.(1992), Channels of Discourse: Television and Contemporary Criticism(김훈순 역, 『텔레비전과 현대비평』, 나남출판사).

Baudrillard, Jean(1993), La Societe de Comsommation(이상률 역, 『소비의 사회』, 문예출판사).

Baum, Gregory(1983), Religion and Alienation(이원규 역, 『종교와 소』, 대한기독교출판사).

Berger, Peter L.(1981), The Heretical Imperative(서광선 역, 『이단의 시대』, 문학과 지성사).

Berger, Peter L. and T. Luckman(1989), "Sociology of Religion and Sociology of Knowledge" in the Sociology of Re-ligion, ed.,

Bruce, Steve(1995), The Sociology of Religion Volume Ⅱ, Edward Elgar Publishing Company.

Calvin, John(1984), (김문제 역, 『기독교 강요』 3권, 혜문사).

Connor, Steven(1993), Postmodernist Culture: An Introduction to the-ories of the contemporary, Oxford: BasilBlack well (김성곤 외 역, 『포스트모던 문화』, 한신문화사).

Carole, Jackson W.(1987), (권정희 역, 『작은 교회는 아름답다』, 신망애 출판사).

David A. Roozen and Jackson W. Carroll(1979), "Recent Trends in

Church Membership and Particioation." in Dean R, Hoge and David A. Roozen(eds), Understanding Church and Decline 1950 – 1978(New York: The Pilgrim Press).

Durkheim, Emile(1969), "The social Foundations of Religion", Sociology of Religion, ed. Robertson(New York: Penguin Books Ltd.

Diekema, Anthony(1983), (홍치모 역, 『기독교 대학의 지성과 사명』, 성광문화사).

Haag, Ernest Van den(1980), "쉴즈의 문화론에 대한 이견"(강현두 역, 『대중시대의 문화와 예술』, 홍성사).

Hamilton, Flyod E.(1982), "The Answer of the Christian Church to the Problems of Present Dy Korea", Korea Misson Field.

Hewitt, John P.(2001), (윤인진 외 공역, 『자아와 사회』, 학지사).

Jone, G. H.(1907), "report of the Biblical Institute of Korea", OMKM(미감리회 한국선교 연회록).

Kelly, Dean M.(1990), (권달천 · 강재철 역, 『어떤 교회가 죽어가고 있는가?』, 도서출판 은성).

Luckman, Thomas(1982), The Invisible Religion(『보이지 않는 종교』, 기독교 교문사).

Marcuse, Herbert(1979), Kultur und Gesellschsft(차인석 역, 『현대산업사회와 비판이론』, 진영사).

Mark Taylor(2001), "Celebrating Difference, Resisting Domination" The Need for Synchronic Strategies in Theological Edcation," in shifting Boundaries, 259 – 293. Quoted in Hyun – sook Kim, "Conversational model for Theological Edcatio – n",(기독교 교육정보 제26집) 280 – 281.

Mattelart, Arman(1987), Cultural Industries: a chanllenge for the future of culture, New York: UNESCO(도정일역, 『문화 산업론』, 나남).

McLuhan, Marshall(1991), Understanding Media(박정규 역, 『미디어이해』, 삼성출판사).

Niebuhr, H. Richard(1987), Christ and Culture(김재준 역, 『그리스도와 문

화』, 대한기독교서회).

Niebuhr, H. Richard(1989), 『교회분열의 사회적 배경』(노치준 역, 종로 서적).

Park, Chung Shin(2003), "Protestantism and Politic in Korea", University of Washington Press.

Robertson, Roland(1970), The Sociological Interpretation of Religion, New York.

Schumacher, E. F(1980), (배지현 역, 『작은 것이 아름답다』, 전망사).

Shiller, Herbert(1980), Communication and Cultural Domination(강현 두 역, 『대중사회의 문화와 예술』, 홍성사).

Storey, John(1995), An Introductory Guide to Cultural Theory and Popular Culture(박모 역, 『문화연구와 문화이론』, 현실 문화 연구).

Scott, John(1991), "말씀과 교회의 문화적 토착화" in Down to Earth, 『복음과 상황』, 7, 8월호.

Underwood, Horace H.(1926), Modern Education in Korea, New York International Press.

Weber Max(1963), The Sociology of religion, Trans. Ephrain Fischoff, Boston: Beacon Press.

Wilson, Bryan R.(1984), (윤원철 역, 『현대의 종교변용』, 전망사).

______(1983), The Protcstant Ethic and Sprit of Capitalism, 『프로데 스탄트 윤리와 자본주의 정신』, 을유 문고 231, 을유 문화사.

______(2004), (최종진 역, 『고대 이스라엘의 예언과 사회』, 예찬사).

Yinger J. Milton(1970), The Scientific Study of Religion, New York:

Yinger J. Milton(1973), (한완상 역, 『종교사회학』, 대한기독교서회).

■ 기타 참고자료

http://www.nso.go.kr/losisdb/

http://www.kncc.or.kr

http://www.cck.or.kr

〈부록1〉

한국 교회가 한국 사회에 끼친 영향과현상에 관한 설문지

안녕하십니까?
 저는 서울 성북구 정릉동 소재 예닮교회 담임목사로 시무하고 있는 조창연 목사입니다. 그리고 오랫동안 한국 교회의 사회참여에 많은 관심을 갖고 공부해 왔습니다. 현재 고려대학교 대학원 사회학과 박사과정에서 "한국 교회가 한국 사회에 끼친 영향과 현상에 관한 사회학적 연구"를 하고 있습니다.
 본 설문조사는 귀하의 정치, 사회, 통일, 복지, 청소년계층, 교회 내부문제부문에 대한 의식을 알아보기 위한 것입니다. 귀하께서 응답하신 내용들은 한국 교회와 한국 사회의 관계성 변화 연구에 유용하게 쓰일것입니다. 본 연구에서 얻어진 자료는 무기명으로 통계 처리되며 연구목적 이외의 다른 용도로 사용되지 않습니다. 또한 응답자의 개인적 사항이 절대 노출되지 않습니다. 각 설문에 대하여 귀하께서 느껴지는 대로 응답하여 주시는 것이 무엇보다 중요합니다. 또한 이 조사는 정답이 있는 것이 아니기에 여러분의 응답에는 맞고 틀리는 것이 없습니다.
 바쁘시더라도 각 질문에 대해 차근차근 읽어보시고 한 문항도 빠짐없이 사실대로 솔직하게 대답해 주시기 바랍니다.
 한 시간을 내어 연구에 도움을 주셔서 감사합니다.

조 창 연 올림

※ 본 조사와 관련하여 문의 사항이 있으시면 아래로 연락하여 주시기 바랍니다.

E‒mail choangyeon@hanmail.net
연락처 02-909-3429, 011-9729-3429

▷ 귀하의 견해를 여쭙겠습니다. 각 질문에 대해 해당되는 번호에
   ○표하여 주십시오.

| ①아주 그렇지 않다 ②그렇지 않다 ③보통이다 ④그렇다 ⑤아주 그렇다 |

〈정치〉

1. 행정수도이전에 대해 국민투표가 필요하다.
   ··············①   ②   ③   ④   ⑤

2. 현재 대통령은 친북적이다.
   ································①   ②   ③   ④   ⑤

3. 국가의 정치적 결정이 투명하다.
   ·····························①   ②   ③   ④   ⑤

4. 한국 사회의 부도덕성은 정치적인 부패가 문제이다.
   ···· ①   ②   ③   ④   ⑤

5. 자이툰 부대의 이라크 파병은 필요하다.
   ················①   ②   ③   ④   ⑤

6. 국가보안법은 폐지되어야 한다.
   ·····················①   ②   ③   ④   ⑤

〈사회〉

1. 한국 사회의 문제는 구조적 문제인 도시, 노사, 빈곤, 범죄문제다.
   ·······························①   ②   ③   ④   ⑤

2. 한국 사회의 문제는 해체적 문제(가족해체, 인구 환경 문제)이다.
   ·····························①   ②   ③   ④   ⑤

3. 한국 사회는 권위주의적인 유교전통의 영향을 받아 왔다.
······································①   ②   ③   ④   ⑤

4. 한국 사회는 이질적인 외부세계나 낯선 것에 대한 거부감이 강하다.
······························· ①   ②   ③   ④   ⑤

5. 한국 사회는 도덕성이 붕괴되고 있다.
················· ①   ②   ③   ④   ⑤

6. 한국 사회는 물질만능주의 혹은 배금주의가 심각하다.
··· ①   ②   ③   ④   ⑤

7. 나는 사회봉사와 사회참여에 적극적이다.
·············· ①   ②   ③   ④   ⑤

〈통일〉

1. 금강산 관광이 통일에 큰 영향을 준다.
··················①   ②   ③   ④   ⑤

2. 교회가 탈북자들에게 관심을 갖고 있다.
················ ①   ②   ③   ④   ⑤

3. 교회가 북한의 기아 어린이 돕기에 적극 참여해야 한다.
···①   ②   ③   ④   ⑤

4. 귀하의 교회에서 북한지원 사업에 동참한 적이 있다.
···· ①   ②   ③   ④   ⑤

5. 탈북자를 '식량난민'으로 보아야 한다.
················· ①   ②   ③   ④   ⑤

6. 대북 포용정책이 계속적으로 필요하다.
··················①   ②   ③   ④   ⑤

7. 남북한 교차 승인 등 평화체제 구축이 필요하다.
········①   ②   ③   ④   ⑤

8. 통일관련 설교를 한다.
　　 …………………………………… ①　　②　　③　　④　　⑤

9. 남북교류와 협력은 인도주의 차원이어야 한다.
　　 ………………① 　②　　③　　④　　⑤

10. 미국이 통일의 걸림돌이라고 생각한다.
　　 …………………… ①　　②　　③　　④　　⑤

〈복지〉

1. 한국 사회의 노인문제가 심각하다.
　　 ………………………① 　②　　③　　④　　⑤

2. 노인에 대한 이해는 노인문제 해결의 열쇠가 된다.
　　 …… ①　　②　　③　　④　　⑤

3. 교회가 노인복지에 큰 관심을 갖고 있다.
　　 ……………… ①　　②　　③　　④　　⑤

4. 교회는 노인 개개인을 돕는 프로그램을 마련하고 있다.
　　 ·· ①　　②　　③　　④　　⑤

5. 아직도 장애인에 대한 편견 또는 차별이 심각하다.
　　 ……① 　②　　③　　④　　⑤

〈청소년〉

1. 청소년 비행 및 가출문제의 심각성을 인식하고 있다.
　　 ····① 　②　　③　　④　　⑤

2. 청소년 문제의 해결을 위해서는 지속적인 정부지원 프로그램이
　　 필요하다.………………………① 　②　　③　　④　　⑤

1. 목사와 장로에게 결정권이 집중되어 있어서 전횡이 생겨 날 수 있다.
   ······························ ①　　②　　③　　④　　⑤

2. 당회원인 장로의 계급적, 계층적 지위가 높아지고 있다.
   ····························· ①　　②　　③　　④　　⑤

3. 교회는 무엇보다도 성 불평등의 구조를 변화시켜야 한다.
   ································ ①　　②　　③　　④　　⑤

〈교회내부〉

1. 한국 교회는 질적 성장이 필요하다.
   ···················①　　②　　③　　④　　⑤

2. 교회는 소외된 이웃에게 관심을 갖고 있다.
   ············ ①　　②　　③　　④　　⑤

3. 나는 내가 섬기는 교회가 먼저라고 생각한다.
   ··········· ①　　②　　③　　④　　⑤

4. 나는 개인보다 공동체가 먼저라고 생각한다.
   ··········· ①　　②　　③　　④　　⑤

5. 한국 교회는 정통성만을 이어 가야 한다.
   ·················①　　②　　③　　④　　⑤

6. 한국 교회는 새로운 질서를 세워야 한다.
   ················①　　②　　③　　④　　⑤

7. 목회자의 설교가 교회성장에 절대적이다.
   ················①　　②　　③　　④　　⑤

8. 이웃사랑의 실천을 촉구하는 설교를 하고 있다.
   ··········①　　②　　③　　④　　⑤

9. 헌금과 교회출석, 전도와 같은 내적인 설교를 한다.
　　……①　　②　　③　　④　　⑤

10. 교회재정을 선교, 사회구제 및 봉사를 위해 쓴다.
　　……①　　②　　③　　④　　⑤

11. 요즘 한국 교회는 독선과 배타주의 성향이 강하다.
　　…… ①　　②　　③　　④　　⑤

12. 요즘 교회는 지역사회를 위해 하는 일이 별로 없다.
　　……①　　②　　③　　④　　⑤

13. 교회는 교세확장에 관심이 더 많다.
　　………………… ①　　②　　③　　④　　⑤

14. 한국 교회의 분열원인은 교회지도자들에게 있다.
　　………①　　②　　③　　④　　⑤

15. 목회의 성공 여부를 신도 수, 교회 건물의 크기, 연간예산을 보
고 평가한다.………………… ①　　②　　③　　④　　⑤

16. 한국 교회의 중요한 현상은 대체적으로 개교회주의이다.
　　………………………………①　　②　　③　　④　　⑤

17. 개교회주의는 지도자와 성도들의 관심을 내부로 한정시킨다.
　　………………………… ①　　②　　③　　④　　⑤

18. 한국 교회는 사회 통합을 할 수 있는 가치관을 제공해야 한다.
　　………………………… ①　　②　　③　　④　　⑤

19. 교회와 사회는 문화라는 매개를 통하여 만날 수 있다.
　　··①　　②　　③　　④　　⑤

20. 한국 교회의 분열은 근본주의신학이 충분한 여과장치 없이 이
식되었기 때문이다.……………①　　②　　③　　④　　⑤

21. 한국 교회의 위기는 목회자 중심주의와 목회자들의 자질문제이다.
　　………………………………①　　②　　③　　④　　⑤

22. 주5일제 근무가 교인들의 신앙에 영향을 미친다고 생각한다.
 ······················① 　② 　③ 　④ 　⑤

▷ 귀하는 아래와 같은 한국 교회에 대한 평가에 대하여 어떻게 생
  각하십니까?

| ①아주 그렇지 않다 　②그렇지 않다 　③보통이다 　④그렇다 　⑤아주 그렇다 |

1. 교회의 사회봉사 사업에 대한 귀하의 견해는 다음 중 어디에 속
  합니까?
  □① 사회복지에 관한 일들은 정부나 사회복지 기관들이 해야 할
     일이므로 교회가 관심을 가져야 할 문제는 아니다.
  □② 정부나 사회복지 기관들에 의한 사회복지가 부족할 경우에
     만 교회에서 사회봉사를 통해 보충할 필요가 있다.
  □③ 정부나 사회복지 기관들에 의한 사회복지에 관계없이 교회
     는 사회봉사를 적극 실천해야 한다.

2. "사회문제 해결을 위해 교회가 사회봉사 사업에 적극 나설 필요
  는 없다"는 견해에 대하여 어떻게 생각하십니까?
  □① 전적으로 동의한다.
  □② 동의하는 편이다.
  □③ 반대하는 편이다.
  □④ 전적으로 반대한다.

3. 귀하는 교회의 사회봉사 활동의 가장 중요한 목적이 무엇이라고
  생각하십니까?
  □① 선교사업의 일환으로

□② 주변의 불쌍한 이웃을 돕기 위해

□③ 지역사회 욕구에 부응하기 위해

□④ 교회의 본질적인 사명 중의 하나이니까

4. 귀하는 교회가 사회봉사 활동 범위를 어디까지 해야 한다고 보
   십니까?

□① 교인을 위한 구제 사업까지

□② 불우이웃 돕기, 자선, 긴급구호 등의 단순 구제 사업까지

□③ 지역사회가 필요로 하는 복지서비스(탁아소, 노인학교)까지

□④ 전문적 사회복지 시설(양로원, 복지관 등)의 설립 및 운영까지

□⑤ 문제의 근원을 찾아 근본적인 개선을 위한 사회운동까지

5. 목사님이 시무하는 교회는 지역사회를 위해 어느 정도 봉사를
   해 왔다고 생각하십니까?

□① 매우 적극적으로

□② 어느 정도 적극적으로

□③ 그저 그렇다

□④ 다소 소극적으로

□⑤ 매우 소극적으로

6. 교회의 봉사와 구제를 위해 책정해 놓은 예산에 대하여 어떻게
   생각하십니까?

□① 매우 많다.

□② 많은 편이다.

□③ 적당하다.

□④ 적은 편이다.

□⑤ 매우 적다.

7. 귀하는 1년 예산이 다음 중 어느 곳에 많이 책정되어야 한다고
   생각하십니까?(순서대로 번호를 적어 주십시오)
□① 건물 건축, 시설확장
□② 전도 및 선교
□③ 예배 및 설교
□④ 구제 및 사회봉사
□⑤ 교역자 생활비
□⑥ 교육 문화사업
□⑦ 교회 유지비

8. 귀하의 교회의 이상적인 구제 및 사회봉사비가 1년 예산의 몇
   퍼센트 정도여야 한다고 생각하십니까?
□① 3% 미만   □② 3 – 5%
□③ 6 – 9%   □④ 10 – 14%
□⑤ 15 – 19%   □⑥ 20 – 29%
□⑦ 30% 이상

▷ 다음은 귀하의 개인에 관계된 질문입니다.

1. 귀하의 연령은 몇 세이십니까?
□① 45세 이하   □② 45 – 50세
□③ 50 – 55세   □④ 55 – 60세
□⑤ 60세 이상

2. 귀하의 목회경력은 몇 년 되셨습니까?
□① 10년 이하   □② 10년 – 20년
□③ 21년 – 30년   □④ 31년 – 40년

□⑤ 40년 이상

3. 귀하는 월 사례비를 얼마나 받습니까?
□① 100만 원 이하　　　　　　□② 100 – 200만 원
□③ 200 – 300만 원　　　　　　□④ 300 – 400만 원
□⑤ 400만 원 이상

4. 교회가 한국 사회에 어떤 방법으로 참여해야 한다고 생각하십니까?
□① 개인영혼구원　　　□② 사회구조변혁을 위해 사회구원
□③ 개인영혼구원과 사회구원을 병행해야 한다.

5. 성직자로서의 자기 일을 어느 정도 잘하고 있다고 생각하십니까?
□① 불만　　　　　　□② 보통
□③ 만족　　　　　　□④ 모름 / 무응답

6. 최근 우리 주변에 품위가 없거나 자격이 없는 성직자가 어느 정
　　도라고 생각하십니까?
□① 아주 많다　　　□② 약간 많다
□③ 거의 없다　　　□④ 전혀 없다
□⑤ 모름 / 무응답

7. 목사님 교회에 헌금하는 사람은 그 금액 이상으로 복을 받는다
　　는 말에 그렇다고 생각하십니까? 그렇지 않다고 생각하십니까?
□① 그렇다　　　　　□② 그렇지 않다
□③ 경우에 따라 다르다(확실치 않다)
□④ 모름 / 무응답

8. 현재 한국 교회는 교회 간의 분열과 마찰이 어느 정도라고 생각
   하십니까?

□① 아주 많다　　　　□② 약간 많다

□③ 약간 있다　　　　□④ 거의 없다

□⑤ 전혀 없다

♠　응답해 주셔서 감사합니다.　♠

<부록2>

영향변수

개교회주의에 관련된 분석하기 위하여 본 연구에서 배경변인으로 설정한 정치 및 사회의식, 지역사회의식, 교회내부문제 등에 영향을 미치는 영향변수는 다음과 같다.

1. 교회분열

교회분열에 미치는 변수들의 영향을 확인하기 위하여 다음과 같은 회귀 모형을 구성한 후, 다중회귀분석을 실시하였다.

$$y(교회분열) = X_1(내부갈등과\ 사회참여) + X_2(봉사영역\ 광역성) + X_3(목자\ 연경사) + (상수)$$

이 회귀 모형은 99.9% 유의 수준에서 통계적으로 유의미하며, 교회분열에 미치는 변수들의 영향에 대해 7.7%의 설명력을 갖는 것으로 나타났다.

<부록 표2-1> 교회분열에 관한 회귀분석

영향변수	회귀계수(Beta)	F 값	R^2
(상수)	2.626	7.920**	.077
내부갈등과 사회참여	-.164**		
봉사영역 광역성	.199**		
목자 연경사	-.137*		

교회분열의 세 가지 변수, 즉 내부갈등과 사회참여, 봉사영역 광역성, 목자 연경사에 통계적으로 유의한 영향을 미치는 것으로 나타났다. 이를 구체적으로 살펴보면, 교회분열에 영향을 미치는 봉사영역 광역성은 정적으로 영향을 미치고 있으며, 내부갈등과 사회참여, 목자 연경사는 부적으로 영향을 미치고 있었다.

교회분열의 세 가지 요인의 상대적 기여도를 나타내는 β 값을 보면, 봉사영역 광역성(.199), 목자 연경사(−.137), 내부갈등과 사회참여(−.164) 순으로 영향을 미치는 것으로 나타났다. 결과를 요약하면, 사회참여가 적으면 적을수록, 목회능력이 약할수록 교회분열이 많이 나타난다.

2. 내부갈등과 사회참여

내부갈등과 사회참여에 미치는 변수들의 영향을 확인하기 위하여 다음과 같은 회귀 모형을 구성한 후, 다중회귀분석을 실시하였다.

$$y(\text{내부갈등과 사회참여}) = X_1(\text{선교의 현실참여}) + X_2(\text{봉사영역 광역성}) +$$
$$X_3(\text{사회문제의식}) + X_4(\text{전통의식}) +$$
$$X_5(\text{통합주의}) + X_6(\text{인도주의}) +$$
$$X_7(\text{정치사상}) + X_8(\text{보수더미}) + (\text{상수})$$

이 회귀 모형은 99.9% 유의 수준에서 통계적으로 유의미하며, 내부갈등과 사회참여에 미치는 변수들의 영향에 대해 14%의 설명력을 갖는 것으로 나타났다.

〈부록 표2-2〉 내부갈등과 사회참여에 관한 회귀분석

영향변수	회귀계수(Beta)	F 값	R^2
		5.805**	.143
설교의 현실참여	.084		
봉사영역 광역성	.096		
사회문제의식	.131*		
전통의식	.165**		
통합주의	.029		
인도주의	.022		
정치사상	.119		
보수더미	.123**		

내부갈등과 사회참여의 여덟 가지 변수, 즉 설교의 현실참여, 봉사영역 광역성, 사회문제의식, 전통의식, 통합주의, 인도주의, 정치사상, 보수더미에 통계적으로 유의한 영향을 미치는 것으로 나타났다. 이를 구체적으로 살펴보면, 내부갈등과 사회참여에 영향을 미치는 설교의 현실참여, 봉사영역 광역성, 사회문제의식, 전통의식, 통합주의, 인도주의, 정치사상, 보수더미는 정적으로 영향을 미치고 있었다.

내부갈등과 사회참여의 여덟 가지 요인의 상대적 기여도를 나타내는 β 값을 보면, 전통의식(.165), 사회문제의식(.131), 보수더미(.123), 정치사상(.119), 봉사영역 광역성(.096), 설교의 현실참여(.084), 통합주의(.029), 인도주의(.022) 순으로 영향을 미치는 것으로 나타났다.

결과를 요약하면, 전통의식이 강할수록 내부갈등이 적고 사회참여를 적게 하며, 사회문제의식을 가지면 가질수록 내부갈등이 적게 나타난다.

3. 설교의 현실참여

설교의 현실참여에 미치는 변수들의 영향을 확인하기 위하여 다음과 같은 회귀 모형을 구성한 후, 다중회귀분석을 실시하였다.

$$y(설교의\ 현실참여) = X_1(지역문제의식) + X_2(인도주의) +$$
$$X_3(봉사참여\ 적극성) + X_4(봉사영역\ 광역성) +$$
$$X_5(전통의식) + X_6(보수더미) +$$
$$X_7(사회문제의식) + X_8(통합주의) +$$
$$X_9(정치사상) + (상수)$$

이 회귀 모형은 99.9% 유의 수준에서 통계적으로 유의미하며, 설교의 현실참여에 미치는 변수들의 영향에 대해 33.9%의 설명력을 갖는 것으로 나타났다.

<부록 표2-3> 설교의 현실참여에 관한 회귀분석

영향변수	회귀계수(Beta)	F 값	R^2
		15.818**	.339
지역문제의식	.235**		
봉사참여 적극성	.199**		
봉사영역 광역성	.141**		
전통의식	.075		
사회문제의식	.053		
인도주의	.225**		
통합주의	.025		
정치사상	−.111*		
보수더미	.069		

설교의 현실참여의 아홉 가지 요인의 상대적 기여도를 나타내는 β 값을 보면, 지역문제의식(.235), 인도주의(.225), 봉사참여 적극성(.199), 봉사영역 광역성(.141), 전통의식(.075), 보수더미(.069), 사회문제의식(.053), 통합주의(.025), 정치사상(−.111) 순으로 영향을 미치는 것으로 나타났다.

설교의 현실참여의 아홉 가지 변수, 즉 지역문제의식, 봉사참여 적극성, 봉사영역 광역성, 전통의식, 사회문제의식, 인도주의, 통합주의, 정치사상, 보수더미에 통계적으로 유의한 영향을 미치는 것으로 나타났다. 이를 구체적으로 살펴보면, 설교의 현실참여에 영향을 미치는 지역문제의식, 봉사참여 적극성, 봉사영역 광역성, 전통의식, 사회문제의식, 인도주의, 통합주의, 보수더미는 정적으로 영향을 미치는 것으로 밝혀졌으며, 정치사상은 부적으로 영향을 미치고 있었다.

설교의 현실참여의 아홉 가지 요인의 상대적 기여도를 나타내는 β 값을 보면, 지역문제의식(.235), 인도주의(.225), 봉사참여 적극성(.199), 봉사영역 광역성(.141), 전통의식(.075), 보수더미(.069), 사회문제의식(.053), 통합주의(.025), 정치사상(−.111) 순으로 영향을 미치는 것으로 나타났다.

결과를 요약하면, 지역문제의식과 인도주의 의식이 강하면 강할수록 설교를 통하여 현실참여를 강조하게 되며, 정치적이지 않은 사람이 지역사회에 적극적으로 참여하여 봉사영역을 넓혀 간다.

4. 교회성격

교회성격에 미치는 변수들의 영향을 확인하기 위하여 다음과 같은 회귀 모형을 구성한 후, 다중회귀분석을 실시하였다.

$$y(\text{교회성격}) = X_1(\text{전통의식}) + X_2(\text{정치사상}) + (\text{상수})$$

이 회귀 모형은 99.9% 유의 수준에서 통계적으로 유의미하며, 교회성격에 미치는 변수들의 영향에 대해 5.5%의 설명력을 갖는 것으로 나타났다.

〈부록 표2-4〉 교회성격에 관한 회귀분석

영향변수	회귀계수(Beta)	F 값	R²
		8.261	.055
전통의식	.161**		
정치사상	.170**		

교회성격의 두 가지 변수, 즉 전통의식, 정치사상에 통계적으로 유의한 영향을 미치는 것으로 나타났다. 이를 구체적으로 살펴보면, 교회성격에 영향을 미치는 전통의식, 정치사상은 정적으로 영향을 미치고 있었다.

교회성격의 두 가지 요인의 상대적 기여도를 나타내는 β 값을 보면, 정치사상(.170), 전통의식(.161) 순으로 영향을 미치는 것으로 나타났다.

결과를 요약하면, 교회성격은 정통성, 공농체의 강조가 강할수록 성장해야 한다고 주장한다. 교단성향의 보수인가 아닌가의 기울기 영향 정도의 큰 차이가 나타나지 않는다. 그 외의 다른 변수들은 교회성격에 영향을 미치지 않는 것으로 나타났다.

5. 봉사영역 광역성

봉사영역 광역성에 미치는 변수들의 영향을 확인하기 위하여 다음과 같은 회귀 모형을 구성한 후, 다중회귀분석을 실시하였다.

$$y(\text{봉사영역 광역성}) = X_1(\text{지역문제의식}) + X_2(\text{인도주의}) +$$
$$X_3(\text{통합주의}) + X_4(\text{정치사상}) +$$
$$X_5(\text{보수더미}) + (\text{상수})$$

이 회귀 모형은 99.9% 유의 수준에서 통계적으로 유의미하며, 봉사영역 광역성에 미치는 변수들의 영향에 대해 8.6%의 설명력을 갖는 것으로 나타났다.

<부록 표2-5> 봉사영역 광역성에 관한 회귀분석

영향변수	회귀계수(Beta)	F 값	R^2
		5.293	.086
지역문제의식	.130*		
인도주의	.058		
통합주의	.114		
정치사상	$-.045$		
보수더미	.160**		

봉사영역 광역성의 다섯 가지 변수, 즉 지역문제의식, 인도주의, 통합주의, 정치사상, 보수더미에 통계적으로 유의한 영향을 미치는 것으로 나타났다. 이를 구체적으로 살펴보면, 봉사영역 광역성에 영향을 미치는 지역문제의식, 보수더미, 통합주의, 인도주의는 정적으로 영향을 미치고 있으며, 정치사상은 부적으로 영향을 미치고 있었다.

봉사영역 광역성의 다섯 가지 요인의 상대적 기여도를 나타내는 β 값을 보면, 보수더미(.160), 지역문제의식(.130), 통합주의(.114), 인도주의(.058), 정치사상($-.045$) 순으로 영향을 미치는 것으로 나타났다.

결과를 요약하면 보수가 아닐수록 봉사영역이 넓고, 지역문제의식이 강할수록 봉사영역이 넓다.

6. 봉사참여 적극성

봉사참여 적극성에 미치는 변수들의 영향을 확인하기 위하여 다음과 같은 회귀 모형을 구성한 후, 다중회귀분석을 실시하였다.

$$y(봉사참여\ 적극성) = X_1(지역문제의식) + X_2(인도주의) + (상수)$$

이 회귀 모형은 99.9% 유의 수준에서 통계적으로 유의미하며, 봉사참여 적극성에 미치는 변수들의 영향에 대해 10%의 설명력을 갖는 것으로 나타났다.

<부록 표2-6> 봉사참여 적극성에 관한 회귀분석

영향변수	회귀계수(Beta)	F 값	R^2
		15.782	.100
지역문제의식	.228**		
인도주의	.177**		

봉사참여 적극성의 두 가지 변수, 즉 지역문제의식, 인도주의에 통계적으로 유의한 영향을 미치는 것으로 나타났다. 이를 구체적으로 살펴보면, 봉사참여 적극성에 영향을 미치는 지역문제의식, 인도주의는 정적으로 영향을 미치고 있었다.

봉사참여 적극성의 두 가지 요인의 상대적 기여도를 나타내는 β값을 보면, 지역문제의식(.228), 인도주의(.177) 순으로 영향을 미치는 것으로 나타났다.

결과를 요약하면 지역문제의식이 강할수록 봉사참여에 적극적이며, 인도주의가 강할수록 봉사참여에 적극적이다.

7. 지역문제의식

지역문제의식에 미치는 변수들의 영향을 확인하기 위하여 다음과 같은 회귀 모형을 구성한 후, 다중회귀분석을 실시하였다.

$$y(\text{지역문제의식}) = X_1(\text{전통의식}) + X_2(\text{인도주의}) + X_3(\text{통합주의}) + (\text{상수})$$

이 회귀 모형은 99.9% 유의 수준에서 통계적으로 유의미하며, 지역문제의식에 미치는 변수들의 영향에 대해 7.7%의 설명력을 갖는 것으로 나타났다.

<부록 표2-7> 지역문제의식에 관한 회귀분석

영향변수	회귀계수(Beta)	F 값	R^2
		9.964**	.077
전통의식	.223**		
인도주의	.153*		
통합주의	.044		

지역문제의식의 세 가지 변수, 즉 전통의식, 인도주의, 통합주의에 통계적으로 유의한 영향을 미치는 것으로 나타났다. 이를 구체적으로 살펴보면, 지역문제의식에 영향을 미치는 전통의식, 인도주의, 통합주의는 정적으로 영향을 미치고 있었다.

지역문제의식의 세 가지 요인의 상대적 기여도를 나타내는 β 값을 보면, 전통의식(.223), 인도주의(.153), 통합주의(.044) 순으로 영향을 미치는 것으로 나타났다. 결과를 요약하면 전통의식이 강할수록 지역문제의식이 높으며, 인도주의가 강할수록 지역문제의식이 높다.

8. 사회문제의식

사회문제의식에 미치는 변수들의 영향을 확인하기 위하여 다음과 같은 회귀 모형을 구성한 후, 다중회귀분석을 실시하였다.

$$y(사회문제인식) = X_1(전통의식) + X_2(인도주의) + (상수)$$

이 회귀 모형은 99.9% 유의 수준에서 통계적으로 유의미하며, 사회문제의식에 미치는 변수들의 영향에 대해 8.6%의 설명력을 갖는 것으로 나타났다.

<부록 표2-8> 사회문제의식에 관한 회귀분석

영향변수	회귀계수(Beta)	F 값	R^2
		13.285**	.086
전통의식	.188**		.188**
인도주의	.191**		.191**

사회문제의식의 두 가지 변수, 즉 전통의식, 인도주의에 통계적으로 유의한 영향을 미치는 것으로 나타났다. 이를 구체적으로 살펴보면, 사회문제의식에 영향을 미치는 전통의식, 인도주의는 정적으로 영향을 미치고 있었다.

사회문제의식의 두 가지 요인의 상대적 기여도를 나타내는 β 값을 보면, 인도주의(.191), 전통의식(.188) 순으로 영향을 미치는 것으로 나타났다.

결과를 요약하면 인도주의가 강할수록 사회문제의시이 높으며,

전통의식이 강할수록 사회문제의식이 높다.

9. 전통의식

사회의식의 전통의식에 미치는 변수들의 영향을 확인하기 위하여 다음과 같은 회귀 모형을 구성한 후, 다중회귀분석을 실시하였다.

$$y(전통의식) = X_1(통합주의) + X_2(인도주의) + (상수)$$

이 회귀 모형은 99.9% 유의 수준에서 통계적으로 유의미하며, 전통의식에 미치는 변수들의 영향에 대해 4%의 설명력을 갖는 것으로 나타났다.

〈부록 표2-9〉 사회의식의 전통의식에 관한 회귀분석

영향변수	회귀계수(Beta)	F 값	R^2
		6.151**	.042
통합주의	.079		
인도주의	.161**		

사회의식의 전통의식의 두 가지 변수, 즉 통합주의, 인도주의에 통계적으로 유의한 영향을 미치는 것으로 나타났다. 이를 구체적으로 살펴보면, 사회의식의 전통의식에 영향을 미치는 통합주의, 인도주의는 정적으로 영향을 미치고 있었다.

사회의식의 전통의식의 두 가지 요인의 상대적 기여도를 나타내는 β 값을 보면, 인도주의(.161), 통합주의(.079) 순으로 영향을 미치는 것으로 나타났다.

결과를 요약하면 인도주의가 강할수록 전통의식이 강하며, 통합
주의가 강할수록 전통의식이 강하다.

10. 통합주의

통일의식의 통합주의에 미치는 변수들의 영향을 확인하기 위하여
다음과 같은 회귀 모형을 구성한 후, 다중회귀분석을 실시하였다.

$$y(개교회주의) = X_1(인도주의) + X_2(정치사상) +$$
$$X_3(목자\ 연경사) + X_4(보수더미) + (상수)$$

이 회귀 모형은 99.9% 유의 수준에서 통계적으로 유의미하며, 통
합주의에 미치는 변수들의 영향에 대해 31.9%의 설명력을 갖는 것
으로 나타났다.

<부록 표2-10> 통일의식의 통합주의에 관한 회귀분석

영향변수	회귀계수(Beta)	F 값	R^2
		32.994	.319
인도주의	.322**		
정치사상	−.357**		
목자 연경사	−.189**		
보수더미	−.007		

통일의식의 통합주의의 네 가지 변수, 즉 인도주의, 정치사상, 목
자 연경사, 보수더미는 통계적으로 유의한 영향을 미치는 것으로
나타났다. 이를 구체적으로 살펴보면, 통일의식의 통합주의에 영향

을 미치는 인도주의는 정적으로 영향을 미치고 있으며, 정치사상, 목자 연경사, 보수더미는 부적으로 영향을 미치고 있었다.

통일의식의 통합주의의 네 가지 요인의 상대적 기여도를 나타내는 β 값을 보면, 인도주의(.322), 보수더미(−.007), 목자 연경사(−.189), 정치사상(−.357) 순으로 영향을 미치는 것으로 나타났다.

결과를 요약하면, 인도주의가 강할수록 전통의식이 강하며, 통합주의가 강할수록 전통의식이 강하다.

11. 인도주의

통일의식의 인도주의에 미치는 변수들의 영향을 확인하기 위하여 다음과 같은 회귀 모형을 구성한 후, 다중회귀분석을 실시하였다.

$$y(인도주의) = X_1(정치사상) + X_2(보수더미) +$$
$$X_3(교회규모) + (상수)$$

이 회귀 모형은 99.9% 유의 수준에서 통계적으로 유의미하며, 인도주의에 미치는 변수들의 영향에 대해 6%의 설명력을 갖는 것으로 나타났다.

<부록 표2−11> 통일의식의 인도주의에 관한 회귀분석

영향변수	회귀계수(Beta)	F 값	R^2
		6.061**	.060
정치사상	−.081		
보수더미	.173**		
교회규모	.147*		

통일의식의 인도주의에 세 가지 변수, 즉 정치사상, 보수더미, 교회규모에 통계적으로 유의한 영향을 미치는 것으로 나타났다. 이를 구체적으로 살펴보면, 통일의식의 인도주의에 영향을 미치는 봉사영역 광역성은 정적으로 영향을 미치는 것으로 밝혀졌으며, 내부갈등과 사회참여, 정치사상은 부적으로 영향을 미치고 있었다.

통일의식의 인도주의의 세 가지 요인의 상대적 기여도를 나타내는 β 값을 보면, 보수더미(.173), 교회규모(.147), 정치사상($-.081$) 순으로 영향을 미치는 것으로 나타났다.

결과를 요약하면 신앙사상이 보수가 아닐수록 인도주의적이며, 규모가 크면 클수록 인도주의적이다.

12. 정치사상

정치의식의 정치사상에 미치는 변수들의 영향을 확인하기 위하여 다음과 같은 회귀 모형을 구성한 후, 다중회귀분석을 실시하였다.

$$y(개교회주의) = X_1(보수더미) + X_2(목자 연경사) + (상수)$$

이 회귀 모형은 99.9% 유의 수준에서 통계적으로 유의미하며, 정치사상에 미치는 변수들의 영향에 대해 13.9%의 설명력을 갖는 것으로 나타났다.

<부록 표2-12> 정치사상에 관한 회귀분석

영향변수	회귀계수(Beta)	F 값	R^2
		22.830**	.139
보수더미	$-.298$**		
목자 연경사	.228**		

정치의식의 정치사상의 두 가지 변수, 즉 보수더미, 목자 연경사에 통계적으로 유의한 영향을 미치는 것으로 나타났다. 이를 구체적으로 살펴보면, 정치의식의 정치사상에 영향을 미치는 목자 연경사는 정적으로 영향을 미치고, 보수더미는 부적으로 영향을 미치고 있었다.

정치의식의 정치사상의 두 가지 요인의 상대적 기여도를 나타내는 β 값을 보면, 목자 연경사(.228), 보수더미(−.298) 순으로 영향을 미치는 것으로 나타났다. 결과를 요약하면, 목회능력이 강하면 강할수록 정치적이며, 신앙사상이 보수가 아닐수록 정치 지향적이다.

한국 기독교총연합회 가입교단

NO	교 단	총회장	총 무	주 소	전화 및 전송
1	대한예수교장로회 총회 (통합)	김태범	조성기	110-470 서울 종로구 연지동 135 한국 교회100주년기념관309호	ⓣ 741-4350~2 ⓕ 743-7982
2	대한예수교장로회 총회 (합동)	서기행	이재영	135-851 서울 강남구 대치3동 1007-3	ⓣ 564-5004 ⓕ 568-7456
3	기독교대한성결교회 총회	강선영	김운태	135-280 서울 강남구 대치동 890-56	ⓣ 501-7080~2 ⓕ 568-7698
4	기독교한국침례회 총회	김용식	홍성식	152-102 서울 구로구 오류2동 115-1	ⓣ 2683-6693 ⓕ 3666-7007
5	대한예수교장로회 총회 (고신)	조재태	임종수	137-040 서울 서초구 반포동 58-10 고신총회	ⓣ 592-0433~4 ⓕ 592-5468
6	대한예수교장로회 총회 (개혁)	홍정이	박만수	134-848 서울 강동구 성내1동 458번지 성지빌딩 3층	ⓣ 489-1836~8 ⓕ 489-1831
7	대한예수교장로회 총회 (개혁-길음동)	최준부	강명수	136-809 서울 성북구 길음3동 1139 포싸이트빌딩 2층	ⓣ 985-6503~5 ⓕ 985-4643
8	대한예수교장로회 총회 (합동보수A)	김명환	예용범	131-852 서울 중랑구 묵2동 244-115	ⓣ 979-4876~7 ⓕ 978-2513
9	대한예수교장로회 총회 (대신)	유덕식	최충하	431-827 경기도 안양시 동안구 신촌동 1073 홍일상가 710호	031)382-6386 031)383-6395
10	예수교대한성결교회 총회	위광필	허광수	110-091 서울 종로구 행촌동 1-30	ⓣ 725-7071~8 ⓕ 725-7079
11	기독교 대한 하나님의 성회 총회	정원희	박성배	110-102 서울 종로구 평동 222 총회회관 301호	ⓣ 720-6832~6 ⓕ 737-4396
12	대한예수교장로회 총회 (호헌)	김관영	도용호	110-736 서울 종로구 연지동 대호빌딩 본관 310호	ⓣ 765-8083 ⓕ 765-8085
13	대한예수교장로회 총회 (합신)	김기영	박종언	110-740 서울 종로구 연지동 136-56한국기독교연합회관1601호	ⓣ 708-4458 ⓕ 708-4464
14	대한예수교장로회(국제복음) 합동총회	장성호	김종성	121-880 서울 마포구 창전동 6-264	ⓣ 324-0580 ⓕ 332-6798
15	대한예수교장로회 총회 합동복음	김상영	조태영	137-842 서울 서초구 방배1동 913-31 2층	ⓣ 581-3846~8 ⓕ 581-3849
16	대한예수교장로회 총회 (보수개혁)	박화태	김명희	110-850 서울 종로구 효제동 47-1 반도보라아이비 211호	ⓣ 764-3560~1 ⓕ 764-3565
17	대한기독교나사렛성결회 총회	류두현 감독	김영수	158-811 서울 양천구 목3동 600-7 (3층)	ⓣ 2643-8591 ⓕ 2653-3223
18	대한예수교장로회 총회 개혁 (국제)	김원진	최희용	120-846 서울 서대문구 홍은3동 265-339	ⓣ 394-3220~1 ⓕ 394-3486
19	예수교대한감리회 총회	이명구 감독	조경행	140-880 서울 용산구 한강로3가 40-881	ⓣ 749-4785~6 ⓕ 749-4787

NO	교 단	총회장	총 무	주 소	전화 및 전송
20	대한예수교장로회 총회 (고려)	홍록두	강구원	157-030 서울 강서구 등촌동 131	ⓣ 3664-0199 ⓕ 3664-0198
21	대한예수교장로회 총회 (개혁합동)	이종락	김성구	467-832 경기도 이천시 백사동 모전 518-1	*ⓣⓕ 031-637-4191
22	대한예수교장로회(성합 측) 총회	정봉국	김동락	140-872 서울 용산구 한강로2가 90 바울교회내	795-8165,5437 ⓕ 790-0992
23	대한예수교장로회 총회 (합동중앙)	조옥련	김동석	120-101 서울 서대문구 홍은1동 448-1	ⓣ 3216-3777 ⓕ 3216-0639
24	대한예수교장로회 총회 (성장)	이남균	이영기	156-860 서울 동작구 흑석1동 131-2대학생성경읽기선교회	ⓣ 815-4151 ⓕ 812-3045
25	대한예수교장로회 총회 (중앙)	백기환	최칠만	139-054 서울 노원구 월계4동 128-1	ⓣ 943-3124~5 ⓕ 943-2946
26	대한예수교장로회 총회 (총회)	박의순	안익태	423-013 경기도 광명시 광명3동 158-1356(3층)	ⓣ 2683-1184 ⓕ 2617-0460
27	대한예수교장로회 총회 (합동복구)	박남교	정은채	156-845 서울 동작구 상도4동 279-422	ⓣ 821-0387 ⓕ 824-7517
28	대한예수교장로회 총회 (보수)	이기효	정동환	120-812 서울 서대문구 북가좌 278-25 302호	ⓣ 305-3963 ⓕ 305-3964
29	대한예수교복음교회 총회	임재군	최충규 부 총회장	301-832 대전시 중구 용두동 143-4	ⓣ 042)221-0774 ⓕ 2689-7613
30	대한예수교장로회 총회 (근본)	오창규	장만엽	143-220 서울 광진구 중곡동 140-2 CMS 빌딩7층	ⓣ 447-6821~2 ⓕ 447-6823
31	기독교한국루터회 총회	이홍열	김광웅 부 총회장	138-240 서울 송파구 신천동 7-20 루터회관 5층	ⓣ 414-7430 ⓕ 418-7457
32	대한예수교장로회 총회 (연합)	손영국	임안희	560-283 전북 전주시 완산구 평화3동 480-1	ⓣ 063)227-9018 ⓕ 063)227-9332
33	대한예수교장로회 총회 (합동정통)	안용원	전용삼	137-851 서울 서초구 방배3동 1031-3	584-6885,9845 ⓕ 521-2729
34	대한예수교장로회 총회 (개혁선교)	김윤기	박남수	110-850 서울 종로구 효제동 51-3 은암빌딩 지하	ⓣ 743-5779 ⓣ 744-0179
35	대한예수교장로회 총회 (호헌)	원봉현	이규인	110-736 서울 영등포구 대림3동 733-6 2층	ⓣ 835-9170~1 ⓕ 835-9172
36	대한예수교장로회 총회 (개혁총연)	엄신형	한요한	110-736 서울 종로구 연지동 136-46 기독교회관 804호	ⓣ 745-5161~2 ⓕ 745-5163
37	대한예수교장로회 총회 (합동개신)	김현순	권오삼	157-916 서울 강서구 화곡6동 993-22	ⓣ 2605-4471 ⓕ 2691-8333
38	기독교대한감리회 총회 (연합)	신재웅 감독	김기현	121-859 서울 마포구 아현2동 343-31	ⓣ 364-7060~1 ⓕ 364-7060
39	대한예수교장로회 총회 (합동개혁B)	이동수	김선봉	463-070 경기 성남시 분당구 야탑동 518도레미 빌딩2층	ⓣ 031)703-3872 ⓕ 031)704-2466
40	대한예수교장로회 총회 (진리)	이정구	박광철	130-755 서울 동대문구 답십리4동 989-1우성그린APT상가 3층 우성교회내	ⓣ 2244-9201 ⓕ 2247-3916

NO	교 단	총회장	총 무	주 소	전화 및 전송
41	대한예수교장로회 총회 (보수합동)	김대형	김창수	330-954 충남 천안시 원성2동 554-1	ⓣ 041-522-0567~9 ⓕ 041-523-0727
42	대한예수교장로회 총회 (합동보수)	조동진	홍찬혁	142-061 서울 강북구 번1동 430-66번지	ⓣ 900-7719 ⓕ 997-2866
43	대한예수교장로회 총회 (예장)	경원수	도재훈	150-070 서울 영등포구 대림동 717 두암상가 가동 4층	ⓣ 846-8651 ⓕ 846-8652
44	그리스도의교회협의회 총회	최은용	김탁기	110-845 서울 종로구 충신동 62-12	ⓣ 3676-9995-6 ⓕ 3676-9997
45	대한예수교장로회 총회 (합동총회)	박화양	류성춘	740-110 경북 김천시 부곡동 7651-1아주아트필 상가	ⓣ 054)431-0719 ⓕ 054)439-9199
46	대한예수교장로회 총회 (선교)	김원남	황진철	140-895 서울 용산구 한남2동 737-37한남빌딩 303호	ⓣ 569-2072 ⓕ 794-5795
47	대한예수교장로회 총회	강기원	유바울	135-280 서울 강남구 대치동 904-13	ⓣ 557-0807,9222 ⓕ 564-7736
48	대한예수교장로회 총회 (브니엘)	이종복	임만군	611-829 부산광역시 연제구 연산2동1641-16	ⓣ 051)867-9107 ⓕ 051)864-6265
49	대한예수교장로회 총회 (웨신)	장창수	한정수	150-851 서울 영등포구 신길5동 448-3(3층)	ⓣ 835-2607 ⓕ 835-2608
50	그리스도의교회교역자협의회 총회	정기덕	원영희	157-016 서울 강서구 화곡6동 산204	2600-2598,2595 ⓕ 2600-2599
51	기독교한국하나님의교회	한영길 감독	강진문	152-090 서울 구로구 개봉동 산 22-1	ⓣ 2616-9858 ⓕ 2616-9664
52	대한예수교장로회 총회 (합동동신)	장기영	가성현	420-032 경기도 부천시 원미구 상2동 570-3 하얀마을2612-304	032-328-2414 032-327-3310
53	대한예수교장로회 총회(합동개혁)	정서영	권남수	151-801 서울 관악구 남현동 602-41	ⓣ 3486-5500 ⓕ 3486-5551
54	대힌예수교징로회 개력총회	백넝룡	안충훈	138-200 서움 송파구 뮤정동 150-30 안니옥 빌닝 302호	ⓣ 408-6311 ⓕ 406-4891
55	대힌예수교징로회 총회 (합동총신 측)	이강만	김병근	404-802 인천 서구 가성1농 478번지	ⓣ 032-574-9686 ⓕ 032-577-7061
56	대한예수교장로회 총회 (피어선)	장병윤	서정숙	450-701 경기도평택시용이동111 평택대학교 본관 305	ⓣ 031-654-6196 ⓕ 031-657-3707
57	대한예수교장로회 총회 (고려개혁)	송용조	송태섭	110-054 서울 종로구 사직동 304-43 양의문교회(7층)	738-9911,733-5252 ⓕ 723-0568
58	대한예수교장로회 총회 (합동한신)	김순길	문귀병	151-820 서울 관악구 봉천8동 947-8	ⓣ 886-1654 ⓕ 886-1676
59	기독교하나님의성회 총회 (순복음)	김승헌	김동수	156-090 서울 동작구 사당1동 1033-37	ⓣ 587-0990 ⓕ 587-0999
60	대한예수교장로회 총회 (합동보수c)	주두영	이연순	131-111 서울 성북구 길음1동 877-185(4층)	ⓣ 941-0262 ⓕ 941-0267
61	대한예수교장로회 총회 (합동선목)	김국영	한정우	130-090 서울 동대문구 휘경동 68-3	ⓣ 2245-9203 ⓕ 2217-7626
62	대한예수교장로회 총회 (힙둥개력)	이용운	최병욱	330-040 충남 천안시 사직동 287-2 2층	ⓣ041-522-0191 ⓕ041-553-4220

심층면접을 위한 면접표(interview schedule)

1. 목회동기와 담임교회 부임과 목회경력
   1) 목회동기
   2) 담임교회부임(교회설립 부임여부, 청빙부임여부)
   3) 목회경력
2. 교회에 헌금한 사람은 그 금액 이상 복을 받는다고 생각하십니까?

3. 귀하는 1년 예산 중 어느 곳에 많이 배정하여 책정하고 계십니까?
   (순서대로 번호를 적어 주십시오)
   1) 건물 건축, 시설확장   2)전도 및 선교   3) 예배 및 설교
   4) 구제 및 사회봉사   5) 교역자 생활비   6) 교육 문화사업
   7) 교회 유지비

4. 교회성장에 목회자의 설교가 얼마나 비중을 차지하고 있다고 보십니까?

5. 교회가 교세확장에 치중하고 있는 현상에 대해 어떻게 생각하십니까?

6. 목회의 성공 여부를 어떻게 평가하십니까?
   (신도 수, 교회 건물의 크기, 연간 예산)

7. 한국 교회의 중요한 현상인 개교회주의에 대해 어떻게 생각하십니까?

8. 지도자와 성도들의 관심을 내부로 한정시키는 개교회주의의 단점을 어떤 방향으로 개선해야 한다고 보십니까?

심층면접자 기본 인적 정보

번호	연령	목회경력	시무교회 부임 연월일	현 거주지	시무교회	교단
1	52	19	1987. 1. 1.	중계동	홍익교회	통합
2	65	15	1986. 4. 5.	상계동	충만교회	대신
3	58	7	2001. 9. 1.	부천상동	성민교회	통합
4	50	22	1983. 8. 13.	개봉동	서광교회	합동
5	60	26	1979. 4. 20.	면목동	복문교회	대신
6	51	23	1982. 9. 19.	장안동	만남교회	대신
7	55	25	1981. 3. 7.	중곡동	광진교회	대신
8	49	17	2001. 5. 22.	잠실7동	한동교회	기장
9	62	34	1972. 6. 4.	우이동	우이제일교회	대신
10	49	22	1986. 1. 17.	이문동	고은교회	대신
11	49	22	1985. 8. 15.	구의2동	여명교회	대신

· 저자 ·

조창연

· 약 력 ·
안양대학교 신학과 졸업
안양대학교 신학대학원 실천신학과
한국방송대학교 영어영문학과(문학사)
숭실대학교 기독교학대학원(신학석사)
고려대학교 대학원(문학박사)
함양 옥동교회 담임목사
마산 삼익교회 담임목사
구리 소망교회 담임목사
서울 예닮교회 담임목사
아세아연합신학대학교 외래교수
현, 그리스도대학교 종교사회학 강사
현, 백석문화대학 기독교윤리 강의교수
현, 건국대학교 평생교육원 사회학개론 교수

· 주요논저 ·
「한국 교회의 사회참여 연구」
「한국 사회의 발전과 개신교의 방향전환(Reorientation)」
「개신교 목회자들의 의식과 교회의 세속화 적응에 관한 연구」
「개교회주의와 교회팽창주의의 경험적 분석」
「개신교 목회자들의 의식에 관한 연구」
외 다수

개신교 목회자들의 의식과
 교회의 세속화 적응

· 초판 인쇄	2008년 3월 25일
· 초판 발행	2008년 3월 25일
· 지 은 이	조창연
· 펴 낸 이	채종준
· 펴 낸 곳	한국학술정보㈜
	경기도 파주시 교하읍 문발리 513-5
	파주출판문화정보산업단지
	전화　031) 908-3181(대표) · 팩스　031) 908-3189
	홈페이지　http://www.kstudy.com
	e-mail(출판사업부)　publish@kstudy.com
· 등　　록	제일산-115호(2000. 6. 19)
· 가　　격	28,000원

ISBN　978-89-534-8408-5 93230 (Paper Book)
　　　　978-89-534-8409-2 98230 (e-Book)